Die griechische Philosophie

I

Von Thales bis zum Tode Platons

von

Prof. Dr. Wilhelm Capelle

3., bearbeitete Auflage

Sammlung Göschen Band 857/857a

Walter de Gruyter & Co. · Berlin 1971

vormals G. J. Göschen'sche Verlagshandlung · J. Guttentag
Verlagsbuchhandlung · Georg Reimer · Karl J. Trübner · Veit & Comp.

Die Gesamtdarstellung umfaßt folgende Bände:

Band I: Von Thales bis zum Tode Platons
(Sammlung Göschen Bd. 857/857 a)

Band II: Von den Sokratikern bis zur hellenistischen Philosophie
(Sammlung Göschen Bd. 858/858 a)

Die Durchsicht der dritten Auflage und die Neubearbeitung des
Literaturverzeichnisses besorgte Dr. J o h a n n e s M ü l l e r

Inhalt des ersten Bandes

Literatur siehe Band II

Inhalt des zweiten Bandes

Einleitung

1. Bedeutung und Ursprung der griechischen Philosophie

Wilhelm Windelband, dessen Verdienste um die Erforschung
der griechischen Philosophie von dauerndem Werte sind, sagt
einmal: „Bei einem verhältnismäßig geringen Umfang des Kennt-
nismaterials erzeugt die griechische Philosophie mit einer Art
grandioser Einfachheit die *begrifflichen Formen* zu dessen
erkenntnismäßiger Verarbeitung und entwickelt mit kühner
Rücksichtslosigkeit des Nachdenkens alle notwendigen Standpunkte der Weltbetrachtung. Darin besteht der typische Charakter des antiken Denkens und die hohe didaktische Bedeutung
seiner Geschichte. Unsere heutige Sprache und Weltauffassung
sind durchgängig von den Ergebnissen der antiken Wissenschaft
durchsetzt, und die naive Schroffheit, mit welcher die antiken
Philosophen den einzelnen Motiven des Nachdenkens bis in die
einseitigsten Konsequenzen nachgehen, ist in hervorragender
Weise dazu geeignet, die sachliche und psychologische Notwendigkeit klarzulegen, mit welcher nicht nur die philosophischen Probleme, sondern auch die sich in der Geschichte stetig
wiederholenden Richtungen ihrer Lösungsversuche entspringen."
In diesen denkwürdigen Sätzen ist die historische Bedeutung
der griechischen Philosophie treffend gekennzeichnet.

Schon das Wort Philosophie kann zeigen, daß wir die Begründung der „Königin der Wissenschaften" dem griechischen
Genius verdanken. Denn ebenso wie z. B. die Mathematik und
die wissenschaftliche Medizin oder die Geographie, ist auch die
Philosophie ein durchaus originales Erzeugnis des griechischen,
genauer des ionischen Geistes. Wenn noch um die Mitte des
vergangenen Jahrhunderts mit erstaunlicher Hartnäckigkeit, die
sich jeder wissenschaftlichen Kritik unzugänglich erwies, die
Meinung vertreten wurde, daß die griechische Philosophie aus
orientalischen Kulturkreisen, sei es ägyptischen, phönikischen,

babylonischen, persischen oder gar indischen Ursprungs, maß-
gebende Einwirkungen empfangen habe, so ist vor allem durch
Zellers tiefgründige Erörterung der Sache solch unwissenschaft-
lichen Phantastereien – wie man hoffen darf, für immer – ein
Ende gemacht worden. Und je mehr wir gerade im letzten
Menschenalter dank der Erforschung der vorderasiatischen
Kulturen erkannt haben, daß die Griechen in der Technik wie
in den Anfängen der Sternkunde besonders den Babyloniern
Bedeutendes verdanken, um so klarer und sicherer hat sich
herausgestellt, daß die griechische Philosophie von ihren ersten
Ursprüngen an die ureigenste Schöpfung des griechischen
Geistes ist, wie ja auch die einzelnen Fachwissenschaften fast
sämtlich von den Hellenen begründet worden sind. Wie sich
der Orientale nirgends zu einer rein physikalischen Betrachtung
der Naturvorgänge hat aufschwingen können, sondern stets in
der Sphäre des Übernatürlichen, Wunderhaften steckengeblieben
ist, ebensowenig hat er jemals auch nur ernsthafte Ansätze zur
Prägung der philosophischen Grundbegriffe – wie der Materie,
des Geistes, des Seins, der Substanz, des Naturgesetzes, der
Erkenntnistheorie usw. – unternommen.

Wenn dagegen die Griechen selbst, zumal seit der Zeit
Alexanders, aber auch schon in den Tagen Herodots, solche
Einflüsse des Orients auf die Lehren ihrer großen Denker angenommen haben, so hat das seinen Grund vor allem darin,
daß ihnen das hohe Alter, insbesondere der ägyptischen Kultur,
gewaltigen Eindruck gemacht hat, während sie sich selber angesichts ihrer demgegenüber scheinbar so viel jüngeren Ge-
sittung, ihrer Eigenart, vor allem der ihres wissenschaftlichen
Denkens, meist viel zu wenig bewußt geworden sind. Und
wenn spätere griechische Autoren orientalischer Herkunft, wie
der Jude Philon, dessen Meinung dann von den meisten
Kirchenvätern kritiklos übernommen wird, zu behaupten wagen,
daß Moses schon alle Weisheit der griechischen Denker be-
sessen, Moses, von dem selbst ein Platon seine „Ideen" ge-

stohlen habe, so können wir heute dank der historisch-kritischen Forschung derartige Verirrungen auf sich beruhen lassen, wenn auch im späteren Altertum solche Ansprüche des alexandrinischen Judentums sogar bei den Griechen jener Zeit starken Eindruck gemacht haben, wie denn überhaupt die Neigung, alle Grundgedanken der griechischen Philosophie, wie selbst die Atomlehre, aus dem Orient herzuleiten, seit dem Zeitalter des Hellenismus immer mehr wächst.

Hier trägt einen Hauptteil der Schuld der letzte große Forscher der Antike, POSEIDONIOS VON APAMEIA; er selbst ein hellenisierter Syrer (etwa 130 bis 50 v. Chr.). Auch hier zeigt die interessante Gestalt dieses bedeutenden Mannes ein merkwürdiges Doppelantlitz. Wie er sich einerseits (nach Aristoteles und Theophrast) als der Organisator der Doxographie, d. h. der wissenschaftlichen Sammlung und Aufzeichnung der „Meinungen" (δόξαι) der Denker, zumal derer von Platon bis auf seine eigene Zeit, um die Geschichte der griechischen Philosophie unvergängliche Verdienste erworben hat, so ist doch auch gerade er es gewesen, der die Neigung, überall, bei Orientalen wie bei den (vermeintlichen) Naturvölkern des Westens und Nordens – so bei den keltischen Druiden –, geheime tiefste Weisheit zu entdecken und diese als Urquell der philosophischen Lehren der Griechen zu erkennen, dank der ihm auf Jahrhunderte eigenen Autorität im weitesten Umfange zum Siege geführt hat. In seinem Bann steht auch Philon wie so mancher andere. Für die moderne „voraussetzungslose" Forschung haben all solche Auffassungen keinerlei maßgebende Bedeutung. Sie sind nur als Zeugnisse des Geistes ihrer Urheber und ihres eigenen Zeitalters für den Kulturhistoriker des späten Altertums von Interesse, nicht aber für den Historiker der griechischen Philosophie.

Auch die Bedeutung der *kosmogonischen Reflexion* des 8. und 7., zum Teil noch des 6. Jahrhunderts, der Theogonie eines Hesiod wie andrerseits die der altorphischen Weltbildungs-

lehren für die Entstehung oder gar die Entwicklung der griechischen Philosophie, ist verhältnismäßig gering. Denn der Geist
dieser „Theologen" (das Wort in aristotelischem Sinne) ist noch
durchaus in mythischer Denkweise befangen. Von einer Entstehung der Welt aus natürlichen Ursachen ist noch nirgends die
Rede. Die Natur und ihre Erscheinungen, wie Nacht und Tag,
der Sternenhimmel, die Erde, das Meer, die Berge, Flüsse und
Winde werden durchgehends noch als *persönliche,* göttliche
Wesen, teils männlichen, teils weiblichen Geschlechts, vorgestellt, die durch Zeugung von andern göttlichen Personen und
durch diese schließlich von allen gemeinsamen Ureltern abstammen. So sind z. B. die Winde die Söhne des Astraios (eines
Sterndämons) und der Eos (der Morgenröte) – offenbar, weil
sich beim Verbleichen der Sterne, denen man eine Einwirkung
auf die Luft zuschrieb, und dem Auftauchen der Morgenröte
die ersten Winde aufmachen – gewiß sehr poetisch, aber doch
völlig mythisch. Manche dieser Naturkräfte, wie der mächtige
Ätna mit seinen vulkanischen Erscheinungen, werden auf fabel-
hafte Ungetüme, wie den Riesen Typhoeus, oder auf Giganten
und hundertarmige Unholde zurückgeführt, da man sich auch
die gewaltigsten Naturvorgänge, wie z. B. Gewitter oder Erdbeben, nur von persönlichen, übermächtigen Wesen, d. h. von
Göttern verursacht, zu denken vermag. So überwiegt in diesen
naiven Vorstellungen das „Dämonische" in phantastischer, ja
oft grotesker Gestalt noch so sehr, daß man sich mehr als
einmal an orientalische Mythen und Naturanschauungen erinnert fühlt, während auf der andern Seite Ansätze zu begriff-
lichem Denken nur vereinzelt und erst verhältnismäßig spät
(wie in Hesiods Erga) auftreten. Diese theo- und kosmogonischen Reflexionen mußten daher die Geburt der Philosophie,
wenn man alles in allem nimmt, eher hemmen als fördern;
denn gerade die „mythischen" Fesseln des gesamten Vor-
stellungslebens mußten erst gesprengt werden, wenn ein wirklich wissenschaftliches Denken möglich werden sollte. Das aber

ist die unvergängliche Tat des ionischen Geistes (Kapitel I), die
der erst ganz würdigen kann, der die uns in der griechischen
Literatur erhaltenen Spuren griechischen Volksglaubens kennt
und das Werk von Wilhelm Nestle: Vom Mythos zum Logos
gelesen hat.

2. Die erste Hauptperiode der griechischen Philosophie

Über die Gliederung der mehr als ein Jahrtausend umfassenden Geschichte der griechischen Philosophie ist unter den
Forschern des letzten Menschenalters in den Hauptpunkten
eine erfreuliche Einigung erzielt worden, wenn sie auch in
Einzelheiten noch voneinander, teilweise nicht unerheblich, ab-
weichen. So kann man in betreff der Abgrenzung der ersten
Hauptperiode, die im wesentlichen die der *Naturphilosophie*
ist, höchstens noch darüber im Zweifel sein, ob man die zweite
Periode mit Sokrates oder den Sophisten beginnen soll. Aber
die Sophisten bilden nicht den organischen Abschluß der bisherigen Naturspekulation über die Urgründe (ἀρχαί) des Alls
und ihre Auswirkung im Weltgeschehen; sie führen vielmehr,
indem sie den Menschen als erkennendes und handelndes
Wesen in den Mittelpunkt des Nachdenkens stellen, eine völlig
neue Periode der griechischen Wissenschaft herauf. Ohne sie ist
die Begriffsphilosophie eines Sokrates undenkbar. Beide – die
Sophisten und Sokrates – gehören zusammen, wie denn beide
auf dem gleichen Boden der Reflexion, überhaupt der „Aufklärung" stehen. So beginnen wir denn die zweite Hauptperiode, wie dies jetzt mit Recht von der neusten Forschung, im
Unterschied von Zeller, bereits mehrfach geschieht, mit den
Sophisten, die freilich nur eine Übergangsphase des griechischen
Denkens, aber eine entscheidende, bedeuten. Der Darstellung
der zweiten Periode wird von mir – im Gegensatz zu den
meisten Neueren, außer Windelband – auch Demokrit zuge-

wiesen, obgleich er der attischen Philosophie fernsteht. Aber ihn der ersten Periode, d. h. der Darstellung der vorattischen Natur-philosophie einzuordnen und im Zusammenhang mit Leukipp zu behandeln, erschien aus mehr als einem Grunde bedenklich: einmal ist Demokrit zweifellos schon durch die sophistische Geistesströmung beeinflußt, sodann bildet bereits der Mensch einen Hauptgegenstand seiner Philosophie: so daß der große Abderit nicht nur eine Erkenntnistheorie, sondern auch eine völlig ausgebaute Ethik entwickelt; ferner begründet er – ebenso wie Platon und Aristoteles – bereits ein *System*, das alle Haupt-gebiete der Philosophie, Physik, Ethik, Erkenntnistheorie, Psychologie, Metaphysik (mit Ausnahme der Logik) umfaßt. Und – das hat Paul Wendland einmal treffend betont – „seine sprachlichen und literarischen Studien, seine kulturgeschicht-lichen Anschauungen, die Richtung seiner Ethik sind vielfach mit verwandten Bestrebungen der Sophisten verknüpft". Und endlich ist Demokrit der Zeit nach zehn Jahre jünger als Sokrates, also ihm und den Sophisten durchaus gleichzeitig oder jünger.

Zeitlich reicht die erste Hauptperiode der griechischen Philo-sophie etwa von 600 bis 430 v. Chr. Ihre örtliche Heimat ist zunächst der griechische Osten (Ionien), dann aber auch der Westen (Unteritalien und Sizilien) und endlich der Norden (Abdera). Der einzige unter den Denkern der ersten Periode, der sich von Ionien kommend in Athen niederläßt und damit die ionische Wissenschaft in die Stadt des Perikles bringt, ist Anaxagoras.

Ihrem Wesen nach ist die vorattische Philosophie, wenn man von den jüngeren Eleaten absieht, ein naiver Dogmatismus, für den die Frage nach den Grundlagen alles Wissens überhaupt noch gar nicht aufgetaucht ist.

Von der Abgrenzung der andern beiden Hauptperioden der griechischen Philosophie (von denen die zweite bis zum Tode des Aristoteles 322 v. Chr. reicht) und ihren einzelnen Abschnitten wird an gegebener Stelle die Rede sein (S. 147).

3. Die Quellen der vorattischen Philosophie

Die Werke der vorattischen Denker, die wir gewöhnlich als Vorsokratiker bezeichnen, waren schon in der Alexandrinerzeit größtenteils verloren oder doch nur noch in ganz vereinzelten Exemplaren vorhanden. Daher ist uns kein Buch eines vorsokratischen Philosophen erhalten. Nur mehr oder weniger zusammenhanglose Trümmer ihrer Schriften, oft nur Fragmente von wenigen Worten, sind uns durch spätere Autoren überliefert, die sie selbst meist nur aus zweiter oder dritter Hand haben. Neben diesen Fragmenten, deren Echtheit und Wortlaut die neuere Forschung in jedem einzelnen Fall erst hat prüfen müssen – nach der epochemachenden Ausgabe von HERMANN DIELS wird im folgenden zitiert –, ist uns jedoch über Leben und Lehren der alten Denker eine große Anzahl zusammenhängender Berichte erhalten, deren Wert freilich sehr verschieden ist. Diese sekundären Quellen zerfallen in zwei Hauptarten, die *doxographische* und die *biographische.* Für die Geschichte der vorattischen Philosophie sind die der doxographischen Gruppe von besonderer Wichtigkeit, d. h. diejenigen Schriften, die systematisch die Lehrmeinungen (δόξαι) der „Vorsokratiker" über die wichtigsten Fragen der Physik – dies Wort umfaßt im Griechischen Naturphilosophie und Naturwissenschaft – berichten. Einzelne solcher Nachrichten, von größtem Wert, finden sich schon bei Platon und besonders bei Aristoteles, aber das doxographische Grundwerk (φυσικῶν δόξαι) in 16 bzw. 18 Büchern schafft erst Aristoteles' Schüler THEOPHRAST, der wie Platon und Aristoteles die Schriften der vorsokratischen Philosophen dank der Bibliotheken der von Platon gegründeten Akademie und des Aristoteles noch selbst gelesen hat. Von

Theophrasts Werk, das die Lehren der „Physiker" bis auf
Platon darstellte, sind uns aus dem ersten Buch (über die
Prinzipien, ἀρχαί) in Simplikios' Kommentar zum ersten Buch
der aristotelischen Physik beträchtliche Reste und aus dem
letzten Buch (De sensibus: über die Sinnesphysiologie) ein um-
fangreiches Bruchstück in zwei Handschriften des 14. Jahrhunderts erhalten.

Schon früh ist das Grundwerk des Theophrast die Beute
zahlreicher Kompilatoren geworden, die es, weil sie selbst die
Schriften der Vorsokratiker nicht mehr besaßen, exzerpiert und
seinen Stoff nach den einzelnen Philosophen umgruppiert haben.
Alle Nachrichten späterer Autoren über Ansichten vorsokratischer Denker stammen daher, wenn auch meist durch mehrere
Mittelquellen, aus dem Werk des Theophrast, wie Diels in den
grundlegenden Prolegomena zu den von ihm zum ersten Male
kritisch edierten *Doxographi Graeci* erwiesen hat. Auf dieses
theophrastische Werk gehen auch die uns erhaltenen pseudo-
plutarchischen *Placita Philosophorum* zurück, die, um 150
n. Chr. verfaßt, aus derselben Vorlage wie die Epitome bei
Stobäus (5. Jahrhundert n. Chr.) stammen: aus dem Werk des
Aëtius (um 100 n. Chr.) περὶ τῶν ἀρεσκόντων συναγωγή in
fünf Büchern. Von den Naturforschern, deren Meinungen hier
berichtet werden, sind die jüngsten der Stoiker Poseidonios
(um 100 v. Chr.) und der Arzt Asklepiades von Bithynien (aus
dem 1. Jahrhundert v. Chr.). Das Werk des Aëtius ist nämlich
insofern eine bedeutende Erweiterung des theophrastischen
Grundstockes, als es die Meinungen der Philosophen von Platon
an bis in die Mitte des 1. Jahrhunderts v. Chr. nachträgt. Aëtius
selbst hat hierfür, wie Diels erwiesen hat, ein uns verlorenes
älteres derartiges Werk – von Diels *Vetusta Placita* genannt,
deren Entstehung vor Mitte des 1. Jahrhunderts *vor* Chr. sicher
ist – benutzt, ein Werk, dessen Autor ein eklektischer Stoiker
aus dem Kreise des Poseidonios gewesen ist, daher die Lehren
der Vorsokratiker durch die Brille des Stoikers ansieht und in

stoischer (bzw. „stoisierender") Terminologie referiert, so daß
es erst eines mehrfachen Scheideprozesses bedarf, um aus diesem Material die Gedanken der vorsokratischen Denker selbst
herauszudestillieren. Wie der Autor der Vetusta Placita, die
schon *Cicero* (indirekt) mehrfach benutzt, haben auch manche
andere Schriftsteller das Werk des Theophrast exzerpiert, und
solche Autoren, die derartige (übrigens sehr verschiedenwer-
tige) Theophrast-Exzerpte direkt oder indirekt benutzt haben,
sind uns vielfach erhalten. Der Wert ihrer Nachrichten über
Meinungen vorsokratischer Denker hängt freilich davon ab, ob
sie sich mehr oder weniger treu an den Bericht des Theophrast
gehalten haben. Diese ganze Literatur ist in ihrer Deszendenz
von Diels in einer für alle Zeiten vorbildlichen Untersuchung
(den Prolegomena seiner Doxographi Graeci) klargelegt[1] und
erst so ein sicheres Urteil darüber ermöglicht worden, ob und
inwieweit wir den Angaben der späteren Autoren über die
Lehren vorsokratischer Philosophen trauen dürfen.

Neben den doxographischen Quellen kommen die *biographi-*
schen in Betracht, von denen – abgesehen von den romanhaften
Lebensbeschreibungen des Pythagoras durch Porphyrios und
Iamblichos im 4. Jahrhundert n. Chr. – für die Vorsokratiker
von erhaltenen Werken nur die umfangreiche Kompilation des
Diogenes Laertios (3. Jahrhundert n. Chr.) vorliegt, die ihrerseits wesentlich aus den Werken der Alexandriner schöpft, die
neben der Tendenz nach urkundlicher Begründung als ver-
hängnisvolles Erbteil des Peripatetikers Aristoxenos die Neigung zur Weitergabe oder auch Vermehrung *anekdotenhaften*
Materials oder gar böswilligen Klatsches über das Privatleben
der Philosophen übernommen hatten. Über diese Art von
Literatur haben besonders die Untersuchungen von Wilamowitz
und Leo Licht verbreitet.

---

[1] Vgl. auf Grund hiervon den Stammbaum der folgenden Seite, der der
Übersichtlichkeit wegen aber nur die Hauptzweige gibt.

Theophrast fr. de sensu

Arius Didymus

„Diadochen"-Schriftsteller [Sotion]

Diogenes Laertius[3]

Hippolytos Ref.Haer.I[2]

ε

Philodem π. εὐσ.

ε[1]

Στρωματεις

Alexander v. Aphrodisias

Simplicius [z. Physik I]

Theophrast

ε

ε

ε

stoisches ε

Cic.n.d.
I 25—41

Tertullian, de an.

Ainesidem

skept. Arzt

Soran

Nemesius

Kleitomachos[?]

Cicero[Lucullus 118]

Varro

Censorin

Theodoret

Vetusta Placita

X

Cicero, Tusc.I

Aetius

Stobaeus

Eusebius

Pseudo-Plutarch

Kyrill

Achilles

Pseudo-Galen

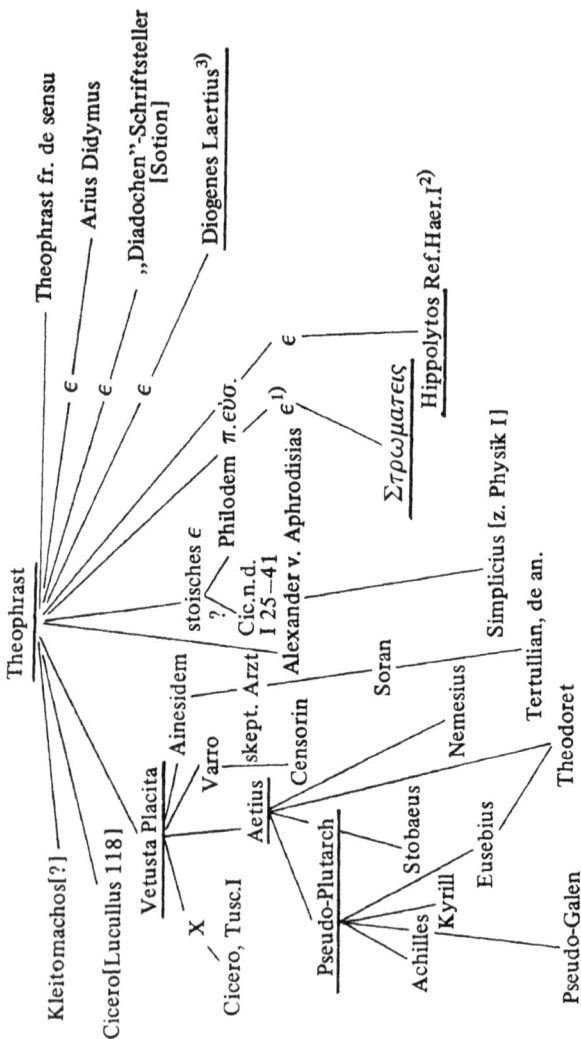

[1]) ε = Exzerpt aus Theophrast.
[2]) mit Ausnahme von c. 1–4, die aus einem biographischen Kompendium stammen.
[3]) d. h. diejenigen doxographischen Stücke bei ihm, die eine detaillierte Darstellung der physikalischen Lehren von Vorsokratikern geben.

Für die *Chronologie* der vorsokratischen Philosphen ist
unsere wichtigste Quelle die auch von Diogenes Laertios
(indirekt) benutzte Chronik des APOLLODOR VON ATHEN
(2. Jahrhundert v. Chr.), der, für die ältere Zeit vor allem auf
Eratosthenes' Chronographie fußend, sein Werk zunächst in
drei Büchern von dem Fall Trojas (1184 v. Chr.) bis zum Jahr
144 n. Chr., dann in einer zweiten Ausgabe bis über den Tod
des Karneades (129/28 v. Chr.) hinaus, vielleicht sogar bis zum
Jahre 110 hinabführte. Seine chronologischen Daten sind, wenn
sie auch meist erst von ihm nach einer bestimmten Methode
erschlossen, d. h. durch Kombination mit andern historischen
Tatsachen, deren Zeit feststand, gewonnen sind, die zuver-
lässigsten, die wir aus dem Altertum besitzen[1].

Alle Nachrichten über Leben und Lehren der Vorsokratiker
sind neuerdings von DIELS systematisch gesammelt, kritisch
gesichtet und in zuverlässigster Fassung herausgegeben worden.
Diels' Werk: *Die Fragmente der Vorsokratiker,* bildet überhaupt
die wissenschaftliche Grundlage für die gesamte moderne Forschung über die vorsokratischen Denker. Ihre Fragmente werden im folgenden nach Diels' Zählung zitiert.

4. Methodische Bemerkungen

Wenn es auch schon aus Raumgründen nicht möglich ist,
hier die wirklich bedeutenden Werke über die griechische
Philosophie kurz zu besprechen, so ist doch ein Hinweis auf
die Eigenart der frühgriechischen Denker, denen dieser Band
gewidmet ist, und im Zusammenhang hiermit ein Wort über
zwei neuere wissenschaftliche Werke von besonderer Bedeutung
erforderlich. Es besteht nämlich bei einer Reihe von Gelehrten,
zumal solcher, die durch die sog. „Marburger Schule" beeinflußt
sind, die Tendenz, schon in den Spekulationen der „Vorsokratiker" Anschauungen und Begriffe der modernen, insbe-

[1] Vgl. hierüber die Arbeiten von H. Diels und F. Jacoby im Literatur-
verzeichnis.

sondere der Kantischen Philosophie wiederzufinden und danach ihre ganze Auffassung der alten Philosophen zu orien-
tieren. Hiervor kann im Interesse der *geschichtlichen Wahrheit*
nicht scharf genug gewarnt werden. Auf das nachdrücklichste
muß immer wieder betont werden, daß die Fragmente der
Vorsokratiker und die doxographischen Nachrichten über ihre
Lehren mit denkbar größter Unbefangenheit aufgefaßt werden
müssen, und daß auch in dieser Hinsicht *Zellers Meisterwerk*
für die heutige wie alle kommenden Generationen vorbildlich
ist. Denn neben der methodischen Prüfung und Wertung der
Quellen kann man gerade von Zeller (und so nur von ihm)
lernen, die Eigentümlichkeiten des vorsokratischen Denkens,
d. h. ganz eigentlich der *Werdezeit der Wissenschaft* zu erfassen, in der die Begriffe vielfach noch unentwickelt sind und
daher manche fundamentalen Unterscheidungen, wie z. B. die
zwischen Stoff und Kraft, zwischen Körperlichem und Un-
körperlichem, noch oft vermissen lassen. Gerade hier zeigt sich
Zeller für alle Zeit als ein Vorbild der Forschung; er legt in
die Gedankenwelt der archaischen Physiker nicht mehr hinein,
als was unsere maßgebenden Quellen unzweideutig sagen oder
mit absoluter Gewißheit erschließen lassen. Er schiebt ihnen
daher nicht Denkmotive und Problemstellungen unter, die
ihnen nicht nur weltenfern gelegen haben, sondern nach dem
damaligen, vielfach noch höchst unentwickelten Stande der
Erkenntnis noch gar nicht gefaßt werden konnten. Kurz, er geht
als echter Historiker *unbefangen* an die Zeugen des vorsokratischen Denkens heran und hört nicht mehr aus ihnen heraus, als
was sie wirklich aussagen. Er hat eben als Historiker feinstes
Verständnis dafür, daß auch alle unsere philosophischen Grundbegriffe das Ergebnis langer und mühevoller Denkarbeit sind
und daß insbesondere in der vorsokratischen Periode mit einer
Naivität des mehr oder weniger noch im Bann der sinnlichen
Anschauung befangenen Denkens und einem noch sehr unentwickelten Vermögen zu feineren logischen Unterscheidungen

gerechnet werden muß, daß wir, wollen wir Aussicht haben,
den Denkprozeß jener ersten Pfadfinder des philosophischen
Gedankens richtig zu erkennen, uns unter allen Umständen an
unsere Quellen halten müssen, sofern diese durch die philolo-
gisch-historische Kritik als zuverlässig erfunden sind. Daher
wird Zellers Werk, abgesehen von seinen zahlreichen sonstigen
Vorzügen, ebenso sehr wegen seiner unvergleichlichen Objekti-
vität wie wegen seines einzig dastehenden historischen Sinnes
auf absehbare Zeit eine hohe Schule zum wissenschaftlichen
Verständnis der Quellen der antiken Philosophie und dieser
selbst bleiben, die niemals veralten kann[1].

Neben Zeller soll aber zugleich auf Friedrich Ueberwegs
Grundriß der Geschichte der Philosophie 1. Teil: Die Philosophie des Altertums, 12., umgearbeitete und erweiterte Auflage, hrsg. von KARL PRAECHTER, Berlin 1926, mit besonderem Nachdruck hingewiesen werden, in dem auf Grund jahr-
zehntelangen Studiums der Quellen eine auch im einzelnen
äußerst zuverlässige, völlig selbständige, unsere Quellen mit
eindringender Kritik verwertende, d. h. philologisch-historisch
musterhafte und dabei philosophisch das Wesentliche, überhaupt das Charakteristische scharf erfassende, ebenso klare wie
tiefdringende Darstellung der Geschichte der alten Philosophie
gegeben wird, die aller Voraussicht nach auf absehbare Zeit das
beste wissenschaftliche Handbuch sein wird, das wir auf dem
Gebiete der antiken Philosophie besitzen. Sein Wert wird durch
eine im Anhang beigegebene, mehr als 250 Seiten umfassende
Bibliographie zur Geschichte der gesamten Philosophie des
Altertums, die für den, der selbständig auf diesem Gebiet
arbeiten will, unentbehrlich ist, noch bedeutend erhöht.

[1] Ich darf hier auf meine eingehende Würdigung von Zellers monumen-
talem Werk in meiner Besprechung der vortrefflichen Neubearbeitung von
Wilhelm Nestle in der „Berliner Philologischen Wochenschrift" von 1920 in
Nr. 22 ff. und von 1922 in Nr. 45 f. verweisen.

Endlich erscheint der Hinweis notwendig zu sein, daß ein *wissenschaftliches* Studium der antiken Philosophie, d. h. ein eigenes Urteil über Wert und Wesen unserer Quellen sowie ein selbständiges Verständnis der Anschauungen und Gedankengänge der griechischen Denker *ohne eine gründliche Kenntnis der griechischen Sprache nicht möglich ist.*

A. Die vorattische Philosophie

I. Der ionische Hylozoismus

Die Urheimat der Philosophie ist *Milet,* die mächtigste der kleinasiatischen Griechenstädte im 6. Jahrhundert v. Chr. Hier zuerst hat sich mitten „im Strom der Welt", in dieser Metropole von Handel und Schiffahrt, das wissenschaftliche Denken der Griechen entwickelt. Mehrere glückliche Umstände trafen hier zusammen: die bevorzugte Lage der mächtigen Seestadt, in der sich aus Babylon wie aus dem fernen Iberien, vom Skythenlande wie aus Ägypten alles Erfahrungswissen der damaligen Menschen aufspeichern konnte; die friedlichen Zustände, deren sich damals die Stadt erfreute, vor allem aber die einzigartige Veranlagung des ionischen Stammes selbst, die hier freilich nur angedeutet werden kann: seine unvergleichliche Beobachtungsgabe, die uns ebenso in den hippokratischen Krankenjournalen wie in den homerischen Gleichnissen überrascht, dazu die Fähigkeit, das Geschaute scharf und knapp wiederzugeben, der helle Blick für das Charakteristische in Natur und Menschenleben, die Befähigung zu glücklichen Kombinationen wie zu kühnen Verallgemeinerungen, die stete Tendenz zu universaler Betrachtung der Dinge und nicht zuletzt ein ausgesprochen rationalistischer Zug, der kühl und nüchtern den Dingen auf den Grund zu gehen trachtet.

Der bunte Wechsel der Erscheinungen der sichtbaren Welt,

das, was wir in Übersetzung eines griechischen Wortes die
„Natur" nennen, in der sich ein ewiges Werden und Vergehen,
Kommen und Scheiden abspielt, dies ist der eigentliche Gegenstand der griechischen Philosophie in ihrer ersten Periode. Die
Frage „Woher das alles?", was in Land und Meer, am gestirnten Himmel wie in der Wetterwolke, im Leben der Pflanze wie
in dem des Menschen (der ja auch ein Teil der Natur ist) das
erwachende Denken beschäftigt – sie hat dem ersten Problem
der griechischen Wissenschaft den Boden bereitet, die sich in
jugendlicher Kühnheit gleich an die letzten Fragen alles Lebens
heranwagt. Die griechische Philosophie ist also in ihrer ersten
Periode Wissenschaft von der Natur (φυσιολογίη), in der
Naturphilosophie und Naturwissenschaft in engerem Sinne, wie
auch später noch vielfach, ungeschieden sind. Erst allmählich sondern sich aus der *einen* Wissenschaft (ἱστορίη, ἐπιστήμη,
φιλοσοφίη) die einzelnen Zweige der Forschung, wie die Astronomie, Meteorologie, Geographie und die Mathematik aus.
Nur die Medizin hat ihre besondere Geschichte. So finden wir
denn im Lauf der Entwicklung wohl Physiker einer besonderen
Disziplin, die keine Philosophen, aber keine Philosophen, die
nicht auch Physiker sind.

1. Thales

Der Mann, der von Aristoteles als der ἀρχηγὸς τῆς τοιαύτης
φιλοσοφίας (der Begründer einer derartigen Philosophie) bezeichnet wird, ist Thales von Milet, der Sohn vielleicht eines
karischen Vaters, aber einer griechischen Mutter, aus vornehmem Geschlecht. Seine Zeit wird für uns vor allem dadurch
bestimmt, daß er – wahrscheinlich auf Grund gewisser, von
den Babyloniern entdeckter Umlaufszeiten der Gestirne, der
sog. Sarosperioden – jene Sonnenfinsternis vorhergesagt hat, die
am 28. Mai 585 v. Chr. einen Teil von Vorderasien und

Ägypten verdunkelte. Seine Lebenszeit wird daher von der
antiken Chronologie (Apollodor) von 624–546 (bis zu dem Fall
von Sardes, den er offenbar noch miterlebt hat) annähernd
richtig angesetzt sein. Dieser Thales ist von Hause aus ein
weitgereister Kaufmann gewesen, dessen Denken vor allem in
Ägypten, dem Lande der Pyramiden und der Nilschwelle, das
er vielleicht um dieselbe Zeit wie Solon von Athen besucht hat,
mannigfache und nachhaltige Anstöße erhalten haben wird. Das
wenige, was wir von seinen Anschauungen mit Sicherheit
wissen – denn geschrieben hat er wahrscheinlich noch nichts,
jedenfalls hatten schon Platon und Aristoteles keine Schrift von
ihm –, zeigt ihn uns als Physiologen in dem eben gekenn-
zeichneten doppelten Sinne. Erd- und Himmelskunde sind es,
die den Sohn der Seestadt zunächst beschäftigen: die Ursache
der Erdbeben und der Nilschwelle, die verschiedene Dauer der
(scheinbaren) jährlichen Sonnenbahn soll Gegenstand seines
Nachdenkens gewesen sein, das nach dem Zeugnis von Aristoteles' Schüler Eudemos auch eine Reihe von Sätzen der elementaren Geometrie gefunden haben soll. Aber das einzige, was
von Thales' Denkergebnissen völlig glaubwürdig überliefert ist
– wenn wir von seiner Meinung, daß die Erde als eine flache
Scheibe auf dem Wasser schwimmt, hier absehen –, ist doch
seine Behauptung, daß alles aus dem Wasser entstanden sei.
Das klingt seltsam naiv und ist doch bedeutsam: denn dieser
Satz birgt die epochemachende Tatsache in sich, daß sich Thales
von dem mythischen Denken, das alles Gewordene wie alles
Werden auf persönliche Mächte zurückführte, freigemacht und
als erster unter den Griechen eine rein natürliche Ursache der
Dinge angenommen hat. Thales ist also der erste Naturforscher
der abendländischen Menschheit. Wenn er aber behauptet, daß
alles aus dem Wasser entstanden sei, so liegt dem – bewußt
oder unbewußt – die Anschauung von der Einheit aller Dinge
zugrunde, und so gilt Thales, der erste Naturforscher, mit Recht
zugleich als der erste Philosoph.

Was ihn bewogen hat, gerade das Wasser für den Urgrund der Dinge zu halten, läßt sich nur noch mit einiger Wahrscheinlichkeit vermuten: das Wasser, das unablässig die Küsten seiner ionischen Heimat umflutete, bald festes Land zu werden schien, bald Schoß der Wolken wurde, die sich alsbald wieder in Wasser wandelten, das Wasser, das unsere Erde trägt, aus der allerorten Quellen und Flüsse hervorsprudeln – es mochte in seinem ewigen Kreislauf, aus dem es immer wieder unverändert zurückkehrte, dem Sohne der Seestadt als Urgrund allen Seins besonders geeignet erscheinen, auch wenn er bemerkte, daß das Meer, zumal in der Küstenzone, die Heimat zahlloser mehr oder weniger entwickelter Lebewesen ist. Wie aber aus dem Wasser nach seiner Meinung diese Welt geworden ist, darüber ist uns nichts überliefert.

So hat durch Thales das älteste Problem der griechischen Wissenschaft zum erstenmal eine bestimmte Antwort erhalten. Über den „Anfang" hatten freilich schon die Generationen vor ihm, wenn auch noch in den Banden des Mythus befangen, gedacht und gegrübelt. Aber sie hatten sich den Weltprozeß stets in Form einer einmal geschehenen Geschichte vorgestellt. Das Denken des Thales aber birgt zwei entscheidende Neuerungen: die Herleitung aller Dinge aus einem gemeinsamen, natürlichen Ursprung, sodann aber – wenigstens im Keim, den dann sein großer Nachfolger Anaximandros klar entwickelt – das Bewußtsein, daß hinter dem Wechsel der Erscheinungen, wie ihn gerade das Leben der Natur in Sommer und Winter, Blühen und Verwelken, Sterben und Werden uns zeigt, ein allen Dingen gemeinsamer, in seinem eigenen Wesen unveränderlicher Urgrund steht, der, in tausendfacher Wandlung begriffen, die Dinge aus sich heraus hervorbringt, aber auch seinerzeit wieder in sich zurücknimmt und so den in Wahrheit zeitlosen Weltprozeß verursacht. Denn Thales fragt nicht wie die alten Kosmologen „Wie war es im Anfang?" und „Wie ist daraus die jetzige Welt geworden?", sondern „Was war" oder

vielmehr „Was *ist* der Anfang?" Hierin liegt offenbar schon
keimhaft die Vorstellung von einem Urgrunde alles Wirklichen.
Und so gebrauchen die Späteren seit Aristoteles das Wort
ἀρχή, das zunächst nur den Anfang bedeutet, in dem Sinne des
Urgrundes aller Dinge, indem als „Anfang" das bezeichnet
wird, was selbst keinen Anfang hat, d. h. keiner weiteren Ableitung für das Denken bedarf, weil es immer dagewesen sein
muß und immer da sein wird, d. h. ewig ist. Oder wie Aristoteles in seinem Bericht über die alten ionischen Denker zu Anfang
der Metaphysik ausführt: „Woraus alles Seiende ist und woraus
es als Erstem wird und worein es zuletzt vergeht, indem die
Substanz (οὐσία) bleibt, sich aber in ihren Zuständen ändert,
das erklären sie als das Element und den Urgrund der Dinge.
Und deswegen – so meinen sie – entstehe weder irgend etwas,
noch werde es zu nichts (d. h. ein Entstehen und Vergehen in
eigentlichem Sinne gäbe es nicht), in der Meinung, daß eine
derartige Natur stets erhalten bleibt ... Denn es muß eine
Natur geben, eine oder mehrere, aus denen die übrigen Dinge
entstehen, während sie selbst dauert." – Hier wird von Aristoteles ein solcher Urgrund der Welt, der in allem Wechsel beharrt
und sich ewig erneuert, geradezu als ein „denknotwendiges
Postulat" bezeichnet, und sicher ist das die, wenn auch erst
allmählich zu klarem Bewußtsein gelangende, Grundanschauung
der Ionier, d. h. im Keime wenigstens auch schon des Thales
gewesen.

Der Begründer der griechischen Naturphilosophie hat den
Urgrund der Dinge in einem sichtbaren Stoff gefunden, wie *wir*
uns ausdrücken würden. Aber für Thales selbst wie für seine
Nachfolger ist der Begriff des „Stoffes" in unserem Sinne noch
gänzlich unbekannt. Vielmehr bilden Stoff und Kraft für diese
ältesten Ionier noch eine untrennbare Einheit, wie denn Thales
auch dem Magneten und dem Bernstein eine Seele zugeschrieben und erklärt haben soll, daß „alles voll von Göttern" sei.
Denn das, was wir heute Stoff nennen, erscheint diesen alten

Denkern von sich aus beseelt, und so nennt man sie wohl auch „Hylozoisten", weil sie die Materie (ὕλη) in naivem Anthropomorphismus für belebt halten.

2. Anaximandros

Thales' nur um ein halbes Menschenalter jüngerer Landsmann ist Anaximandros, der zu ihm vermutlich auch in persönlicher Beziehung gestanden hat. Er packt dasselbe Problem an wie jener, aber seine Lösung zeigt einen bedeutsamen Fortschritt, wie er denn in jeder Hinsicht seinen Vorgänger in den Schatten stellt. Anaximandros zeigt die organische Vereinigung des Naturforschers und des Naturphilosophen in geradezu klassischer Weise: auf beiden Gebieten ist er bahnbrechend. Zunächst der Physiker: er unternimmt es zum erstenmal, eine Karte von der bewohnten Erde mit ihrer vermeintlichen Verteilung von Land und Meer zu entwerfen, wie er auch zum erstenmal von der Entstehung des Meeres eine rein physikalische Erklärung gibt. Auch die atmosphärischen Vorgänge führt er ebenso wie die Erdbeben seiner kleinasiatischen Heimat als Erster auf natürliche Ursachen zurück. Aber sein Blick bleibt an den Erscheinungen der Erde nicht haften: der Sternenhimmel, dessen Pracht in südlicheren Breiten ungleich erhabener als in unserem nordischen Klima ist – er ist es, der ihm offenbart, daß diese Welt ein „Kosmos", eine planvolle Ordnung ist, und so konstruiert er bereits eine σφαίρα, den ersten Himmelsglobus, eine hohle Halbkugel, in die man von unten hineinsieht, auf deren innerer Fläche er die ihm bekannten Sternbilder einträgt.
Zu dem Begriff Kosmos des Anaximandros, der dies Wort zum erstenmal in einem ganz neuen Sinne gebraucht hat – denn von Hause aus bedeutet Kosmos einfach die „Ordnung", z. B. von Heeresmassen – muß hier ein Wort gesagt werden, zumal es seitdem ein Fundamentalbegriff der gesamten griechi-

schen Philosophie, ja der abendländischen Menschheit geworden
ist. Schon Hermann Diels hat uns in einem berühmten Aufsatz
Über Anaximanders Kosmos[1] das äußere Bild vom Kosmos
verstehen gelehrt – denn Anaximander, der drei sich um die
Erde bewegende Gestirnringe annahm, d. h. die der Sterne, des
Mondes und der Sonne, die in gleichen Abständen von je neun
Erddurchmessern voneinander entfernt sind, hatte schon eine
„Sphaira" konstruiert. Diels hat aber auch schon treffend betont, daß dieser Kosmos durch ein *Gesetz* zusammengehalten
wird, das sich in symmetrischen Zahlenverhältnissen anschaulich
darstellt[2]. Aber das tiefste Verständnis von Anaximanders
Kosmosbegriff wie überhaupt dieser einzigartigen Denkergestalt
und ihrer singulären Bedeutung hat uns doch erst Werner
Jaeger in einem Kapitel seiner Paideia erschlossen, das er
„Das philosophische Denken und die Entdeckung des Kosmos"
überschrieben hat[3]. Und seit dem Erscheinen von Jaegers Werk
ist in den letzten Jahren durch zwei tiefdringende Arbeiten
von Walther Kranz unsere Erkenntnis noch bedeutend gefördert
worden[4].

Da dieser Begriff von schlechthin fundamentaler Bedeutung
ist, soll gleich an der Schwelle der griechischen Philosophie
etwas näher darauf eingegangen werden. Anaximandros ist der
erste Mensch, der die gesamte sichtbare Erscheinungswelt, von
den Erdtiefen bis zu den Sternen, als *einen einzigen großen
Zusammenhang* erkennt, in dem sich eine planvolle, alles durch-
waltende *Ordnung* offenbart. Denn er hat zum erstenmal das
Wort „Kosmos", das eigentlich „Ordnung" bedeutet, auf das
gesamte Weltall angewandt. Er hat als erster erkannt, daß das

[1] Archiv für Geschichte der Philosophie X 228 ff.
[2] Schon hier wie auch noch an anderen Punkten zeigt es sich, wie treffend
Jaeger I 214 das Erd- und Weltbild Anaximanders als einen „Triumph des
geometrischen Geistes" bezeichnet hat.
[3] Paideia I 206–248.
[4] Kosmos als philosophischer Begriff frühgriechischer Zeit. In: Philologus
93 (1939), 430 ff. – Kosmos und Mensch in der Vorstellung frühen Griechen-
tums. Göttingen 1938.

gesamte All von einem alles beherrschenden *Gesetz* gelenkt
wird, das sich in tausend und aber tausend Bereichen offenbart,
und in dem sozusagen ein Rad in das andere von ungezählten
Rädern greift, ein ungeheures „System", wie ein moderner
Mensch vielleicht sagen würde, oder besser ein ungeheurer
Organismus, in dem „alles sich zum Ganzen webt", mit Goethe
zu reden. Eine Gesetzlichkeit, eine „Weltnorm", mit Werner
Jaeger zu reden, da die Bezeichnung „Naturgesetz" nicht ganz
paßt, so daß man höchstens von „Weltgesetz" sprechen kann.
Denn das ist hier das wahrhaft Wesentliche, daß Anaximandros,
und er zum ersten Male in der „Welt", in allem Geschehen das
immanente Walten eines unverbrüchlichen *Gesetzes* erkennt,
das alle Vorgänge, organische und unorganische, Körperliches
und Geistiges, Lebendes und Lebloses, überhaupt alles Werden
und Vergehen beherrscht, und daß dieser Kosmos sozusagen
ein gigantisches „Ensemble" ist, in dem alles Geschehen durch
einen inneren Zusammenhang regiert wird.

Für den, der die botanischen Schriften von Aristoteles' großem
Schüler Theophrast kennt, liegt es nahe, sich der alles Pflanzen-
leben beherrschenden Macht der „Horen" zu erinnern, die in
Theophrasts Pflanzenphysiologie an ungezählten Stellen als
maßgebende kosmische Mächte erscheinen. Dank dem Lauf der
Gestirne, der sich in vollkommener Regelmäßigkeit in ganz
bestimmtem Rhythmus vollzieht, bringen die ὥραι[1] die durch
die Sonnenwenden und Tagundnachtgleichen voneinander ab-
gegrenzt sind, auch für das Erdenleben durch ihren maßgebenden Einfluß auf die Witterung auch im Leben der Pflanzen zu
ganz bestimmten Zeiten entscheidende Veränderungen hervor,
mögen sie treiben, blühen oder Frucht bringen oder, scheinbar
im Winterschlaf erstarrt, ein still vorbereitendes Innenleben
führen, das beim ersten Lächeln der ὥρα γονιμωτάτη, d. h. des
Frühlings, erwacht und zur Entfaltung ans Licht drängt. Waltet
doch *ein* großer Zusammenhang durch den ganzen Kosmos.

[1] Die Jahreszeiten, als lebendige Mächte gedacht.

Die Kosmosidee Anaximanders ist eine der großartigsten
Konzeptionen der gesamten griechischen Philosophie, in Wahrheit bereits ein metaphysischer Begriff von schlechthin fundamentaler Bedeutung. Eine alles Leben und Sein umfassende
unwiderstehliche Gesetzlichkeit, die sich, nie alternd und nie
erlöschend, in ewig lebendiger Bewegung sich offenbarend, in
rhythmischem Aufundnieder, in alle Ewigkeit auswirkt.
Wir fragen uns: was ist die Genesis dieser einzigartigen Idee?
Wenn wir hierauf auch nur vermutungsweise antworten können, so dürfen wir doch mit ziemlicher Wahrscheinlichkeit
sagen: wohl sicher war eins der Urmotive seine langjährige
Beobachtung des Sternenhimmels und der an ihm sichtbaren
Vorgänge, die ihm eine überwältigende Stetigkeit und trotz
aller Mannigfaltigkeit eine geradezu mathematische Regelmäßigkeit und eine märchenhafte Schönheit und Großartigkeit
offenbarten, die jahraus, jahrein in gleicher Majestät dieselben
stets wieder erscheinenden Sternbilder, Fixsterne und Planeten
zeigte. Und doch war es auch von da aus noch ein weiter Weg
bis zu *seiner* Konzeption der Kosmosidee. Denn wie zahllose
Menschengeschlechter haben den nächtlichen Sternenhimmel
angestaunt, und doch ist keines von all diesen zu *der* Kosmosidee gekommen, wie sie Anaximandros konzipiert hat. Und
noch viel weniger zu der grandiosen Auffassung, wie sie uns
das einzige wörtlich erhaltene Fragment seines Buches offenbart,
dem wir uns jetzt zuwenden. Es lautet in möglichst genauer
Übersetzung:
„*Woraus aber die Dinge ihre Entstehung haben, darein findet
auch ihr Untergang statt, gemäß der Schuldigkeit. Denn sie
leisten einander*[1] *Sühne und Buße für ihre Ungerechtigkeit,
gemäß der Verordnung der Zeit.*"
Hier kommt zum ersten Male der Begriff einer alles Geschehen beherrschenden *Gesetzlichkeit* klar zur Erscheinung,

[1] „Das Unterliegende dem Überlebenden und dieses wieder, untergehend,
dem künftig Entstehenden." So treffend Diels. – Vgl. Jaeger, Paideia I 217 f.

und zwar, wie Jaeger gezeigt hat, nach dem Vorbilde der für jeden einzelnen verbindlichen Rechtsidee der Polis, des griechischen Bürgerstaats. Durch diese glückliche, geradezu evidente Erklärung Jaegers ist jede mystische Deutung des berühmten Fragments erledigt.

Diese tiefgründige Konzeption eines alle Einzelerscheinungen, alles Werden und Vergehen verursachenden Weltgesetzes, d. h. einer rein metaphysischen Instanz, bedeutet die innere Entdeckung des Kosmos, um mit Jaeger zu reden.

Die Kosmosidee Anaximanders ist aber nicht nur ein philosophischer Begriff frühgriechischer Zeit, sondern auch, wie schon Kranz gezeigt hat, bei den großen Denkern des 5. und 4. Jahrhunderts, einem Herakleitos, Empedokles und Anaxagoras und dann vor allem bei Platon und Aristoteles gewesen.

Sie ist aber auch in dem folgenden Zeitalter griechischen Lebens und Denkens, d. h. in dem des Hellenismus, zumal in der alten Stoa[1], von beherrschender Bedeutung geworden und noch weit mehr bei Poseidonios von Apameia und durch seine weit und tief greifende Nachwirkung, z. B. in der pseudoaristotelischen Schrift Von der Welt (in den Kapiteln 5 und 6), die wahrscheinlich im 1. Jahrhundert n. Chr. verfaßt ist. Und noch für den Kaiser Marc Aurel steht die Kosmosidee geradezu im Mittelpunkt seines zu religiöser Andacht gesteigerten Denkens[2], wie seine intimen, uns heute noch ergreifenden „An sich selbst" gerichteten Aufzeichnungen bezeugen, die er sich auf seinen Feldzügen gegen Quaden und Markomannen des Nachts im einsamen Zelt gemacht hat. Ja, selbst noch in der altchristlichen Literatur, in den Schriften der drei großen kappadokischen Bischöfe (Basilius, Gregor von Nyssa und Gregor von Nazianz) klingen durch Poseidonios' Vermittelung, wie uns

---

[1] Vgl. jetzt insbes. Pohlenz: Die Stoa, Göttingen 1948. I 75 ff. und dazu II 43 ff.
[2] Vgl. Capelle: Marc Aurel. Selbstbetrachtungen. 8. Aufl. Stuttgart 1953.

einst Werner Jaeger gezeigt hat[1], die Kosmosgedanken manchmal noch ergreifend nach. – Und sogar der Kaiser Julian, der
sog. Apostat, sagt im Geist der großen Neuplatoniker, eines
Plotin und eines Porphyrios[2], um die Mitte des 4. Jahrhunderts
n. Chr. in seiner Rede auf Helios: „Der gesamte Kosmos ist ein
einziges lebendiges Wesen, in seiner Ganzheit durch und durch
von Seele und Geist erfüllt, vollkommen, aus vollkommensten
Teilen bestehend"[3].

So wirkt der Fundamentalbegriff des unsterblichen Milesiers
in mannigfachen Formen und Wandlungen bis ans Ende der
Antike und noch weit darüber hinaus: über die Renaissance
(Giordano Bruno) bis auf Goethe (im Faust) und Alexander
von Humboldt und ihre Epigonen.

Doch hören wir weiter von den großen Gedanken Anaximanders. Auch über die Substanz, Größe und (relative) Entfernung
der großen Himmelskörper von der Erde hat er bereits scharf-
sinnige Vermutungen ausgesprochen. Von erstaunlicher Kühnheit ist seine Annahme einer frei im unendlichen Raum schwe-
benden Erde, deren Ruhelage er in einer Art Vorahnung der
Attraktionslehre gewissermaßen mathematisch begründet: da
sie in der Mitte der Welt liegt, heben sich die Anziehungskräfte
der verschiedenen Seiten des Himmelsgewölbes auf sie gegenseitig auf, so daß sie an ihrer Stelle verharren muß. Anaximandros hat auch zum erstenmal eine rein rationale Kosmogonie
entworfen, d. h. er wagt einen ohne jede Annahme übernatürlicher Faktoren ausschließlich auf Beobachtung und vernunft-
gemäßes Denken gegründeten Entwurf einer Entstehungs-
geschichte unseres Kosmos. Auch auf dem Gebiet der organischen Welt tut dieser geniale Denker einen Tierblick seltenster
Art: durch seine bis auf Darwin einzig dastehende Hypothese

[1] Nemesius von Emesa. Berlin 1914. Vgl. auch Gronau: Poseidonios und
die jüdisch-christliche Genesis-Exegese. Leipzig 1914.
[2] Zu ihrer tiefgründigen Kosmosanschauung vgl. zunächst Kranz: Die
griechische Philosophie S. 320 ff.
[3] Or. IV p. 139 b.

von der Entstehung der Lebewesen. Die ersten organischen
Geschöpfe entstanden aus dem durch die Sonnenwärme allmählich austrocknenden Schlamm. Sie waren noch von stache-
ligen Häuten umgeben (vermutlich als Schutz gegen die Außenwelt). Im Lauf der Zeit aber gingen sie aufs Trockene; die sie
umgebende Hülle zerbarst (unter den veränderten Lebens-
bedingungen?), und sie lebten dann noch auf kurze Zeit. Von
ihnen ließ er dann vermutlich die späteren Arten abstammen.

Denkwürdig vor allem ist seine Hypothese vom Ursprung des
Menschen. Er hatte beobachtet, daß die anderen Lebewesen
alsbald nach ihrer Geburt sich selbst helfen können – man mag
etwa an eben ausgeschlüpfte Fische oder an kleine Enten denken –, daß dagegen der Mensch einer langdauernden „Be-
mutterung" bedarf. Hieraus schloß er, daß der Mensch, wenn
er ursprünglich in solchem Zustande, wie es jetzt geschieht, zur
Welt gekommen wäre, längst zugrunde gegangen sein würde.
Wie war aber dann das Überleben des Menschen im Kampf
ums Dasein möglich gewesen? Durch solche Erwägungen ward
Anaximandros auf die Vermutung geführt, daß ursprünglich
aus dem sonnendurchwärmten Schlamm Fische oder fischähn-
liche Tiere entstanden seien, in deren Leib sich – ähnlich wie
bei den Haifischen die lebendigen Jungen – die Menschen entwickelt hätten und dort bis zu ihrer „Reife" geblieben wären.
Dann erst seien sie aus ihnen als Männer und Weiber, die sich
selbst helfen konnten, zur Welt gekommen.

Ebenbürtig dem Physiker ist der Philosoph Anaximandros.
Wenn diesen Theophrast als „Schüler und Nachfolger" des
Thales bezeichnet, so kann das offenbar nur bedeuten, daß
Anaximandros zu seinem älteren Landsmann in engen persönlichen geistigen Beziehungen gestanden hat, wie es denn nach
den Forschungen von Diels und anderen sehr wahrscheinlich
ist, daß schon unter den Milesiern eine Art schulmäßigen
Zusammenhangs bestanden hat, in dem Sinne, daß der Meister
seine Lehren in persönlichem Umgange jüngeren, ihm ver-

trauten Männern übermittelt hat, woraus sich dann allmählich
eine feste Lehrtradition, eine „Schule" – das Wort in rein
wissenschaftlichem Sinne verstanden – entwickeln konnte. Hiermit hängt es augenscheinlich zusammen, daß im Mittelpunkt
der naturphilosophischen Spekulation des Anaximandros dasselbe Grundproblem steht wie bei Thales. Aber erst bei Anaximandros ist das Wesen des ἀρχή- Begriffs (des Weltprinzips),
das bei Thales noch in der Knospe schlummerte, zu voller
Klarheit entwickelt.

Thales selbst hatte den Urgrund noch in einem sichtbaren
Stoff gesucht. Gerade diese Antwort war es, die seinen großen
Jünger nicht befriedigte. Warum sollte die ἀρχή das Wasser
sein, das sich bald in Luft, bald in Erde wandelte? Durfte man
überhaupt in einem der sichtbaren Stoffe, die ständig ineinander übergehen, von denen keiner vor dem andern etwas voraus hat, den sie alle überdauernden und stets aufs neue erzeu-
genden Urgrund der Dinge suchen? Waren nicht vielmehr all
diese sichtbaren Dinge, denen doch offenbar ein Urwesen
zugrunde lag, nur verschiedene Erscheinungsformen dieses
Einen? Aus Erwägungen solcher Art ist Anaximandros dazu
gekommen, die ἀρχή in keinem der sinnlich wahrnehmbaren
Stoffe, sondern hinter ihnen zu suchen. So vollzieht er zum
erstenmal die Abstraktion vom Sinnlichen auf das Begriffliche,
indem er zu dem Ergebnis kommt: die ἀρχή ist das ἄπειρον,
das „Unendliche". Denn – so lautet seine uns von Aristoteles
erhaltene Begründung – unendlich muß der Weltgrund sein,
damit das Werden nicht aufhört, d. h. damit er sich im Erzeugen der Dinge nicht erschöpft. Sonst würde ja – so dürfen
wir wohl den Gedanken des Milesiers ergänzen – alles Leben in
diesem Kosmos aufhören.

Unter dem Unendlichen aber versteht Anaximandros – daran
kann nach den Ausführungen des Aristoteles kein Zweifel
sein – den unendlichen Stoff, natürlich in dem Sinne des ewig
lebendigen, von sich aus bewegten Urgrunds, wie sich gewiß

schon Thales das Wasser als Ursprung aller Dinge gedacht
hatte. So nennt er denn das Unendliche „unsterblich", „unvergänglich", wahrscheinlich auch „unentstanden", und „nie
alternd". Man darf auch auf Grund einer Aristotelesstelle[1] als
sehr wahrscheinlich annehmen, daß er von dem Unendlichen
behauptet hat, daß es „alles umfasse und lenke" und „göttlich"
sei.

Wie aber vollzieht sich die Auswirkung dieses Unendlichen
im Weltprozeß? Auf diese Grundfrage aller Naturphilosophie
hat Anaximandros freilich noch eine wenig befriedigende Antwort. Denn da er sich, wie nach unseren Quellen und den auf
ihnen fußenden neueren Forschungen kein Zweifel sein kann,
das Unendliche als eine qualitativ einheitliche, im übrigen aber
unbestimmte Masse – mit Theophrast zu reden, als μία φύσις
ἀόριστος — gedacht hat, so muß es als eine hiermit in Widerspruch stehende, vor allem aber unklare Lösung erscheinen,
wenn er aus dem Unendlichen zunächst durch „Ausscheidung"
die elementaren Gegensätze, wie Warm und Kalt, Feucht und
Trocken, hervorgehen ließ, denn offenbar hat er sich die Ur-
entstehung der Dinge als eine durch die ewige Bewegung
verursachte Ausscheidung gegensätzlich qualifizierter Stoffe aus
dem Unendlichen gedacht, das sie potentiell, nicht aktuell
enthält.

Diese ewige Bewegung aber, die wir uns wohl als Wirbel zu
denken haben, setzt er, wie alle Hylozoisten, als selbstverständlich voraus, ohne über ihren Ursprung selbst zu reflektieren.
Denn solche Bewegung erscheint ihm offenbar im innersten
Wesen des Urgrundes begründet.

Von hier aus entwirft nun der Physiker Anaximandros ebenso
kühn wie naiv eine Kosmogonie, die wir freilich bei der
Trümmerhaftigkeit unseres Quellenmaterials nur teilweise rekonstruieren können. Nachdem die das Warme und Kalte

---

[1] Physik III 4. 203 b 10 ff. = V. S. 12 A 15 (I 85, 17 f.) mit Kranz' Anm.
Vgl. auch Jaeger, Paideia I 217.

erzeugende Masse aus dem Unendlichen ausgeschieden war,
trennten sich zuerst jene beiden. Das Warme, d. h. das Feurige
und daher Leichteste, stieg nach oben, während die kalte,
schwere Masse unten blieb. Um das Kalte lagerte sich das
Feurige in Form einer Kugel „wie um den Baum die Rinde", so
daß das Kalte, Schwere in deren Mitte zu liegen kam. In dieser
kalten Masse waren ursprünglich das Feste, Flüssige und Luft-
förmige noch ungeschieden, wenn auch vermutlich im Lauf
der weiteren Aussonderung das Feste, Schwere den Kern bildete, der aber zunächst noch von dem Feuchten gänzlich über-
deckt war, das seinerseits wieder von der Luft umschlossen
wurde. Sei es nun durch die kreisende Bewegung der feurigen
Sphäre, die zentrifugal wirkte, sei es durch die von unten
andringenden Luftmassen oder wie auch immer – jedenfalls
wurde die feurige Kugelhülle der Welt in einzelne kreisförmige
Streifen zerrissen, die von dunkler, uns undurchsichtiger Luft
umschlossen wurden. Diese feuererfüllten, luftumschlossenen
Hohlringe, die die Erde in verschiedenen Abständen umfassen
und sie teils übereinander, teils kreuzbandweise zueinander
liegend, konzentrisch umkreisen, haben wie ein Blasebalg je
eine Öffnung, aus der das von ihnen umschlossene Feuer her-
vorleuchtet: das sind die Himmelskörper, Sonne, Mond und
Sterne. Wenn aber ihre Öffnung einmal verstopft wird, dann
entstehen Sonnen- oder Mondfinsternisse. Auf ähnliche Weise
soll Anaximandros auch die Ab- und Zunahme des Mondes
erklärt haben.

Diese Lehre des Anaximandros von den konzentrischen
Gestirnrädern ist die Grundlage der späteren Sphärentheorie
der griechischen kosmischen Physik geworden.

Die Erde selbst, die frei im Mittelpunkt der Welt schwebt,
dachte sich Anaximandros als einen niedrigen Zylinder, dessen
Höhe gleich einem Drittel seines Druchmessers ist, auf dessen
gewölbter oberer Grundfläche wir wohnen. Einst war sie vom
Wasser vollständig überflutet, allmählich aber ist dies unter

Einwirkung der Sonnenwärme immer mehr verdunstet. Der
Rest jenes Urwassers ist das infolge der Auskochung durch die
Sonne salzig gewordene Meer, das vermutlich einst gänzlich
austrocknen wird.

Das Unendliche bringt nicht nur diese eine Welt hervor. Wie
es aus sich heraus in rastloser Bewegung ungezählte Einzelwesen hervorgehen läßt, so bringt es auch – neben- wie nacheinander – unendlich viele Welten hervor, die der Urgrund –
denn das liegt in seinem Wesen begründet – zu ihrer Zeit
wieder in sich zurücknimmt. „Woraus aber die Entstehung der
Dinge ist, darein findet auch ihr Untergang statt, gemäß der
Schuldigkeit. Denn sie zahlen einander Strafe und Buße für
ihr Unrecht, gemäß der Anordnung der Zeit." Daher von Ewigkeit her in bestimmten Zeiträumen, wie ein Entstehen, so auch
ein Vergehen der zahllosen, vom Unendlichen erzeugten Welten.
Hier zeigt sich zum erstenmal der Gedanke an Weltperioden.
Wichtiger noch scheint ein anderes: so eigentümlich die ethisch-
religiöse Färbung im Ausdruck dieses einzigen erhaltenen
Bruchstückes aus der Schrift des großen Milesiers uns auch
anmuten mag – man hat in der seltsamen Fassung des Gedankens mit Recht einen Widerhall des orphischen Pessimis-
mus gesehen –, ebenso sicher zeigt sich hier, zum ersten Male in
der Geschichte der Wissenschaft, das Bewußtsein von dem Walten eines alles Leben beherrschenden *Naturgesetzes,* das sich
dem großen Forscher in tausend Einzelheiten wie in dem Ganzen
des Weltgeschehens offenbart hat.

Die Denkergestalt Anaximandros erweist sich bei tieferem
Nachdenken als in jeder Hinsicht epochemachend. Vor allem in
der Geschichte der Philosophie, aber auch in der Geschichte der
Wissenschaft überhaupt.

Er verfaßt die erste Prosaschrift in griechischer Sprache – eine
Tatsache, die im Vergleich mit der bisher nur in Versen ver-
faßten Literatur allein schon einen völligen Umschwung des
griechischen Denkens andeutet – und bedeutet dadurch auch in

der Geschichte der griechischen Literatur den Beginn eines ganz
neuen Zeitalters. Aber noch mehr: *er schreibt überhaupt zum
erstenmal* (wenigstens in der Geschichte des Abendlandes) *ein
Buch,* und zwar ein wissenschaftliches Buch, als ein Mann von
64 Jahren, auf der Höhe eines unendlich reichen und tiefen
Denker- und Forscherlebens. Was bedeutet diese Tatsache?
Dadurch wird nicht nur wissenschaftliches Leben erst ange-
bahnt, sondern seine Kontinuität, d. h. sein Fortleben, überhaupt erst gesichert. Denn *nur durch das Buch* ist wissenschaftliches Leben, wissenschaftlicher Meinungsaustausch zwischen
mehreren möglich und Überlieferung ihrer Entdeckungen und
Erfahrungen an die Überlebenden, d. h. an die kommenden
Geschlechter.

Auch insofern ist Anaximandros ein Bahnbrecher für alle
Zeit und für alle Wissenschaft.

3. Anaximenes

Die Motive, die Anaximandros bewogen hatten, die ἀρχή
hinter den sinnlich wahrnehmbaren Dingen zu suchen, sind
seinem jüngeren Landsmann Anaximenes, obgleich er zu ihm in
näherer persönlicher Beziehung gestanden hat, in ihrer Bedeutung offenbar nicht hinreichend zum Bewußtsein gekommen.
Denn er bleibt mit seinem Denken im Bereich des Sinnlichen
befangen. Das Wasser freilich, das nur einen Teil unserer Erde
bedeckt, erschien ihm als ἀρχή nicht geeignet. Dagegen bot sich
ihm das Luftmeer, das keine Grenzen zu haben schien und auch
insofern der Forderung des Anaximandros genügte, die Luft,
aus der Wolken wie Regen, also auch das Wasser hervorgehen,
in der aber auch beim Gewitter Blitze – doch offenbar Feuer –
aufzucken, als ungleich geeigneter dar. Doch scheint es, daß für
Anaximenes in der Wahl seiner ἀρχή eine andere Erwägung
entscheidend war: teilweise noch im primitiven Denken be-

fangen, hält Anaximenes den Atem des Menschen, die seinen
Körper erfüllende Luft, für identisch mit dem ihn belebenden
Prinzip, mit seiner „Seele" (ψυχή, ein Wort, das ursprünglich
nur den Lufthauch, dann den Atem, dann das den Menschen
belebende Prinzip und danach die Seele bedeutet): „Wie unsere
Seele, die aus Luft besteht, uns regiert, so umfaßt auch den
ganzen Kosmos Hauch und Luft." So lautet das zweite Fragment, das zugleich den Keim der schon im 5. Jahrhundert
v. Chr. verbreiteten Anschauung vom Mikro- und Makrokosmos enthält. Die Luft also ist die ἄπειρος ἀρχή.

Während so Anaximenes in der Wahl seines Weltprinzips
gegenüber seinem großen Vorgänger einen auffallenden Rückschritt macht, zeigt er in anderer Hinsicht einen bemerkens-
werten Fortschritt. Die Auswirkung der ἀρχή im Weltprozeß
war bei Anaximandros, zumal in ihren ersten Stadien, nur
halbwegs klar geworden, ja es war durch seine Meinung von
der Ausscheidung der Gegensätze aus dem Urgrunde dessen
Einheit in qualitativer Hinsicht ernstlich in Frage gestellt worden. Diese Einheit – das hat zuerst Burnet treffend bemerkt –
konnte nur dann aufrechterhalten werden, wenn alle qualitativen Unterschiede auf quantitative zurückgeführt, d. h. wenn
alle qualitativen Unterschiede der Dinge auf ein Mehr oder
Weniger an Substanz bei gleichem Volumen zurückgeführt
wurden. Auf diese geniale Idee scheint Anaximenes durch eine
physikalische Beobachtung geführt zu sein, die zugleich einen
wirklichen Fortschritt in der Erforschung des Naturgeschehens
überhaupt bedeutet: Anaximenes hat bemerkt, daß mit Er-
wärmung Ausdehnung, mit Abkühlung Zusammenziehung der
Körper verbunden ist. Durch diese Erkenntnis war zugleich die
Anschauung seines Vorgängers von Warm und Kalt als selbständigen Substanzen überwunden. Und so schließt Anaximenes anders als dieser: aus der ἀρχή, d. h. der Luft, gehen
sämtliche Dinge durch Verdichtung oder Verdünnung hervor.
So wird aus der Luft durch Verdünnung Feuer, dagegen durch

stufenweise Verdichtung Wind, Wolke, Wasser, Erde, Gestein.
Aber auch die organischen Wesen, wie insbesondere der
Mensch, bestehen in Wahrheit aus mehr oder weniger ver-
dichteter Luft. Wie sich freilich Anaximenes ihre Entstehung des
näheren gedacht hat, entzieht sich unserer Kenntnis.

So war die qualitative Einheit des Urgrundes in glücklichster
Weise gerettet. Und so ist Anaximenes, indem er die Luft als
das alleinige Weltprinzip erklärt, aus dem alle Dinge entstehen,
in das sie alle dereinst wieder zurückkehren – wie denn auch
unser Kosmos sich in bestimmten Perioden wandelt und erneut –, einer der konsequentesten Monisten geworden, die das
Altertum hervorgebracht hat. Denn auch er ist durchaus
Hylozoist, wie seine beiden Vorgänger. Der Urgrund, von sich
aus in ewiger Bewegung begriffen, ist letzten Endes die Ursache
alles Werdens und Vergehens.

Das Weltprinzip des Anaximenes hat bis weit in die Philosophie des Hellenismus nachgewirkt: Anaximenes ist dadurch
der Urahn der stoischen Lehre vom weltdurchwaltenden
„Pneuma" geworden.

Auch in der Kosmogonie des Anaximenes tritt die zentrale
Stellung seiner ἀρχή hervor: durch Verdichtung der Luft entsteht zunächst die Erde. Diese schwimmt als eine flache Scheibe
auf der Luft, da diese, von ihr zusammengepreßt, nach keiner
Seite hin entweichen kann, zumal auch seitwärts und oberhalb
der Erde überall Luft ist. Aus der Feuchtigkeit, die von der
Erde emporstieg, entstand infolge ihrer Verdünnung Feuer. Aus
diesem ballten sich die Gestirne zusammen, die, wie die Erde,
infolge ihrer scheibenförmigen Gestalt auf der Luft schwimmen.
Es gibt aber auch „erdartige" Weltkörper, die gewisse Gestirne
umfassen und mit ihnen, von uns ungesehen, herumkreisen. Auf
diese Weise glaubt Anaximenes offenbar am einfachsten, die
Finsternisse von Sonne und Mond erklären zu können. Im
Prinzip kommt er hier der Wahrheit weit näher als sein Vorgänger Anaximandros, da er so die Finsternisse von Sonne und

Mond durch ihre Verdeckung von seiten anderer Weltkörper
erklärt. Von eigentümlicher Naivität dagegen sind seine Vorstellungen von den Bahnen der Gestirne. So nimmt die Sonne
ihren nächtlichen Weg nicht unter der Erde hindurch, sondern
„gerade wie sich um unseren Kopf der Hut dreht", läuft sie
flach um sie herum, nachdem sie abends hinter den hohen
Bergen des Nordens „und infolge ihrer großen Entfernung von
uns" verschwunden ist. Die zu gewissen Zeiten erfolgenden
„Wenden" der großen Gestirne aber haben ihren Grund in der
verdichteten und daher zurückschlagenden Luft: die Luftmassen,
die von den Gestirnen vor ihnen hergetrieben und zusammengeballt werden, prallen schließlich infolge ihrer Elastizität
zurück, so daß Sonne und Mond auf ihrer Bahn umkehren
müssen. Auch Anaximenes hat schon Planeten und Fixsterne
unterschieden; diese sind an dem kristallartigen Himmelsgewölbe „nach Art von Nägeln" befestigt.

Die drei Milesier Thales, Anaximandros, Anaximenes sind
die ältesten Pfadfinder auf dem Wege der Wissenschaft. So naiv
uns noch manche ihrer Anschauungen anmuten mögen, so deutlich zeigt sich doch, wenn wir auf das Ganze ihres Denkens
blicken, ihre grundsätzliche Abkehr von der Welt des Mythus,
ihre scharfe Wendung zu rationalem Forschen und Denken.
Gewiß hat das Wesen ihrer ἀρχή, die, in ihrem innersten Wesen
selbst ewig unverändert, doch der Grund allen Wandels in der
sichtbaren Welt ist, noch etwas Zwiespältiges, aber eben darin
liegt der Keim zu weiterer Entwicklung des philosophischen
Denkens. Und wer wollte von den ersten Entdeckern des Weges
schon die Erreichung des Zieles erwarten? Zieht man aber die
Summe aus der Denkarbeit der drei Milesier als der Begründer
der Wissenschaft, so muß auch der Mensch des 20. Jahrhunderts
sagen: es ist eine ewig denkwürdige Leistung.

II. Wissenschaft und Mystik

1. Pythagoras und die älteren Pythagoreer

Das Menschenalter zwischen dem Tode des Anaximenes (um 525) und der Zerstörung Milets durch die Perser im Jahre 494 hat offenbar keinen Denker von originaler Bedeutung in der ionischen Hauptstadt mehr hervorgebracht; diesen Schluß darf man aus dem Schweigen der Quellen ziehen. Aber an einem Weiterleben der milesischen „Schule", mindestens bis zum Fall der Stadt, ja noch darüber hinaus ist gleichwohl nicht zu zweifeln. Vor allem aber wirken die Gedanken der milesischen Physiologen weithin über Zeit und Raum. Das gilt nicht nur von verspäteten Nachzüglern ihres Hylozoismus. Vielmehr sind es gerade die großen Gedanken und Entdeckungen des Anaximandros, die eine tiefreichende Wirkung auf die Entwicklung der nach ihm kommenden Denker ausüben, auch wenn diese selbst andere Pfade gehen als er, um die Kernfrage nach dem Urgrunde und der Art seiner Auswirkung im Weltgeschehen zu lösen. Verläuft doch auch die Entwicklung des philosophischen Denkens keineswegs geradlinig.

Die der Zeit nach den Milesiern am nächsten stehende Gestalt dieser Art, die durch die Nebel der Überlieferung leider nur noch in ihren Umrissen erkennbar ist, ist die des PYTHAGORAS.

Über diesen merkwürdigen Mann wissen wir freilich, da er selbst nichts geschrieben und es wenigstens 50 Jahre lang nach seinem Tode nur eine mündliche Tradition der Pythagoreischen Schule gegeben hat und gerade die Gestalt ihres Stifters schon sehr früh von der Legende umwoben ist, Sicheres nur sehr wenig. Dieses Sichere soll hier zunächst gegeben werden. Hiernach war Pythagoras, des Mnesarchos Sohn, aus einem begüterten Geschlecht der Insel Samos, nach der Berechnung Apollodors um das Jahr 532 etwa ein Vierzigjähriger, der damals, wahrscheinlich mit durch die drückende Tyrannis des Polykrates

veranlaßt, die Insel verließ und weit über See im unteritalischen
Kroton eine neue Heimat fand. Hier muß er, der schon vor
seiner Auswanderung eine starke Wirkung entfaltet hatte, alsbald zahlreiche Anhänger für seine Bestrebungen gefunden
haben. Denn er begründet hier eine auf gewissen ethisch-
religiösen Grundsätzen beruhende Genossenschaft, einen Bund,
dem er als anerkanntes und schon bei seinen Lebzeiten gott-
ähnlich verehrtes Haupt ein sich auch auf die äußere Lebensführung erstreckendes Ideal aufstellt, das er selbst in seiner
Person, erhaben in seiner Geistesrichtung wie in seiner äußeren,
Ehrfurcht gebietenden Erscheinung, verkörpert. Dieser Bund,
der viele der angesehensten Bürger Krotons und bald auch der
unteritalischen Nachbarstädte umfaßte, an dem auch Frauen
und Töchter der Mitglieder einen ebenso tätigen wie würdigen
Anteil genommen zu haben scheinen, hatte offenbar, wie alle
Mysterien, gewisse, Außenstehenden gegenüber streng geheim-
gehaltene Satzungen, die für alle verbindlich waren. Seine
Bestrebungen scheinen übrigens schon früh über den Kreis des
ethisch-religiösen Lebens hinausgegangen zu sein, denn seine
Führer haben alsbald auch in das politische Leben, augenscheinlich in aristokratischem Sinne, eingegriffen. Ein Beweis hierfür
ist der Krieg Krotons mit dem üppigen Sybaris und die Ver-
nichtung der stolzen Nebenbuhlerin im Jahre 510 v. Chr. Offenbar hat der Bund jahrzehntelang auch seinen politischen Einfluß
über ganz Unteritalien und Sizilien entfalten können, bis
– zweifellos erst geraume Zeit nach des Stifters Tode, wahrscheinlich erst um die Mitte des 5. Jahrhunderts – infolge der
aufstrebenden Demokratie Unteritaliens unter Führung eines
gewissen Kylon, der sich durch Zurückweisung persönlich von
den Pythagoreern gekränkt gefühlt haben soll, eine jahrelang
währende Verfolgung über die Anhänger des Bundes herein-
brach, der die meisten zum Opfer fielen, so daß sich nur
wenige durch die Flucht aus Italien retten konnten; und diese
Versprengten vor allem sind es, die die Lehren und Bräuche des

Bundes dem griechischen Mutterlande übermitteln. So haben
sich im nördlichen Peloponnes wie dann in Theben pythagoreische Sekten noch einige Menschenalter gehalten. Ihre letzten
Anhänger hat noch Aristoteles' Schüler Aristoxenos – in der
zweiten Hälfte des 4. Jahrhunderts v. Chr. – gesehen.

Wenn wir nach den Anschauungen fragen, die der sagen-
umwobene Stifter der einst so mächtigen Genossenschaft verkündet, für die er Scharen beiderlei Geschlechts gewonnen
hatte, so dürfen wir von vornherein vermuten, daß es nicht rein
philosophische Lehren gewesen sind, da diese das Gut einzelner
Auserwählter zu bleiben pflegen. Nicht vorwiegend Lehren, die
sich ausschließlich auf das Erkennen des Weltgeschehens und
seiner letzten Gründe richten, werden auf die Mehrzahl seiner
Anhänger den entscheidenden Einfluß ausgeübt haben, sondern
solche vielmehr, die für das Handeln des Menschen als *leben-
führende Macht* Bedeutung haben, denn diese zweite Seite der
Philosophie ist beinahe so alt wie diese selbst.

Von solchen Lehren des Pythagoras kennen wir mit völliger
Sicherheit nur zwei. Pythagoras hat, zweifellos unter dem Einfluß gewisser mystischer Lehren, von denen nachher die Rede
sein wird, eine damals der Menge noch unerhörte Lehre verkündet: daß nämlich die Seele des Menschen göttlichen Ursprungs und daher unsterblich sei, und daß sie nach dem Tode
in vielerlei Leiber von Tieren des Landes, des Meeres und der
Luft eingeht und erst nach langer, langer Wanderung wieder in
einen menschlichen Leib zurückkehren darf. Mit gutem Grunde
darf man vermuten, daß im Zusammenhang mit solchen Anschauungen eine gewisse Askese gestanden hat, die jedoch
ursprünglich noch nicht die Enthaltung von jeder Fleischnahrung, geschweige denn das vielberufene Bohnenverbot enthalten
haben wird, sondern sich, von gewissen Speiseverboten abgesehen, die das als „unrein" Geltende zu meiden gebieten, im
wesentlichen auf eine mäßige, keusche und gesundheitsgemäße
Lebensweise beschränkt zu haben scheint.

Aber so bedeutsam diese Seelenlehre und die mit ihr ver-
bundene Ethik auch für die Philosophie der Folgezeit werden
sollte – wäre das alles, was wir von Pythagoras und seinem
Bunde wüßten, dann hätte freilich Windelband recht, wenn er
die Person des Pythagoras als die eines ausschließlich sittlich-
religiösen Reformators aus der Geschichte der eigentlichen
Philosophie hinaus und in deren Vorhalle verweist. Aber
Pythagoras hat – daran läßt die, wenn auch noch so karge
Überlieferung unter dem Licht der neueren Forschung keinen
Zweifel – noch ein ganz anderes Gebiet gepflegt: die reine
Wissenschaft, und zwar zunächst die Geometrie. Hier hat er
augenscheinlich zuerst die Lehre von den Proportionen, sei es
von Strecken oder von Flächeninhalten, begründet, wenn es
auch unsicher bleiben muß, ob der sog. pythagoreische Lehrsatz
auf ihn selbst oder erst einen seiner Jünger zurückgeht. Und
wahrscheinlich hat er sich auch schon mit Fragen der Astronomie ernstlich beschäftigt. Das Zeugnis von Aristoteles' Schüler
Eudemos ist hierfür entscheidend. Und schon Aristoteles selbst
berichtet uns, daß bereits Pythagoras den Zahlen sein Nachdenken gewidmet habe. Zu welchen Ergebnissen dieser hierbei
gekommen ist, davon erfahren wir freilich in den maßgebenden
Quellen kein Wort. Doch hat man aus inneren (dogmen-
geschichtlichen) Gründen vermutet, daß die spätere, so bedeutsame pythagoreische Lehre ihre artbestimmenden Keime schon
von der Person des Meisters selbst empfangen haben müsse.

Es trägt daher eine Reihe bedeutender Erforscher der alten
Philosophie kein Bedenken, schon Pythagoras selbst im wesent-
lichen die Grundlehren zuzuschreiben, die wir mit Sicherheit
erst bei Philolaos – im letzten Drittel des 5. Jahrhunderts –
finden, und es spricht allerdings angesichts der Spuren solcher
Anschauungen auch bei Denkern vor Philolaos eine gewisse
Wahrscheinlichkeit hierfür, wenn sich auch im einzelnen die
Lehre des Pythagoras von der seiner Jünger nicht mehr mit
Sicherheit scheiden läßt, wie denn schon Aristoteles nie von

Lehren des Pythagoras, sondern von denen der Pythagoreer redet.

Wahrscheinlich hat schon Pythagoras neben der Mathematik sein besonderes Interesse der Musik zugewandt. Es dauerte nicht lange, so entdeckte sein mathematischer Geist die Abhängigkeit der musikalischen Harmonie von gewissen Zahlverhältnissen in den Längen und Kürzen der verschiedenen Saiten der Zither und ähnlicher musikalischer Instrumente. Eigentümliche Zahlenverhältnisse und deren Bedeutung offenbarte ihm aber auch seine Beschäftigung mit der Arithmetik und der Geometrie. Ja selbst in den Entfernungen und den Umlaufzeiten gewisser Himmelskörper, d. h. der Planeten, zu denen man damals auch Sonne und Mond rechnete, trat die Bedeutung der Zahlenverhältnisse überraschend hervor. Angesichts solcher und ähnlicher Entdeckungen zieht Pythagoras in kühner Verallgemeinerung den Schluß, das Zahl und Maß überhaupt die die Welt beherrschenden Prinzipien sind, denen selbständige Wesenheit zukommt. Wenn die Milesier einseitig in dem sichtbaren Stoff die ἀρχή gefunden hatten, macht Pythagoras und seine Schule nicht weniger einseitig quantitative Verhältnisse zu selbständigen, weltaufbauenden Prinzipien, so daß das Problem der Materie vollständig ungelöst bleibt. Ja, er oder doch seine nächsten Nachfolger gehen so weit, die räumlichen Größen, wie z. B. die Seiten des rechtwinkligen Dreiecks, weil ihre Maßverhältnisse in Zahlen ausdrückbar sind, selbst als Zahlen anzusehen.

Als Elemente der Zahlen erscheint ihnen das Gerade und das Ungerade. Das Gerade ist mit dem Unbegrenzten, das Ungerade mit dem Begrenzten identisch. Eigentümlicherweise wird aber hierbei das Ungerade als das Bessere, das Gerade als das Schlechtere betrachtet und so in die mathematisch-philosophische Anschauung ein wertbestimmendes Moment hineingetragen, eine Tendenz, die sich auch sonst in der pythagoreischen Zahlenspekulation bemerkbar macht. So waren insbesondere die Vier und die Zehn den alten Pythagoreern heilige Zahlen und bei der „Vierheit" (Tetraktys) ihr geradezu sakrosankter Schwur. Wenn aber schon der Anschauung von den Zahlen als den Prinzipien der Dinge eine kühne Verallgemeinerung zugrunde lag, so zeigt sich eine solche auch noch in anderer Hinsicht: wie in der Musik gewisse Zahlenverhältnisse die Verbindung verschieden hoher und tiefer Töne, d. h. der Oktave, Quinte und Quarte, zum Akkord bewirken, so ergibt sich auch aus allen anderen Gegensätzen in der Welt eine im letzten Grunde auf Zahlenverhältnissen beruhende Harmonie. So erzeugen auch die Planeten, die in verschiedenen Entfernungen mit verschiedener Geschwindigkeit die Erde umkreisen, eine kosmische Harmonie der Sphären, die wir nur darum nicht hören, weil ihr Klang seit unserer Geburt unaufhörlich an unser Ohr dringt, so daß er uns, weil nicht zwischendurch einmal eine Stille eintritt, durch deren Gegensatz uns das Geräusch bemerkbar werden könnte, gar nicht zum Bewußtsein kommt.

Wenn man solche Anschauungen mit einer gewissen Wahrscheinlichkeit schon auf den Meister selbst zurückführen darf, so bleibt dies dagegen von der zweifachen Lehrform der altpythagoreischen Weisen durchaus unsicher. Doch haben sich jedenfalls schon seit HIPPASOS VON METAPONT, d. h. zum mindesten seit der ersten Hälfte des 5. Jahrhunderts, allmählich zwei verschiedene Gruppen unter den Mitgliedern der pythagoreischen Genossenschaft herausgebildet: die „Mathematiker" und die „Akusmatiker". Da τὰ μαθήματα ursprünglich die Wissenschaften überhaupt bedeuten, so bedeutet auch das Wort „Mathematiker" ursprünglich nur den, der sich mit den Wissenschaften beschäftigt. Erst allmählich verengt sich unter dem Einfluß eben der Pythagoreer der Sinn des Wortes μαθήματα, so daß dieses dann – jedenfalls schon in der ersten Hälfte des 4. Jahrhunderts – die eigentliche Mathematik und die mit dieser organisch zusammenhängenden Wissenschaften wie die Astronomie, die Mechanik, aber auch die Optik, wie anderer-

seits die Musiktheorie bezeichnet. So sind hier unter den
„Mathematikern" diejenigen zu verstehen, die in die strenge
Wissenschaft mit ihren mühsamen Einzeluntersuchungen eingeführt werden, im Gegensatz zu den Akusmatikern (eigentlich:
den Hörern), d. h. solchen, die nur die Hauptergebnisse der
Wissenschaften zur Kenntnis erhielten. Der Unterschied zwischen strenger und populärer Wissenschaft ist also beinahe so
alt wie die Wissenschaft selbst.

Wenn es aber auch im einzelnen vielfach unsicher bleibt,
inwieweit gewisse Lehren und Gepflogenheiten schon dem Begründer des Pythagoreischen Bundes selbst zuzuschreiben sind,
so ist doch jedenfalls so viel sicher, daß sich spätestens in der
ersten Hälfte des 5. Jahrhunderts in den Kreisen der „italischen
Philosophen", von denen offenbar manche der Politik gänzlich
ferngestanden und nur der wissenschaftlichen Forschung gelebt
haben, die Lehren entwickelt haben, auf denen die Bedeutung
der Pythagoreer für die Geschichte der griechischen Wissenschaft
beruht. Hier war es einerseits neben der Mathematik, jedoch
in engem Zusammenhange mit dieser, vor allem die Astronomie, die von einzelnen mit besonderem Eifer gepflegt wurde,
wie von jenem PETRON VON HIMERA, der die eigentümliche
Behauptung aufstellte, daß es 183 „Welten" gäbe, die, in Form
eines gleichseitigen Dreiecks angeordnet, majestätisch ihren
Reigen zögen. Da das gleichseitige Dreieck bei den Pythagoreern als das schönste galt, wählte er dieses für seine Anordnung. Und da im gleichseitigen Dreieck jeder Winkel
60 Grad beträgt, setzte er auf jeder Seite 60 Welten an und bei
jedem der drei Winkel noch eine Welt[1]. Eine rein abstrakte,
spekulative Konstruktion, die in der astronomischen Wirklichkeit überhaupt keinen Anhalt hat. Auf der anderen Seite war es
besonders HIPPASOS VON METAPONT, der nach glaubwürdigen
Berichten durch den Ton von vier gleichgroßen, aber verschie-

[1] Vgl. zur Erläuterung dieser kuriosen Idee Diels, Elementum 62 ff.

den dicken Bronzescheiben, deren verschiedene Dicke in ganz
bestimmtem Verhältnis zueinander stand, die musikalische
Harmonie und das dieser zugrunde liegende Zahlenverhältnis
entdeckt hat, das er auch in dem Klange verschiedener Metall-
gefäße von gleicher Größe bestätigt fand, die in verschiedener
Höhe, aber in bestimmtem Verhältnis zueinander mit Wasser
gefüllt waren. Doch muß es zweifelhaft bleiben, ob diese Entdeckung, deren fundamentale Bedeutung für die Zahlenlehre
auf der Hand liegt, erst Hippasos und nicht schon Pythagoras
selbst gemacht hat.

Es gibt noch ein anderes bedeutendes Gebiet der Pythagoreischen Philosophie, das erst durch die neuere Forschung in
helleres Licht gerückt worden ist. Das ist die *Ethik.* Und zwar
die altpythagoreische Ethik, die in ihren maßgebenden Grundzügen sicher schon in Pythagoras selber ihr Urbild hat. Hierauf
weist schon eine wenig beachtete Stelle im zehnten Buch von
Platons Politeia: „Aber wenn auch nicht in aller Öffentlichkeit,
soll doch ganz in der Stille Homer durch sein Leben manchen
ein Führer zur Bildung (παιδεία) gewesen sein, die ihn auf
Grund ihres persönlichen Umgangs mit ihm verehrten und den
folgenden Geschlechtern eine Art ‚Homerischen Lebensweg' als
Vorbild hinstellten. Aus dem gleichen Grunde wurde ja auch
Pythagoras selber verehrt, und seine Jünger wie auch seine
jetzigen Anhänger, die von einer *pythagoreischen Weise der
Lebensführung* zu sprechen pflegen, zeichnen sich vor anderen
Menschen rühmlich aus"[1].

Es ist aber – das hat insbesondere Kranz überzeugend gezeigt – das Urmotiv des Pythagoras bei seiner eigenen, vorbildlichen Lebensführung seine eigene Grundanschauung vom Verhältnis des Menschen zum Kosmos gewesen. Denn nach Pythagoras' Anschauung ist auch der Mensch ein Teil des Kosmos,
und zwar ein vor allen anderen bevorzugtes Wesen, weil es

[1] 600 A = V. S. 14 nr. 10 (I 101, 30 ff. D-K).

durch seine Seele, d. h. durch seinen Geist, mit dem Allgeist eng
verwandt ist; denn nur der Mensch besitzt Geist (νοῦς), der
ihn befähigt, den Weltgeist, d. h. den ewig lebendigen Makrokosmos, zu erkennen. Wird doch das Gleiche nur vom Gleichen
erkannt. Und wie der tiefer denkende Mensch die göttliche
Macht erkennt, die den ganzen Kosmos über alle Gegensätze
zur Eintracht, zur Harmonie führt, so erkennt er es kraft
solcher Erkenntnis als seine Bestimmung, in sich selber, in
seinem Innenleben wie in seinem Handeln, im Hinblick auf
das Göttliche ebenfalls eine solche *Harmonie,* die alle Triebe
und Leidenschaften mit allen guten Regungen zu höherer Einheit ausgleicht, zu verwirklichen – soweit ein sterbliches Wesen
dieses vermag.

Daß wirklich schon Pythagoras selber oder doch schon die
ältesten Pythagoreer das, was wir heute als Ethik bezeichnen,
nicht nur in ihren Denkbereich gezogen, sondern auch nach
dem Vorbild des Meisters als ein Ideal hingestellt haben, hat
Kranz durch zwei andere Platonstellen eindrucksvoll begründet.
Es lautet nämlich die berühmte Stelle in Platons Gorgias[1]:
„Es behaupten nämlich die Weisen (d. h. die alten Pythagoreer),
es halte Himmel und Erde, Götter und Menschen ein Band der
Gemeinschaft zusammen und Freundschaft und sittliche Ordnung (κοσμιότης) sowie Maßhaltung und Gerechtigkeit. Und
daher nennen sie dies Universum ‚Kosmos‘. Du aber scheinst
mir diesen Zusammenhang nicht zu begreifen. ... Du hast
offenbar gar nicht erkannt, daß die geometrische Gleichheit[2]
auch unter Göttern und Menschen eine gewaltige Macht ist."
Und am Schluß des Timaios sagt Platon: „Sterbliche und un-
sterbliche Lebewesen hat dieser Kosmos umfaßt und ist von
ihnen erfüllt, er, ein sichtbares Lebewesen, das die sichtbar
umfaßt, ein sichtbarer Gott, ein Abbild des nur im Denken

---

[1] 507 E. Gut hierzu Nestle in seiner erklärenden Ausgabe.
[2] Im Gegensatz zur arithmetischen, d. h. demokratischen Gleichheit.

erfaßbaren. Er ist der gewaltigste, beste, schönste und vollkommenste, dieser Himmel, einzig in seiner Art."[1]

Wir sehen aus all diesem, daß mit der anaximandrisch-
pythagoreischen Metaphysik – auf Grund ihrer alles umfassenden Kosmosidee – die Ethik des Pythagoras und seiner Jünger
aufs engste zusammenhängt. Und zugleich ergibt sich, daß
Jaegers Worte[2] über Herakleitos' Auffassung vom Menschen
„als einem durch und durch kosmisch bestimmten Wesen" auch
schon auf die Grundanschauung des Pythagoras passen. Und
ebenso treffend ist Jaegers hierauf folgender Satz: „Um als ein
solches Wesen sein Leben zu führen, bedarf er der willigen
Erkenntnis und Befolgung der kosmischen Gesetzesnorm."

Auch die griechische Ethik hat ihre bedeutsame Vorgeschichte
schon bei den älteren Vorsokratikern, d. h. im Denken eines
Anaximander, Pythagoras und Herakleitos.

2. Alkmaion von Kroton

Wie lückenhaft unsere Kenntnis von den alten Pythagoreern
ist, das empfindet gerade derjenige schmerzlich, der die Bedeutung ihrer Spekulation und ihrer exakten Forschungen für
die Entwicklung der griechischen Wissenschaft voll zu würdigen
weiß. Ein um so größeres Interesse müssen daher die wichtigen
Nachrichten über den Arzt ALKMAION VON KROTON erwecken,
der „jung war, als Pythagoras alterte", wie Aristoteles sagt, d. h.
im letzten Drittel des 6. Jahrhunderts v. Chr. geboren sein wird.
Seine engen Beziehungen zum Pythagoreismus verrät nicht nur
der Inhalt seiner uns zuverlässig überlieferten Lehren. Sie sind
uns auch urkundlich verbürgt: ist doch seine Schrift, deren Eingang uns durch einen glücklichen Zufall erhalten ist, an drei mit
Namen genannte Pythagoreer gerichtet. Seine nahe Verwandt-

---

[1] Vgl. hierzu Kranz a. a. O. 447 f.
[2] Paideia I 245, schon von Kranz mit Recht angeführt.

schaft mit pythagoreischen Lehren zeigen vor allem seine Anschauungen von der menschlichen Seele. Alkmaion hält diese,
wie Pythagoras und die gleichzeitige Mystik, für unsterblich.
Neu aber ist seine Begründung dieser Meinung: unsterblich ist
die Seele, weil sie den unsterblichen Dingen in ihrer immer-
währenden Bewegung gleicht. Unter diesen unsterblichen Dingen versteht Alkmaion die Gestirne, Sonne, Mond und Sterne,
wie überhaupt das ganze Himmelsgewölbe, denen die ewige
Bewegung eigentümlich ist. Hier fußt Alkmaion auf dem von
den Pythagoreern geteilten, ja erst durch sie in die griechische
Naturphilosophie eingeführten alten Glauben an die göttliche
Natur der Gestirne, wie er denn auch ihre Anschauung von der
Welt des Unvergänglichen teilt, die jenseits des Mondes beginnt, während unterhalb desselben die Welt des Werdens und
Vergehens ihren Bereich hat. Wir haben hier also eine eigentümliche Verbindung der pythagoreischen Seelenlehre mit der
von seiten uralter Mystik beeinflußten pythagoreischen Astronomie.

Alkmaion hat auch noch eine andere charakteristische Grundanschauung mit den „italischen Philosophen" gemeinsam: die
Wertung der Gegensätze, deren Verhältnis zueinander die Welt
regiert. Während aber andere Pythagoreer schon früh zehn
bestimmte Gegensatzpaare aufgestellt haben, sieht Alkmaion
hiervon ab und stellt nur die sich ihm gerade bietenden Gegensätze bei Gelegenheit zusammen. Diese Anschauung hat sogar
seine medizinische Theorie von der Gesundheit als dem Gleichgewicht entgegengesetzter Qualitäten bestimmt, d. h. des War-
men und Kalten, Feuchten und Trockenen usw. Gewinnt eine
dieser Qualitäten im menschlichen Organismus die Alleinherr-
schaft (μοναρχία), so ist das die eigentliche Ursache der
Krankheit.

Doch nicht der „Pythagoreer" Alkmaion ist es, der einen
Ehrenplatz in der Geschichte der griechischen Wissenschaft
einnimmt; das ist vielmehr der medizinische Psychologe. Wie

schon die kostbaren Nachrichten Herodots über Alkmaions
Landsmann Demokedes, den Leibarzt des Königs Dareios I.,
erkennen lassen, war die ärztliche Wissenschaft, insbesondere
die Chirurgie, in Kroton, der Heimat des Athleten Milon, schon
vor Alkmaion, d. h. in der zweiten Hälfte des 6. vorchristlichen
Jahrhunderts hoch entwickelt; ja, es kann keinem Zweifel
unterliegen, daß diese griechischen Ärzte schon zur Zeit jenes
Perserkönigs zu wissenschaftlichen Zwecken Sektionen tierischer
Körper unternommen haben, um daraus Schlüsse auf den des
Menschen zu ziehen. Auf Grund solcher Sektionen hat Alkmaion eine wissenschaftliche Entdeckung ersten Ranges gemacht, die nicht dadurch verkleinert wird, daß sie in der vor-
alexandrinischen Wissenschaft nur teilweise Anerkennung finden sollte. Alkmaion hatte bei seinen Sektionen bemerkt, daß
von allen Sinnesorganen Nervenstränge ausgehen und an bestimmten Stellen des Gehirns einmünden. Und so entdeckt er
das Gehirn als Zentralorgan der Sinneswahrnehmungen. Auf
Grund dieser fundamentalen Entdeckung versucht er eine umfassende Sinnesphysiologie zu entwerfen, der älteste wissenschaftliche Versuch der Art, den wir kennen. Alle Wahrnehmungen entstehen nach Meinung Alkmaions durch Einwirkung des
Entgegengesetzten – *wir* würden sagen: durch Reize –, also
auch hier die Geltung der Gegensätze wie in der übrigen Welt.
Wenn auch, zumal infolge des unzureichenden Berichtes bei
Chalcidius, nicht in allen Einzelheiten klar, so doch von besonderem Interesse ist die Art, wie er den Vorgang des Sehens zu
erklären sucht: von ein und derselben Stelle des Gehirns laufen
zwei schmale Pfade (die Sehnerven) eine Zeitlang parallel, dann
teilen sie sich gabelförmig, und jeder von ihnen verläuft nach
einer der beiden Augenhöhlen, die ein natürliches „Pneuma"
enthalten. In der Gegend der Augenbrauen krümmen sie sich
und füllen, indem die Hülle von vier verschiedenen Häuten die
natürliche, aus dem Gehirn abgesonderte Feuchtigkeit aufnimmt, die Augäpfel, die durch die Lider geschützt sind. Daß

jene „lichtbringenden Wege" wirklich denselben Ursprungsort
im Gehirn haben, beweist schon der Befund der Sektion. Es
ergibt sich das aber auch daraus, daß wir nur beide Augen
zusammen bewegen können, nicht jedes für sich allein. Die vier
Häute aber, aus denen die Augäpfel bestehen, sind durchsichtig.
Aus diesem „Durchsichtigen" – das Auge enthält übrigens nicht
nur Feuchtigkeit, sondern in dieser Feuchtigkeit auch „Feuer"
– strahlt es das Licht und sämtliche leuchtenden Gegenstände
wider. Infolge dieser Widerstrahlung des Durchsichtigen sehen
wir. Alkmaion faßt also den Glaskörper des Auges als eine Art
Spiegel auf, der die Außendinge widerstrahlt, und dessen Bilder
die „lichtbringenden Wege" dem Gehirn übermitteln. Wie diese
Übermittelung vor sich geht, das wird noch gar nicht gefragt.
Denn das Aufwerfen solcher und ähnlicher Fragen gehört erst
einer viel späteren Periode der Wissenschaft an. Die Theorie
des Sehens, wie die Sinnesphysiologie überhaupt, sollte seit
diesem ersten bedeutenden Versuch nicht wieder aus der griechischen Wissenschaft verschwinden.

Alkmaion hat seine fundamentale Entdeckung noch anderweitig verfolgt. Er hat beobachtet, daß, wenn das Gehirn erschüttert wird und seine Lage verändert, nicht nur die Sinneswahrnehmungen, sondern auch die Denktätigkeit beeinträchtigt
wird. Solange dagegen das Gehirn unversehrt bleibt, behält der
Mensch sein Denkvermögen, und so erkennt Alkmaion das
Gehirn als substantielle Grundlage des geistigen Lebens überhaupt, eine Erkenntnis, die dann in verschiedenen hippokratischen Schriften, vor allem in der von der Epilepsie, weiter-
entwickelt wird.

Auch noch ein anderes Verdienst des Alkmaion um die
Psychologie verdient hervorgehoben zu werden: er stellt den
fundamentalen Unterschied zwischen Mensch und Tier dahin
fest, daß nur der Mensch denkt (ξυνίησι), während die übrigen
Lebewesen nur sinnliche Wahrnehmung (αἴσθησις), aber kein
Denkvermögen (ξύνεσις) besitzen. Hier finden wir zum ersten-

mal die grundsätzliche Unterscheidung zwischen Wahrnehmen und Denken.

Unter den wenigen im Wortlaut erhaltenen Fragmenten des Krotoniaten ist auch das über die menschliche Erkenntnis im allgemeinen nicht ohne Interesse. „Über das Unsichtbare wie über das Sterbliche haben Gewißheit nur die Götter; den Menschen dagegen ist nur Mutmaßen vergönnt." So heißt es gleich im Eingang seiner Schrift. So bekundet schon dieser alte Physiologe des hellenischen Westens, ebenso wie einige andere seiner Zeitgenossen, ein klares Bewußtsein der Begrenztheit aller menschlichen Erkenntnis, das dem Urteilsvermögen und dem tiefen wissenschaftlichen Sinn dieser frühgriechischen Denker zu unvergänglicher Ehre gereicht.

Angesichts dieser bedeutsamen Nachrichten über Alkmaion ist es um so mehr zu bedauern, daß uns von seinen Anschauungen über die letzten Ursachen der Dinge nichts weiter bekannt ist. Es ist das für unsere Kenntnis gerade von dem westgriechischen Denken um 500 v. Chr., das so verheißungsvolle Anläufe zeigt, ein unersetzlicher Verlust.

Wenn wir zum Schluß noch einen Blick auf Alkmaions Anschauungen im ganzen werfen, so fällt uns eine wichtige Tatsache auf: sein Denken hat zwei ganz verschiedene Ursprünge: auf der einen Seite die religiös-mystischen Lehren der Pythagoreer, auf der anderen die exakte naturwissenschaftliche Forschung. Die Denkergebnisse dieser beiden Quellen stehen bei Alkmaion, wenn man von Einzelheiten absieht, in keinerlei organischem Zusammenhang, schließen vielmehr im Grunde einander aus, wenn das auch ihrem Autor noch nicht zum Bewußtsein gekommen ist. Wir werden freilich im weiteren Verlauf der griechischen Philosophie sehen, daß Alkmaion durchaus nicht der einzige Denker ist, der gewissermaßen zwei Seelen in seiner Brust hat. Schon mit Pythagoras stand es wohl nicht anders. Aber auch die Geschichte der neueren Philosophie bietet manches analoge Beispiel hierfür.

3. Die Mystik des 6. Jahrhunderts

Die Gestalt Alkmaions von Kroton kann zeigen, welcher
Leistungen die junge westgriechische Wissenschaft fähig war.
Ehe wir aber die weitere Entwicklung des philosophischen wie
überhaupt des wissenschaftlichen Denkens verfolgen, müssen
wir eine tiefgreifende geistige Bewegung schärfer ins Auge
fassen, die gleichzeitig mit der milesischen Naturforschung, teilweise noch älter als diese, neben der Philosophie der vorattischen Periode einhergeht, von dieser selbst kaum beeinflußt,
dagegen ihrerseits auf eine Reihe der hervorragendsten griechischen Denker so stark einwirkt, daß es eine Zeitlang zweifelhaft
erscheinen kann, welche der beiden Richtungen im Leben der
griechischen Nation den Sieg davontragen wird. Da gerade
diese Nebenströmung trotz Erwin Rohdes *Psyche* vielfach noch
zu wenig gewürdigt wird, zumal dies ganze Gebiet im wesentlichen erst *nach* Eduard Zeller von der Forschung erschlossen
ist, so muß hier etwas näher darauf eingegangen werden, zumal
ohne nähere Kenntnis dieser altgriechischen Mystik gewisse
Neben- und Unterströmungen des vorsokratischen Denkens,
zumal bei den Pythagoreern und bei Empedokles, nahezu
unverständlich bleiben, und selbst ein Hauptstück der platonischen Philosophie erst von hier aus die rechte Beleuchtung erhält. Von dieser Mystik bildet freilich die sog. Orphik nur einen
Zweig, aber nur dieser Zweig ist uns dank der über ihn reicher
fließenden Überlieferung und dank der Forschung des letzten
Menschenalters etwas genauer bekannt geworden.

Die Ursprünge der orphischen Religion liegen im Dunkeln.
Etwa seit der Mitte des 6. Jahrhunderts finden wir an ganz
verschiedenen Stellen der griechischen Welt religiöse Gemein-
schaften, die sich von eigentümlichen mystischen Anschauungen
erfüllt zeigen, als deren ersten Verkünder sie den sagenhaften
thrakischen Sänger ORPHEUS betrachten. Der entscheidende
Unterschied ihrer Anschauungen von denen der Philosophie

liegt darin, daß die Lehren, die in diesen Kreisen verbreitet
werden, sich nicht als Ergebnisse der Denkarbeit eines oder
mehrerer Forscher geben, sondern als Offenbarungen des Gottes
oder vielmehr seines Propheten Orpheus, die sich nicht sosehr
an den Verstand als vielmehr an das religiöse Gefühl und die
Phantasie wenden, Offenbarungen, die geglaubt werden wollen;
denn die Orphik ist im Grunde eine Religion, genauer noch
eine Theosophie.

In den Resten der altorphischen Literatur, die Diels nach
kritischer Ausscheidung des nicht Altbezeugten im Anhange
zum zweiten Bande seiner Vorsokratiker vereinigt hat[1], lassen
sich nach ihrem Gegenstande deutlich zwei Hauptgebiete unterscheiden: die Weltbildungslehren und der Seelenglaube. Freilich,
wenn man die Reste jener „Theogonien" nach ihrem spekulativen Gehalt mit der bekannten Schilderung Hesiods von der
Entstehung der Welt und der Götter Geburt vergleicht, so zeigt
sich im Grunde kein wesentlicher Unterschied: beide lassen die
Welt aus persönlich gedachten Mächten, die einzelne Gebiete
des Weltganzen, gewisse Naturmächte, wie den Eros, oder
auch einzelne Begriffe, wie die Nacht oder die Zeit, verkörpern, entstehen und die weitere Entwicklung durch geschlecht-
liche Zeugung von seiten dieser persönlichen Gewalten erfolgen.
Ob sie dabei die Welt ihren Anfang vom Chaos (der klaffenden
Leere) oder der Nacht (dem Dunkel) oder dem Okeanos und
der Tethys nehmen lassen, ist ziemlich belanglos, und auch die
Rolle, die der zweiköpfige Drache oder das kosmische Ei in
den orphischen Dichtungen spielen, ist, mit den Elementen der
hesiodischen Theogonie verglichen, kein wesentlich Neues. Und
wenn hier und da in den altorphischen Dichtungen pantheistische Klänge vernehmbar sind, so scheinen diese doch vereinzelt,
und es bleibt, weil ihr Alter nicht genauer bestimmbar ist,
immerhin unsicher, wie weit sie ihrerseits von der ionischen

[1] In den von Walther Kranz besorgten Auflagen von Diels' Werk bilden
sie das erste Kapitel des ersten Bandes.

Naturphilosophie beeinflußt sind. Die Hauptsache ist doch, daß beide, Hesiod wie die orphischen Kosmologen, mit ihrem Denken durchaus noch in der Form des Mythus befangen bleiben, so daß ihren kosmogonischen Spekulationen für die weitere Entwicklung der griechischen Philosophie keine tiefere Bedeutung zukommt; es sei denn, daß durch sie das Nachdenken über diese Fragen immer aufs neue angeregt worden ist.

Die historische Bedeutung der Orphik beruht vielmehr auf ihrer Seelenlehre. Die auf diese gegründete Mystik hat sich freilich erst dann wirklich entwickeln können, als ein feindlicher Gegensatz zwischen Leib und Seele empfunden war. Das Gefühl dieses Gegensatzes, das der homerischen Anthropologie noch völlig fremd ist, die tiefe Überzeugung, daß die menschliche Seele göttlicher Natur und der Leib für sie nur eine Fessel sei – solche Anschauung konnte sich auf griechischem Boden erst infolge der Erfahrungen in der Ekstase, vor allem im orgiastischen Dionysoskult entwickeln. Erst mit dem Siegeszug der dionysischen Religion, durch die das Gefühlsleben in seinen verborgensten Tiefen aufgeregt und ins Ungeahnte gesteigert wird, erobert sich der Glaube immer weitere Kreise, daß die Seele, frei von den Banden des Leibes, wunderbarer Kräfte teilhaftig wird. So konnte sich, zumal unter dem Einfluß kathartischer Ideen, wie sie damals weithin herrschten und besonders in EPIMENIDES VON KRETA verkörpert wurden, d. h. jener Vorstellungen, daß der Mensch von Befleckung durch dämonische Mächte zu „reinigen" sei, der Gedanke entwickeln, „daß auch die Seele zu reinigen sei vom Leibe als einem befleckenden Hemmnis".

So bildet das Gefühl des schroffen Gegensatzes und damit des tiefgreifenden Wertunterschiedes zwischen Leib und Seele die eine Wurzel der orphischen Askese. Die andere liegt in dem Aufkommen einer Art von Sündenbewußtsein und daraus entspringender Erlösungssehnsucht geängstigter Seelen. Solche Gefühle sind dem älteren Griechentum bis in das 7. Jahrhundert

hinein noch gänzlich fremd. Ihre letzten Wurzeln liegen augenscheinlich in einer pessimistischen Stimmung gegenüber dem
irdischen Dasein überhaupt, die, abgesehen von persönlicher
Veranlagung und Lebenserfahrung des Einzelnen (wie bei
Hesiod), wahrscheinlich in den politischen und vor allem in den
sozialen Zuständen und oft schweren Umwälzungen des 7. und
teilweise noch des 6. Jahrhunderts begründet ist.

Man möchte durch diese Askese die Seele von den Banden
des Körpers, überhaupt von der Sinnenwelt befreien, damit
sie, die göttlichen Ursprungs, aber zufolge einer vorweltlichen
Schuld in den Leib gebannt ist, aus dem „Kreis des Werdens",
d. h. von allen irdischen Fesseln befreit, den Aufflug zur Gottheit wagen und mit ihr endlich wieder eins werden kann. Hier
liegt die Brücke zwischen Askese und altgriechischer Mystik,
deren tiefgründige Erforschung wir vor allem Erwin Rohde in
seiner Psyche verdanken.

Solche Anschauungen treten uns zuerst in den nach dem
Thraker Orpheus benannten Gemeinden entgegen – denn von
Gemeinden darf man hier sprechen –, die sich mit Sicherheit
bis etwa zur Mitte des 6. Jahrhunderts hinauf verfolgen lassen,
wenn auch ihre im einzelnen leider fast gänzlich verborgenen
Ursprünge, die in unerforschliche, für den modernen Menschen
kaum noch zu ahnende Tiefen des Gefühlslebens hineinreichen,
sicher noch bedeutend weiter zurückliegen. Die orphische Sekte,
die zur Zeit der Peisistratiden eins ihrer Hauptzentren in Athen
gehabt hat, hat damals auch in Unteritalien und Sizilien einen
merkwürdig günstigen Nährboden gefunden, und es ist wohl
kaum Zufall, daß sich die älteste Erwähnung des „berühmten
Orpheus" bei dem Sänger Ibykos von Rhegion findet. Überraschende Kunde haben uns hiervon jene merkwürdigen Gold-
plättchen gebracht, die in der Nähe des alten Thurioi und
weiter südöstlich, bei Petelia, in Gräbern des 4. bis 3. Jahrhunderts v. Chr. gefunden worden sind und, wie der Wortlaut
der auf ihnen eingegrabenen Hexameter ergibt, den Verstorbe-

nen als „Wegweiser und Erkennungsschein an die Totengötter"
mitgegeben wurden. Aber auch in Eleuthernai auf Kreta hat
man eine fast gleichlautende Inschrift aus dem 2. Jahrhundert
v. Chr. gefunden. Und wenn auch seit dem 4. Jahrhundert die
orphischen Kulte immer mehr zu Winkelmysterien und Konven-
tikeln herabsinken, so haben sie doch bis ans Ende der Antike
gedauert und noch auf die Neupythagoreer und Neuplatoniker,
ja selbst noch auf die altchristlichen Vorstellungen vom Jenseits
und den Schicksalen der Menschenseele nach dem Tode einen
bedeutenden Einfluß ausgeübt.

Im Mittelpunkt der orphischen Religion stehen die Schicksale
des Gottes Dionysos, der als Kind von den argen Titanen zerrissen und verschlungen wird, so daß Athene nur noch sein
Herz retten und es Zeus überbringen kann, der es verzehrt und
darauf mit Semele den „neuen Dionysos" zeugt. Die Titanen
aber werden durch Zeus' rächenden Blitzstrahl erschlagen. Aus
ihrer Asche entsteht später das Menschengeschlecht. So ist in
uns Sterblichen ein dionysisches und ein titanisches Element.
Dem dionysischen entstammt unsere Seele, die sich von dem
titanischen Wesen möglichst frei machen soll, um dereinst, wenn
sie das Gericht im Hades bestanden und den „Kreis der Ge-
burten" durch Eingehen in Leiber immer anderer Lebewesen
endlich durchlaufen hat, wieder zurückzukehren zu dem Gott,
von dem auch sie ein versprengtes Teilwesen ist, das in dem
Leibe, wie in einem Grabe, gefangen schmachtet. Von dem
„Fleisch" und seinen Trieben – das Wort „Fleisch" (σάρξ) für
den menschlichen Körper, im Gegensatz zur Seele, entstammt
dem Sprachgebrauch des orphischen Dualismus und kommt
später, durch die hellenistische Mysteriensprache vermittelt,
sogar in die Ausdrucksweise des Apostels Paulus und damit in
die der christlichen Kirche hinein – von dem „Fleisch" und
seinen Trieben sich schon bei Lebzeiten soweit wie möglich zu
befreien, das ist schon das klare Ziel altorphischer Askese
gewesen.

Diese Askese hat freilich wohl noch ein anderes Ziel gehabt.
Denn eine der Hauptlehren der Orphiker ist bekanntlich die
vom Totengericht der Seelen im Hades, wo den seligen Frommen der Lohn in berauschendem Gastmahl, den Gottlosen die
Strafe im Schlammpfuhl zuteil wird, wo sie Wasser in ein Sieb
schöpfen und andere vergebliche Arbeiten ins Endlose ausführen
müssen. Denn neben Zeus thront Dike, die Göttin des Rechts,
als unerbittliche Rächerin jedweden Frevels. So bildet die Lehre
von einer Wiedervergeltung im Jenseits ein Hauptstück schon
der altorphischen Glaubenslehre. Um den gefürchteten Strafen
im Hades zu entrinnen, brachten daher geängstigte Gemüter
den Unterirdischen Opfer und Gebete dar, von denen sie nicht
allein Entsühnung für die Lebenden, sondern auch für die schon
Verstorbenen erhofften. So wird auch die Askese der orphischen
Gläubigen zugleich das Ziel gehabt haben, vor dem Totengericht möglichst glimpflich davonzukommen.

Eins der auffallendsten Merkmale dieser Askese, das im
Leben des griechischen Volkes sonst nahezu unerhört ist, ist
das Verbot der Fleischnahrung. Eine Stelle aus Platons Gesetzen
mag das verdeutlichen, wo er idealisierend von den Menschen
der Vorzeit spricht. „Nicht einmal von einem getöteten Rinde
wagten sie zu kosten, und auch den Göttern wurden keine Tiere
geopfert, wohl aber Kuchen und mit Honig beträufelte Früchte
und andere reine Gaben der Art. Jedoch des Fleisches enthielten
sie sich in dem Glauben, daß es Frevel sei, davon zu essen oder
die Altäre der Götter mit Blut zu besudeln. Vielmehr ein
sogenanntes *orphisches Leben* führten die damaligen Menschen,
die von allem Unbeseelten sich nährten, sich aber scheuten,
etwas Beseeltes zu verletzen."

Das „orphische Leben" hat im Lauf der sozialpolitischen
Entwicklung allmählich wohl auch einzelne ethische Ideen aus
dem Leben des griechischen Bürgertums in sich aufgenommen,
wenn sich auch in den uns erhaltenen Resten der altorphischen
Dichtungen noch kaum eine Spur davon findet. Und auf der

andern Seite konnte der orphische Glaube an eine Wiedervergeltung im Jenseits bei seinen Anhängern das Verantwortungs-
gefühl für ihr Tun und Lassen hienieden und daraus etwas wie
ein religiöses Gewissen erwecken[1].

Wenn man das innerste Wesen der altorphischen Mystik mit
dem der ionischen freien Forschung vergleicht, so scheinen
beide durch eine unüberbrückbare Kluft getrennt. Wo die eine
herrscht, da kann die andere unmöglich gedeihen. Wenn die
orphische Religion damals im Denken und Fühlen der Griechen
den Sieg errang, dann wäre – das hat vor allem Eduard Meyer
treffend ausgeführt – der Gewinn in erster Linie den in den
Orakeln organisierten Priesterschaften zugefallen, und auch
Griechenland wäre der Theokratie verfallen. Es konnte eine
Zeitlang so scheinen, als ob auch Hellas „in die Bahnen des
Orients einlenken und das Ergebnis die Entstehung einer für
alle Zeit abgeschlossenen religiösen Kultur sein würde". Daß
hierdurch alle wirkliche Wissenschaft erstickt worden wäre,
liegt auf der Hand. Hier liegt – darin hat Eduard Meyer vollkommen recht – tatsächlich „der entscheidende Wendepunkt
der griechischen Geschichte". Hier gerade sollte sich die welt-
historische Bedeutung der griechischen Philosophie, d. h. letzten
Endes der ionischen Wissenschaft, für die Entwicklung des
abendländischen Denkens bis auf den heutigen Tag erweisen.
Denn mit der in Ionien geborenen Philosophie „entsteht eine
Gegenströmung, die die religiöse Bewegung durchbricht und in
langem Ringen schließlich zu Boden wirft und so die einzigartige griechische Entwicklung begründet". Schon der große
Ionier, dessen Gedankenwelt unsere nächste Darstellung gilt,
wird von der geistbefreienden Kraft dieser Philosophie beredtes
Zeugnis ablegen.

[1] In diesem Abschnitt hat der Verfasser seine Studie: Altgriechische
Askese (Neue Jahrbücher für klass. Altertum v. J. 1910, S. 262 ff.) z. T. wörtlich benutzt.

III. Aufklärung und Metaphysik

1. Xenophanes von Kolophon

Wohl noch vor Pythagoras hat ein anderer Denker ionischen Geist von Ost nach West getragen. Auch er eine durchaus ernsthafte sittlich-religiöse Persönlichkeit, auch er durch die Forschung eines Anaximandros tief beeinflußt, auch er nicht ganz unberührt von der starken mystischen Welle, die im 6. Jahrhundert die Geister in Hellas umrauscht. Und doch sind die Unterschiede zwischen dem Gründer des pythagoreischen Bundes und seinem Landsmann aus Kolophon so tiefgreifender Art, daß man auf den ersten Blick beide Männer kaum für Söhne desselben Zeitalters halten sollte. Schon der äußere Lebensgang des Xenophanes ist ein völlig anderer. Um 540 oder einige Jahre früher, „als der Meder kam", verließ er als ein Fünfundzwanzigjähriger seine Vaterstadt, um der durch den Perser Harpagos gebrachten Fremdherrschaft zu entgehen, und suchte im fernen Westen eine neue Heimat. Zeitweilig fand er in Zankle auf Sizilien, dem heutigen Messina, eine bleibende Stätte, aber der Beruf des fahrenden Sängers, der die Lieder Homers in der Halle des Fürsten wie auf dem Markte der Stadt vorzutragen pflegte, wie auch wohl seine eigene Natur haben ihn offenbar dann noch weit umhergetrieben, so daß er nach Catania, an den Fuß des Ätna, wie auch in den Nordwesten der Insel und selbst nach Malta gekommen ist, bis ihn die Gründung der phokäischen Kolonie Elea in Unteritalien zur Teilnahme lockte. Und hier an der lukanischen Westküste, unweit des durch seinen Tempel berühmten Paestum, hat er dann endlich eine dauernde Heimat gefunden.

Wer hellen Auges, hellen Geistes vieler Menschen Städte und Denkart kennenlernt, ferner Meere befährt und fremde Küsten erschaut, dem weiten sich Blick und Sinn: sein Verhältnis zu

Glauben und Sitte der Väter wird unmerklich ein anderes als
das der daheimgebliebenen Zeitgenossen, die nie fremde Laute
gehört, nie andere Länder gesehen haben. Die Fülle der neuen
Erfahrungen regt zum Vergleichen mit den Zuständen in der
alten Heimat, zur kritischen Betrachtung alles dessen an, was
ihm bis dahin wertvoll und ehrwürdig oder doch selbstverständlich und daher kein Problem gewesen war. Und wie zahllose neue Natureindrücke und Beobachtungen das Nachdenken
mächtig anreizen – der scharfblickende Kolophonier erschließt
bereits aus dem Vorkommen von Muscheln im Binnenlande,
ja hoch oben im Gebirge, wie aus Versteinerungen und Fisch-
abdrücken in den Steinbrüchen von Syrakus und auf Malta die
Spuren einstigen Meeres und erweist sich so als echten Jünger
der alten ionischen Physiologie –, so auch das Neue, das ihm im
Kreise der menschlichen Gesellschaft entgegentritt: das selbständige Denken erwacht; losgelöst von der Macht des Herkommens und der Gewohnheit reift es rascher als sonst heran
und geht frei und sicher seine eigenen Bahnen. So steht der
Grieche der Kolonien dem Leben und Denken der Volks-
genossen daheim weit freier und unbefangener gegenüber.
Gerade Xenophanes' Haltung kann das zeigen. Denn schwerlich
hätte im Mutterlande solch kühner Neuerer gegenüber Glauben
und Sitte der Vorfahren erwachsen können.

Auch noch aus anderer Quelle erhält das Denken des Mannes
nachhaltige Anstöße: den fahrenden Rhapsoden, der bald hier,
bald dort aus den homerischen Gedichten vorzutragen pflegte,
mußten die Kulturzustände, wie sie das alte Epos widerspiegelt,
Zustände, die von denen der Gegenwart durch eine Kluft getrennt schienen, immer aufs neue zu Vergleichen zwischen einst
und jetzt anreizen. So bildet der äußere Lebensgang und der
Beruf des Mannes die Grundlagen für die neue Weltanschauung, die sich in langen Lehr- und Wanderjahren in ihm entwickeln sollte.

In doppelter Hinsicht sollte Xenophanes in der Geschichte des griechischen Denkens Epoche machen. Wie sich sein Gefühl gegen die landläufige Überschätzung der griechischen Athleten auf das heftigste aufbäumt (Fr. 2) – denn nicht Muskeln und Knochen der olympischen Sieger, die das Volk anstaunt, sondern allein Weisheit und Gerechtigkeit sichern die Wohlfahrt der Stadt –, so erregt seinem geläuterten sittlichen Empfinden die Götterwelt der Dichter der Vorzeit den schwersten Anstoß. „Alles haben Homer und Hesiod den Göttern angedichtet, was nur immer bei den Menschen Schimpf und Schande ist: Diebstahl, Ehebruch und gegenseitigen Betrug." Hier finden wir zum erstenmal eine leidenschaftliche Reaktion gegen die naiv sinnliche Welt des homerischen Epos. Aber auch von den düsteren Mythen von Kronos und Uranos, mit denen der grüblerische Geist eines Hesiod ringt, will er nichts wissen, und die Sagen von Giganten und Kentauren tut er kurz ab als „Fabeln der Vorzeit". Doch er bleibt hierbei nicht stehen. Mit unerbittlicher Konsequenz geißelt er überhaupt jede Art von anthropomorpher Gottesanschauung mit vernichtendem Spott. „Wenn die Kühe, Pferde und Löwen Hände hätten und damit malen und Werke nach Menschenart bilden könnten, dann würden die Pferde pferdeähnliche und die Kühe kuhförmige Göttergestalten schaffen." So bilden ja auch „die Äthiopen ihre Götter schwarz und stumpfnasig, die Thraker blauäugig und rothaarig". Solch kühne Gedanken mußten damals unerhört erscheinen. Denn noch niemals hatte jemand den anthropomorphen Gottesglauben grundsätzlich und mit so schonungsloser Schärfe angegriffen. Hier zeigt sich zum erstenmal in der Geschichte des Denkens die klare Erkenntnis der Wahrheit „Wie der Mensch, so sein Gott".

Diese Stellung des Xenophanes gegenüber dem anthropomorphen Gottesglauben, die ihn als Sturmvogel der von Ionien heraufziehenden „Aufklärung" zeigt, hat in der Geschichte der griechischen Gottesidee auf das nachhaltigste gewirkt. Und doch

ist sie nur die eine Seite in dem Denken des großen Kolophoniers. Das Grundproblem der Milesier war die Frage nach Art
und Wesen des Urgrundes der Dinge gewesen. Zweierlei An-
forderungen hatte dieser genügen sollen: sein Wesen sollte den
bunten Wechsel in der Erscheinungen Flucht erklärlich machen,
und doch sollte er selbst das in dem unablässigen Strom des
Werdens unveränderlich Beharrende sein. Während aber das
Denken der Milesier vorwiegend auf die Veränderung der
Dinge und deren Ursache gerichtet war, ist der Geist des
Xenophanes gerade der anderen Seite der ἀρχή zugewandt,
dem alles Werden und Vergehen überdauernden, stets sich
gleichbleibenden Urgrund der Dinge. Schon deshalb konnte er
gar nicht auf den Gedanken kommen, sie in einem sichtbaren
Stoff zu suchen. Aber sein philosophisches Denken hat überhaupt eine ausgesprochen metaphysische Tendenz. Hier mag
wohl die Grundrichtung der anaximandrischen Philosophie
nachwirken. Die überwältigend zum Bewußtsein kommende
Einheit allen Seins, das innere, beinahe mystische *Erleben* dieser
aus den Urgründen des Gefühls heraufdringenden Erkenntnis
war der tiefste Seelengrund für die Entstehung der ionischen
Philosophie gewesen, und gewiß hat Xenophanes gerade von
dieser Seite, zumal durch Anaximanders Lehre vom Unendlichen, mächtige Einwirkungen erfahren. Aber bei keinem seiner
Vorgänger oder Nachfolger kommt das Bewußtsein dieser
kosmischen Einheit in so enthusiastischer Weise zum Ausdruck.
Denn dieser Mann ist Denker und Dichter zugleich. Oft klingt
seine Sprache wie die eines gottbegeisterten Sehers.

Die Natur als Ganzes ist es, die ihm diese Einheit überwältigend offenbart hat. Der Sternenhimmel vor allem in seiner
ewigen Ordnung und Majestät scheint ihm diese Einheit allen
Seins unauslöschlich zum Bewußtsein gebracht zu haben. „Wohin ich auch meinen Geist wandte, er löste sich in ein und
dieselbe Allnatur auf. Das All in seinem ewigen Sein, nach allen
Seiten hin in der Schwebe gehalten, schloß sich mir zu einem

einzigen, in sich gleichartigen Wesen zusammen" – so läßt ihn
ein späterer Dichter (Timon von Phleius) sagen, der sein uns
leider verlorenes Werk noch genau gekannt hat.

Dies All-Eine ist ewig: ungeworden und daher unvergänglich.
Denn alles Gewordene ist dem Untergang verfallen. Wie ungeworden, ist es auch als Ganzes genommen jeder Veränderung
entrückt. Dies All-Eine ist, so erklärt Xenophanes – wie Aristoteles sagt, „auf das Weltganze seinen Blick richtend" –, die
Gottheit. Sie ist das Mächtigste von allem. Denn es widerstreitet
dem göttlichen Wesen ebenso, einen Herrn über sich zu haben,
wie irgendeines Dieners zu bedürfen. Die Gottheit ist souverän
und bedürfnislos zugleich. Daß aber mehrere Götter nebeneinander existierten, ist ausgeschlossen, denn es ist augenfällig, daß
eine Macht die Welt regiert. Dieser Macht sind keinerlei
Schranken gesetzt, sie ist allmächtig. Es kann daher nur diese
eine Gottheit geben, die „überall gleichartig" (ἴσον ἁπάντῃ) ist
und gleiche Funktionen ausübt. Was sich Xenophanes bei den
Worten „überall gleichartig" gedacht hat, war freilich schon den
Alten zweifelhaft, doch scheint Theophrasts Auffassung das
Richtige zu treffen, daß Xenophanes hiermit meinte, daß die
Gottheit in all ihren Teilen in gleicher Weise organisiert, d. h.
insbesondere der Wahrnehmung und des Denkens fähig sei.
Sagt doch der Kolophonier selbst in einem uns erhaltenen Verse
von Gott: „Ganz sieht er, ganz denkt er, ganz hört er." Gott
ist überhaupt „weder an Gestalt noch an Gedanken den Sterblichen ähnlich", ja, wenn wir aus Timons Parodie schließen
dürften, so hätte der Dichterphilosoph, der sich nicht genugtun
konnte, Gottes Unvergleichbarkeit und Erhabenheit zu betonen,
sogar gesagt „geistiger als Geist". Jedenfalls ist hierdurch die
Grundtendenz der xenophanischen Theologie gut gekennzeichnet. Gott selbst aber verharrt ewig unwandelbar in majestätischer Ruhe:
„Immer bleibt er am selbigen Ort und ohne Bewegung; Nicht
geziemt sich's für ihn, zu wandeln hierhin und dorthin,

Denn ohne Mühsal lenkt er das All durch des Geistes Denkkraft."

Schon hieraus ergibt sich, daß der Streit der Modernen, ob
Xenophanes Pantheist oder der erste Monotheist gewesen sei,
im Grunde gegenstandslos ist. Denn die Einzigkeit des göttlichen Wesens betont er so nachdrücklich nur im Gegensatz
zum volkstümlichen Polytheismus. Und seine Gottesanschauung
zeigt im übrigen so stark pantheistische Züge, daß man, wenn
man überhaupt Begriffe der neueren Philosophie auf die Anschauungen eines vorsokratischen Denkers anwenden dürfte,
ihn zweifellos als Pantheisten bezeichnen müßte, wenn man
dabei auch nicht übersehen darf, daß diese Gottheit zugleich
Eigenschaften besitzt, die, für sich allein betrachtet, die Vorstellung eines persönlichen Gottes erwecken können. Die Begriffe Pantheismus und Monotheismus sind eben in dem Denken des Xenophanes wie seines ganzen Zeitalters noch ungeschieden. Da er aber das All-Eine als mit der Gottheit
identisch betrachtet hat, wird man seine Anschauung in der
Sprache der modernen Philosophie als pantheistisch bezeichnen
müssen, freilich mit der eben angedeuteten Einschränkung.

Xenophanes von Kolophon ist der griechische Denker, der
durch seine vernichtende Kritik der anthropomorphen Religion
und durch seine geniale Anschauung von der all-einen Gottheit,
der Erkenntnis von Gottes metaphysischer Existenz, als Erster
die Bahn gebrochen hat. Die großen Gedanken dieses ältesten
Religionsphilosophen der abendländischen Menschheit sollten
bis weit in das alte Christentum hinein nachwirken.

So erhaben aber auch diese Gottesanschauung ist, man darf
doch darüber eins nicht übersehen: daß nämlich zwischen der
Metaphysik und der Physik des Kolophoniers jede organische
Verbindung fehlt, so daß man nicht ohne Grund beide Bereiche
seines Denkens verschiedenen Perioden seines Lebens hat zu-
weisen wollen. Xenophanes setzt die ἀρχή mit der Gottheit
gleich; diese Gottheit ist aber nicht nur ungeworden, sondern

auch unbeweglich, überhaupt unveränderlich (ἀπαθής und
μάετάβλητος nach Theophrast). Wie soll sie aber dann das
Weltgeschehen bewirken – denn das Geschehen in der sichtbaren Welt kommt Xenophanes gar nicht in den Sinn zu
leugnen –, während sie selbst in majestätischer Ruhe verharrt?
Daß so die ἀρχή zur Welterklärung schlechthin untauglich
wurde, diesen Gesichtspunkt scheint der Kolophonier über
seiner enthusiastischen Gottesanschauung ganz aus den Augen
verloren zu haben. Und doch sollte er gerade dadurch, daß er
nur die *eine* Seite im Wesen des Urgrundes kraftvoll betonte,
auf die Folgezeit eine höchst bedeutsame Wirkung ausüben,
denn eben hierdurch ward er der Wegbereiter der eleatischen
Philosophie.

2. Herakleitos von Ephesos

In der Geschichte der Philosophie ist nicht nur die Sympathie
oder die Geistesverwandtschaft einzelner Denker mit ihren
Vorgängern, sondern ebensooft der Gegensatz, in den sie zu
einem bereits aufgestellten System geraten, von maßgebender
Bedeutung. So erscheint es kaum denkbar, daß Xenophanes'
Stellung gegenüber dem ἀρχή-Begriff für sich allein ausgereicht
hätte, seinem großen „Nachfolger" Parmenides den entscheiden-
den Anstoß zur Begründung der eleatischen Philosophie zu
geben, wenn diesen nicht die kurz vorher im Ton des Propheten verkündete Weltanschauung des Herakleitos vom rastlosen
Fluß aller Dinge zur schärfsten Opposition getrieben hätte.
Denn nur als schärfste Rückwirkung gegen die Lehre des
Ephesiers wird die Ontologie des Parmenides ganz verständlich. Schon hieraus ergibt sich die Notwendigkeit, zunächst die
Weltansicht des Herakleitos zu betrachten.
Der Denker, der der Antipode der von Xenophanes ange-
bahnten Weltanschauung werden sollte, ist psychologisch eine

der interessantesten Persönlichkeiten der griechischen Kultur-
geschichte überhaupt. Er ist als Charakter so scharf umrissen,
daß sich manche seiner Worte, zumal wenn man sie im
griechischen Original zu lesen vermag, unauslöschlich dem
Gedächtnis einprägen. Seine scharf ausgesprochene Individualität offenbart schon sein Stil. Im Ausdruck knapp, selbst wort-
karg, doch kraftvoll und inhaltstief, hat seine Rede geradezu
etwas Steinschriftmäßiges. Dazu kommt das Feierliche, Prophe-
tenhafte seiner Sprache, seine oft mystisch klingende Redeweise,
sein Reichtum an grandiosen Bildern und kühnen, oft drasti-
schen Vergleichen; denn dieser mächtige Geist, in dem auch ein
Stück von einem Dichter lebendig ist, denkt noch nicht in reinen Begriffen, sondern in großen, umfassenden Anschauungen, die wie plastisch gezeichnete Bilder auf uns wirken. – Von
eigentümlichem Reiz ist die stolze Subjektivität des selbstherr-
lichen Mannes – wie kühn und kraftvoll stellt er gleich zu
Anfang seiner Schrift sein „Ich" (ἐγώ) den „anderen Menschen"
gegenüber! Das Zeitalter des Herakleitos ist das der mächtig
erwachten großen Individuen der griechischen Kultur, das Zeitalter der Perserkriege, in dem das Genie eines Themistokles
zum Retter des Hellenentums vor asiatischer Sklaverei wird.
Die Worte des Ephesiers sind oft gallig, voll ätzender Schärfe.
Auch seine Sarkasmen sind ein Symptom der tiefen Verbitterung
dieses „königlichen Einsiedlers des Geistes", dessen Kraft in der
Demokratie seiner Vaterstadt kein Feld zur Betätigung mehr
findet. Welch heiße, wenn auch oft verhaltene Leidenschaft
atmen die von schneidenden Invektiven erfüllten, in jedem
Satz, jedem Wort den Stempel einer eigenwüchsigen Persönlichkeit tragenden Aussprüche des großen Ephesiers!
Die Philosophie des Herakleitos ist nicht einfach das Denk-
ergebnis eines ungewöhnlich scharfen Verstandes; sie gestaltet
vielmehr die genialen Erleuchtungen, die ihrem Verkünder aus
den tiefsten Gründen der eigenen Seele emporgestiegen sind. Ist
doch die Weisheit des schroffen Ephesiers aus innerstem see-

lischem *Erlebnis* geboren. Daher die durchaus intuitive Art
seines Denkens, die rein dogmatische Form seiner Philosophie,
der ausgesprochen aphoristische Charakter seiner Schrift, der
dem Wesen des Propheten entspricht. Denn sein Denken selbst
ist aphoristisch. Systematische Disposition oder einen fort-
laufenden Gedankengang hat seine Schrift offenbar gar nicht
gehabt. Wie ihm die einzelnen Gedanken und Erkenntnisse
aufzuckten, so hat er sie niedergeschrieben, sicher manches Mal
abbrechend, unbekümmert darum, ob der Zusammenhang mit
dem Vorhergehenden gewahrt wurde oder nicht. Diels hat
daher, wie auch sonst in den Vorsokratikern, wo nicht äußere
Beglaubigung oder innere Evidenz dazu zwang, davon abzu-
weichen, im Gegensatz zu Bywater die Fragmente nach einem
äußeren, aber praktischen Prinzip geordnet: er gibt sie gruppen-
weise geordnet nach den Autoren, die sie uns erhalten haben;
die Gruppen selbst in der alphabetischen Reihenfolge der
Quellenschriftsteller. So wahrt er das Recht der Überlieferung
bei den einzelnen Autoren, „das für die Beurteilung der Fragmente und ihrer Form wesentlich ins Gewicht fällt. Bei der
Gewohnheit der antiken Anthologien, im Original nahe bei-
einander stehende Stellen hintereinander zu bringen, wird er so
dem ursprünglichen Zusammenhang in vielen Fällen näher-
geblieben sein als durch eine Zerteilung nach willkürlich ge-
wählter eigener Disposition." Andererseits hat aber schon Diels
mit Recht betont, daß es, auch wenn man darauf verzichtet, den
ursprünglichen Gedankengang der Schrift des Herakleitos, wie
überhaupt eines antiken Philosophen, im einzelnen wiederher-
zustellen, doch durchaus möglich ist, die innere logische Ver-
kettung seiner Anschauungen zu rekonstruieren, die „ja von der
schriftstellerischen Komposition ganz unabhängig ist".

    Aber das Verfahren von Diels in seiner Anordnung der
Fragmente, insbesondere sein Prinzip, diese in der alphabetischen Reihenfolge der Quellenautoren zu geben, unterliegt
doch ernsten Bedenken, denen schon Burnet (132 a. 5) treffend

Ausdruck gegeben hat. Denn daß dadurch unter Umständen
ihrem Inhalte nach verschiedenartigste Fragmente direkt hintereinander gestellt werden, leuchtet ein. Es mag aber noch an
einem sehr eindrucksvollen Beispiel erläutert werden. So handelt infolge von Diels' Anordnung, die er auch bei den
anderen vorsokratischen Philosophen befolgt, Demokrits Fragment 125 vom Verhältnis der Vernunfterkenntnis zur Sinnenerkenntnis, Fragment 126 aber von der wellenförmigen Fort-
bewegung der Schmetterlingsraupe – Dinge, die doch wirklich
nichts miteinander zu tun haben.

Es haben daher neuere Forscher Diels' Prinzip verlassen und
sind nach rein sachlichen Gesichtspunkten in der Anordnung
der Fragmente verfahren.

Die Zeit des Herakleitos wird dadurch bestimmt, daß er
von Parmenides berücksichtigt wird und schon Epicharm (um
470) auf seine Lehren anspielt. Diels setzt daher die Abfassung
seiner Schrift mit starker innerer Wahrscheinlichkeit um das
Jahr 490 an. Herakleitos selbst stammt aus dem königlichen
Geschlecht der Kodriden zu Ephesos, doch er überläßt die
durch die demokratische Entwicklung wesenlos gewordene
Königswürde seinem jüngeren Bruder und zieht sich, angeekelt
von dem Treiben der Gasse und des Marktes, aus dem Leben
seiner Vaterstadt in die Einsamkeit der großen Natur seiner
ionischen Heimat zurück. Und dort offenbaren sich ihm die
ewigen Wahrheiten, die wir seine Philosophie nennen.

a) Die Weltanschauung des Herakleitos

Wie Xenophanes steht auch Herakleitos, wenn möglich in
noch höherem Maße, der Volksreligion, zumal ihrem anthropomorphen Bilderdienst, und der Homerischen Götterwelt schroff
ablehnend gegenüber. Aber auch die dionysische Mysterien-
religion mit ihrer massiven Symbolik und ihrem orgiastischen

Treiben findet ebensowenig Gnade vor seinen Augen wie die damals noch vielerorten betriebene Kathartik. Herakleitos steht überhaupt dem Volksbewußtsein seiner Nation eigentümlich fremd gegenüber, nicht nur in religiöser Hinsicht. Wie alle originalen Denker ist er zugleich eine äußerst kritische Natur, die auch ihre Vorgänger mit beißendem Spott nicht verschont. Die Leistungen der ionischen Physiker vor und neben ihm hat er freilich nicht zu würdigen vermocht. Denn sein Denken gilt durchaus dem Metaphysischen. Zwei Grundergebnisse des Denkens hat er mit Xenophanes gemeinsam: die völlige Überwindung des anthropomorphen Polytheismus und das tiefe Bewußtsein von der Einheit alles Seienden. In dieser Anschauung zeigt sich zugleich der Zusammenhang seiner Philosophie mit der des Anaximandros, wie andrerseits mit der orphischen Mystik. „Aus allem wird Eins und aus Einem alles", heißt es in Fragment 10. „Weise ist es, anzuerkennen, daß alles Eins ist."

Und doch steht Herakleitos zu Xenophanes im schärfsten Gegensatz. Dieser hatte die ἀρχή das All-Eine, das mit der Gottheit identisch ist, als jedem Wechsel entrückt, in majestätischer Ruhe verharrend geschaut; Herakleitos dagegen sieht in der Welt überhaupt kein Beharrendes. Vielmehr erscheint ihm gerade die rastlose Veränderung aller Dinge als das wahrhaft Wesentliche. „Alles fließt und nichts dauert." „Du kannst nicht zweimal in denselben Fluß steigen, denn anderes und immer anderes Wasser fließt dir zu." Nirgends in dieser Welt gibt es ein bleibendes Sein. Wo uns unsere Sinne ein solches vortäuschen, entsteht dies Trugbild nur dadurch, daß von der Substanz der Dinge zeitweilig gerade so viel dahinschwindet, wie ihnen gleichzeitig auf anderem Wege neu hinzukommt. Von diesem Fluß aller Dinge ist auch der Mensch nicht ausgenommen, weder sein Leib noch seine Seele.

Dieser rastlose Strom des Werdens, der unablässig am Werk ist, hat zur Folge, daß wir an einem und demselben Dinge sogar entgegengesetzte Eigenschaften wahrnehmen. „Das Kalte

wird warm, das Warme kalt, Feuchtes trocken, Trockenes
feucht." Wohin wir auch blicken, zeigt sich ein Übergang der
Gegensätze ineinander, ein ewiges Siegen und Unterliegen.
Denn alles Geschehen auf der Welt ist nur ein Kampf ent-
gegengesetzter Kräfte. „Krieg ist der Vater von allem, der
König von allem; die einen macht er zu Göttern, die andern zu
Menschen, die einen zu Sklaven, die andern zu Freien." Wer,
wie Homer, den Streit aus der Welt wünscht, der verneint das
Prinzip allen Lebens. Diese Koexistenz der Gegensätze schaut
Herakleitos allenthalben, im Makro- wie Mikrokosmos. Aber
dieser Kampf ist nur der Hebel zu Höherem. Wie ohne den
Kampf kein Leben, so wäre auch ohne die Tausende von
Gegensätzen in dieser Welt kein Einklang möglich. Wie erst
aus der Mannigfaltigkeit verschieden hoher und tiefer Töne
die musikalische Harmonie, wie erst aus den entgegengesetzten
Prinzipien des Weiblichen und Männlichen die höhere Einheit
der Ehe erwächst, so kommt auch im Weltgeschehen stets „das
Widerstrebende zusammen", mögen auch die Menschen nicht
begreifen, daß „das Auseinanderstrebende mit sich selbst im
Einklange ist. Gegenstrebige Vereinigung wie bei Bogen und
Leier". Ist doch „die unsichtbare Harmonie stärker als die
sichtbare".

So offenbart sich dem Denker in dem scheinbar sinnlosen
Wirrwarr von Dissonanzen und dem durch Gegensätze bedingten Einklang allen Geschehens eine tiefe Vernunft. Die
Vernunft aber bezeichnet der Grieche durch das Wort „Logos"
(eigentlich: das vernunfterfüllte Wort, d. h. das Wort, insofern
es einen vernünftigen Sinn in sich schließt). Denn da sich die
Vernunft des Menschen im Gegensatz zum Tier erst in der
Sprache, in dem gesprochenen sinnerfüllten Wort offenbart, so
meint „Logos" auch die Vernunft an sich und ist oft schwer
oder gar nicht übersetzbar. Herakleitos versteht daher unter
dem Logos die sich dem Tieferblickenden in allem Geschehen
offenbarende Weltvernunft. Der Logos ist ewig und „alles

geschieht nach diesem Logos", mögen auch „die Vielen" nichts
davon ahnen. Dieser Logos, der in allem waltet, im steten
Wandel der Stoffe wie im Blitzstrahl, im Trieb des Tieres wie
in der menschlichen Seele, er ist das Weltgesetz. Herakleitos
gibt dieser Grundanschauung seiner Philosophie in mancherlei
packenden Bildern Ausdruck. „Die Sonne wird ihre Maße nicht
überschreiten; wenn aber doch, so werden die Erinyen, der
Dike Helferinnen, sie zu fassen wissen." Klar zeigt sich bei
Herakleitos, der auch hier auf der von Anaximandros betretenen Bahn weiterschreitet, die Erkenntnis der Naturgesetzmäßig-
keit allen Geschehens. Mag er dies Weltgesetz φύσις (Natur)
oder auch Zeus nennen oder von der Einsicht (γνώμη), „die
alles durch alles lenkt", sprechen, immer meint er ein und
dasselbe. Zuweilen gebraucht er auch den Ausdruck „Das
Weise" (τὸ σοφόν), da ihm offenbar das Wort Logos für sein
Allprinzip nicht ganz genügt. Dies „Weise" oder der Logos ist
ihm identisch mit der *Gottheit*. Während aber Xenophanes,
der in der Vergeistigung des Gottesbegriffs bereits die ersten
mächtigen Schritte getan hatte, doch von der persönlichen
Fassung der Gottheit noch nicht ganz losgekommen war, faßt
Herakleitos den wahrhaft entscheidenden Gedanken: er erkennt mit vollendeter Klarheit die völlige Transzendenz Gottes
und zieht hieraus kühn und entschlossen die Konsequenzen.
„Gott ist Tag und Nacht, Sommer und Winter, Krieg und
Frieden, Sättigung und Hunger; er wandelt sich aber wie das
Feuer, das, wenn es sich mit dem Räucherwerk vermischt, nach
dem Duft, den ein jedes ausströmt, so oder so benannt wird".
Der Kosmos in seinem ewigen Werden und Sterben ist also –
mit Goethe zu reden, der im Faust wie im Werther oft völlig
heraklitisch denkt – nur „der Gottheit lebendiges Kleid".
Herakleitos geht aber noch einen Schritt weiter. Er denkt den
Gedanken der Transzendenz Gottes völlig zu Ende. „Das
Weise ist abgesondert von allem", sagt er einmal, d. h. in die
Sprache der modernen Philosophie umgesetzt: Gott ist das

Absolute. „Für Gott ist alles schön und gut und gerecht, nur
die Menschen halten das eine für ungerecht, das andere für
gerecht". Die Gottheit steht jenseits von Gut und Böse, die nur
menschliche Unterscheidungen sind. Hier zeigt sich das Denken
des Herakleitos auf seiner höchsten Höhe.

Herakleitos' Logoslehre ist der erhabenste und konsequen-
teste Pantheismus, den die griechische Philosophie hervorgebracht hat. Aber doch ist auch bei ihm die begriffliche Scheidung
zwischen Persönlichem und Unpersönlichem im Wesen Gottes
noch nicht vollzogen. Denn hier liegen noch Unklarheiten vor.
Nach den vorhin angeführten Äußerungen von ihm müssen wir
uns die Gottheit doch wohl unpersönlich denken, wie er sie
denn öfter als „*das* Weise" bezeichnet. Aber soll man sich den
Logos, die Weltvernunft, die er wiederholt auch als „Gott", als
„Einsicht, die alles durch alles lenkt", benennt, ohne Selbstbewußtsein denken? Auf der andern Seite wird sich uns alsbald
aus dem Verhältnis der Gottheit zum Urfeuer, d. h. zum ewig
lebendigen Stoff ergeben, daß sie durchaus unpersönlich gedacht
werden muß. In Wahrheit liegen solche Probleme, wie das der
Unterscheidung des Persönlichen und Unpersönlichen im Gottes-
begriff, Herakleitos wie überhaupt den meisten antiken Denkern noch fern, wenn es auch unverkennbar ist, daß Herakleitos' Philosophie auf eine völlig unpersönliche Fassung des
Gottesbegriffes hindrängt.

So großartig jene Gedanken des Herakleitos vom Logos sind,
auch er zeigt sich doch als Sohn seines Zeitalters, d. h. im
Bann der Denkweise befangen, die für die griechische Wissenschaft in ihrer ersten Periode stillschweigende, weil selbstverständliche Voraussetzung ist. Auch Herakleitos vermag sich,
wie er es unternimmt, sich die Auswirkung des Logos im
Weltgeschehen im einzelnen vorzustellen, dies nur in Verbindung mit einem stofflichen Substrat zu denken, das er geradezu
als den Träger – die ἀρχή doxographisch zu reden – des
Geschehens selbst ansieht. Dies Substrat, das ihm mit dem es

durchwaltenden Prinzip identisch erscheint, ist das Feuer. Gerade das Feuer, das das ganze Altertum und Mittelalter für einen Stoff halten, mußte ihm wegen seiner rastlosen Bewegung und Wandlung als besonders geeigneter Träger des ewigen Wechsels erscheinen. „Feuers Austausch ist alles und das Feuer Austausch von allem, gerade wie für Gold Waren und für Waren Gold eingetauscht wird." Hat doch „diese Welt dieselbige von allen Dingen, weder der Götter noch der Menschen einer gemacht, sondern sie war immer und ist und wird sein ein ewig lebendiges Feuer, nach Maßen sich entzündend und nach Maßen verlöschend". So wird das Feuer geradezu als vernunftbegabte Substanz, als lenkende Macht und daher auch als Ursache der Weltbildung gedacht. Auch die Weltanschauung des Herakleitos ist ein pantheistischer Monismus.

Um den Prozeß der Weltbildung aus dem Urfeuer im einzelnen vorstellbar zu machen, entwickelt nun Herakleitos eine zwar noch primitive, aber doch durchaus konsequente Physik. „Feuers Wandlungen: zuerst Meer, vom Meer die eine Hälfte zu Erde, die andere zu feurigem Hauch." Ein Teil des Meeres wird zu hellen und trockenen Ausdünstungen, aus denen sich wieder Feuer entzündet, ein anderer durch Austrocknung zur Erde und dem Himmel und dem, was er umfaßt. Wie sich aber der Denker des näheren die Weltbildung vorstellte, ist uns nicht bekannt. Eigentümlich naiv, ähnlich der des Xenophanes, dem er hier wahrscheinlich folgt, ist seine Vorstellung von den Gestirnen, besonders von Sonne und Mond: sie sind runde Hohlschalen, in denen sich täglich die hellen, trockenen Dünste des Meeres sammeln und entzünden, um dann nachts infolge Obsiegens der Feuchtigkeit wieder zu erlöschen. Die Entwicklung, infolge der aus dem Feuer in bestimmter Folge Wasser und daraus stufenweise die übrige Welt entsteht, nennt Herakleitos den „Weg abwärts", während die rückläufige Bewegung, durch die Wasser und Erde durch eine Reihe von Zwischenstufen sich wieder zu Feuer wandeln, der „Weg auf-

wärts" ist. Diese Entwicklung, der ein bestimmtes Gesetz zugrunde liegt, ließ sich sehr wohl als ein ewig fortlaufender
Prozeß denken, in dem die drei Grundformen des Feuers – denn
die Luft als vierte Form kennt Herakleitos augenscheinlich
nicht – sich ständig die Wage hielten: soviel Wasser ständig zu
Feuer, soviel Feuer wird gleichzeitig auf der anderen Seite
wieder zu Wasser usw. Denn ein allmähliches Überwiegen einer
der drei Grundformen des Feuers war durch die Physik des
Herakleitos an sich nicht gefordert. Wenn er dies trotzdem
annimmt, macht sich hier wohl der Einfluß der Milesier geltend,
die ihrerseits schon bestimmte Weltperioden angenommen
hatten. Jedenfalls lehrt Herakleitos: wie aus dem Feuer nach
festem Gesetz allmählich die Dinge dieser Welt geworden sind,
so tritt auch zu bestimmter Zeit nach der Notwendigkeit
(εἱμαρμένη) im Kampf der Gegensätze durch allmähliches Überwiegen des Feuers eine Rückkehr aller Dinge in den Urgrund
ein.

In dem stufenweisen Werden und Vergehen der Welt, ihrem
Hervorgehen aus und ihrer dereinstigen Rückverwandlung in
das Urfeuer, in diesem gesetzmäßigen Rhythmus des Geschehens offenbart sich der Logos. So findet in bestimmten Perioden
ein regelmäßiger Wechsel von Weltbildung und Weltzerstörung
statt. Wie für die Gottheit ein Jahr soviel wie ein Tag, ein
Menschenalter soviel wie ein Jahr ist, so bildet für sie ein
Weltjahr die Zeit von 260 mal 30 menschlichen = 10 800 Jahren. In dem Zeitpunkt, da dies Weltjahr abgelaufen, d. h. alles
in das Urfeuer zurückgekehrt ist, ist für einen Augenblick jeder
Unterschied zwischen Gott und Welt aufgehoben. Dann aber
beginnt alsbald infolge der ewig lebendigen Feuernatur aufs
neue das Werden der Welt. Diese Lehre vom dereinstigen
Weltbrand, der sich am Ende jedes Weltjahres wiederholt, sollte
später in der stoischen Lehre von der „Ekpyrosis" wieder
aufleben.

In dieser Kosmologie zeigt sich bei aller Originalität ihres Schöpfers doch der bedeutsame Einfluß der Milesier, zumal des Anaximandros. Schon dieser kennt keinen zeitlichen Anfang der Welt, sondern nur eine endlose Reihe aufeinanderfolgender Welten. Und wie nach seiner Anschauung alle Dinge dereinst in das „Unendliche" zurückkehren, gemäß der Schuldigkeit, so kehren auch nach der Lehre des Herakleitos dereinst alle Dinge in das Urfeuer zurück, nur daß bei ihm nicht von der Buße für ein begangenes Unrecht die Rede sein kann.

b) Der Mensch

Das Denken des Ephesiers gilt nicht nur dem Makrokosmos. Gerade Herakleitos ist es, der den geistigen Menschen als Gegenstand der Forschung erst entdeckt hat. „Der Seele Grenzen könntest du wohl nicht ausfindig machen, wenn du auch jeden Weg abschrittest; so tiefgründig ist ihr Wesen" (Fr. 45). „Ich erforschte mich selbst" (Fr. 101). Solche Äußerungen können zeigen, daß ihm in den Tiefen der eigenen, oft stürmisch erregten Seele die Geheimnisse der menschlichen Psyche überhaupt offenbar geworden sind. „Allen Menschen ist die Fähigkeit verliehen, sich selbst zu erkennen und Vernunft zu haben", heißt es ein andermal (Fr. 116). Hieraus ergibt sich die Frage nach dem Verhältnis des Menschen zum Logos, zur Weltvernunft. Wie Herakleitos sich diese nur in einer sinnlich wahrnehmbaren Substanz, dem Feuer, verkörpert zu denken vermag, so hält er auch die im Menschen wohnende Einzelvernunft für eine körperliche, mehr oder weniger feurige Substanz, die, wie alle Dinge dieses Kosmos, in den Kreislauf des Werdens und Vergehens verflochten ist. Wie sie bei der Geburt des Menschen in den Leib hinabgezogen und getrübt wird und nun den Herren Wasser und Erde „fronen" muß, so kommt dereinst der Zeitpunkt, wo in ihr entweder das Feuchte oder das Feurige überwiegt. Dann tritt der Tod ein, bei den „Vielen" durch das

Obsiegen des Feuchten, bei den Weisen durch das des Feuers. „Wir leben der Seelen Tod und jene leben unseren Tod", lautet ein Fragment (77). Also beginnt mit dem leiblichen Tode für die Seelen ein neues Leben. Dann werden die Seelen der Weisen, in denen schon im irdischen Dasein das Feurige überwiegt, zu „Wächtern der Lebendigen und Toten", während die der „Vielen" mit Erlöschen des Feuers für immer vergehen. Doch auch die der Weisen dauern nur fort bis zum Weltbrand. – Dieser Gedanke einer, wenn auch beschränkten, individuellen Unsterblichkeit folgt freilich aus der Seelenlehre des Herakleitos nicht. Hier hat auf ihn wohl alter Volksglaube, von dem auch Hesiods Dichtung von den Weltaltern zeugt, und mehr noch vielleicht der Glaube der Mysterien eingewirkt. Denn Herakleitos selbst denkt sich die menschliche Seele noch stark materialistisch. „Den Seelen ist es Tod, Wasser zu werden, dem Wasser Tod, Erde zu werden; aus Erde wird Wasser, aus Wasser Seele", heißt es im 36. Fragment. Denn die menschliche Seele entsteht immer aufs neue aus der Ausdünstung des Feuchten im Körper und in der ihn umgebenden Luft. So findet während dieses Lebens ein ständiger Austausch zwischen den feurigen Seelenteilchen und denen von Wasser und Erde statt. Der Tod tritt erst dann ein, wenn das ständig abgehende Seelenfeuer nicht wieder hinreichend durch neu hinzuströmendes ersetzt wird. Im Zusammenhang mit seiner Psychologie hat Herakleitos auch schon einen denkwürdigen Versuch zu einer, wenn auch noch naiv materialistischen Erkenntnistheorie unternommen, doch ist die Ausführung dieser im einzelnen, zumal darüber nur ein einziger Bericht eines späten Berichterstatters (Sextus Empiricus, V. S. 12 A 16) vorliegt, nicht ausreichend verbürgt. Dagegen zeigen eigene Äußerungen von ihm unzweideutig, wie er im allgemeinen gegenüber dem Problem der Erkenntnis steht.

Wie Alkmaion ist sich auch Herakleitos der Begrenztheit aller menschlichen Erkenntnis klar bewußt. „Auch der Tüch-

tigste erkennt und bewahrt nur Glaubliches" (Fr. 28). „Kinder-
spiele die menschlichen Meinungen". Denn „das menschliche
Wesen hat (von sich aus) keine Einsichten, wohl aber das
göttliche". – Solche Anschauungen stehen mit der Logoslehre
nicht in Widerspruch. Ist doch der Logos durch seine Verbindung mit dem menschlichen, steter Veränderung unter-
worfenen Körper mannigfach getrübt. Auch noch von anderer
Seite her ist Herakleitos dazu bewogen worden, die Bedingtheit
aller menschlichen Erkenntnisse und Urteile anzunehmen. Wenn
wir Äußerungen von ihm hören wie: „Die Esel würden den
Häcksel dem Golde vorziehen" oder „Meerwasser ist das
Reinste und das Abscheulichste, den Fischen trinkbar und heil-
sam, den Menschen ungenießbar und verderblich" oder „Von
den Menschen erscheint der weiseste im Vergleich mit Gott wie
ein Affe; an Weisheit, Schönheit und allen anderen Tugenden",
d. h. als ein verzerrtes Abbild, so ergibt sich hieraus, daß schon
der Ephesier zu der Erkenntnis gelangt ist, daß all unsere
Urteile nur *relative* Geltung haben. Für die Moral freilich hat
Herakleitos diese Folgerung nur rein theoretisch – im Vergleich
mit dem Maßstab der Gottheit – gezogen.

Daß ein Denker, der den geistigen Menschen für die Wissenschaft entdeckt hat, bereits tiefe Blicke in sein innerstes Wesen
getan hat, ehe er daranging, für das menschliche Handeln
allgemein gültige Richtlinien zu zeichnen, können schon einzelne seiner Aphorismen zeigen, die ewige Geltung haben:
„Sein Wesen ist dem Menschen sein Gott" (ἦθος ἀνθρώπῳ
δαίμων), d. h. des Menschen Individualität bedingt sein Schick-
sal, oder wenn er sagt: „Mit dem Herzen ist schwer streiten;
denn was es will, kauft es auf Kosten der Seele" – weil dadurch
„das göttliche Feuer um so viel vermindert wird, als man dem
Körper schenkt" (Diels). Denn hier ist unter Herz (θυμός) das
sinnliche Begehren (= ἐπιθυμία) gemeint. Leider wissen wir
nicht, ob solche Gedanken in einem größeren Zusammenhange
standen. Von um so größerem Interesse ist daher, mögen auch

nur einzelne zusammenhanglose Sätze davon erhalten sein,
seine Grundlegung einer *Ethik,* deren innerer Zusammenhang
mit seiner übrigen Weltanschauung gleichwohl deutlich ist. Da
der Logos allen Menschen gemeinsam ist, so „muß man diesem
Gemeinsamen folgen". Hier wird also auf Grund der geistigen
Natur des Menschen der Einklang seines Handelns mit der
Weltvernunft, dem Logos, als Norm des Lebens aufgestellt, ein
Gedanke, der für die spätere Entwicklung der griechischen
Ethik von großer Bedeutung werden sollte. Um aber dem
göttlichen Logos folgen zu können, muß man zuvor die richtige
Einsicht haben. „Nur in Einem besteht die Weisheit, die Einsicht zu erkennen, die alles durch alles lenkt". „Einsicht zu
haben (φρονεῖν) ist die höchste Tugend, und Weisheit ist es,
Wahres zu reden und zu tun, gemäß der Natur (κατὰ φύσιν),
indem man auf sie hört". Das Wort Physis, das Herakleitos
zuerst für die Allnatur gebraucht, ist hier nur ein anderer Ausdruck für den Logos. Die Masse der Menschen freilich „lebt,
als ob sie eine eigene Einsicht hätten". Denn „von den göttlichen Dingen entziehen sich die meisten der menschlichen
Erkenntnis, weil sie unglaublich scheinen". „Liebt doch die
Natur, sich zu verbergen". So erscheint denn den „Vielen" „der
Weltlauf wie das Spiel eines Kindes" oder der Kosmos gar
„wie ein aufs Geratewohl hingeschütteter Kehrichthaufen".

Von Herakleitos' Ethik im einzelnen zeugen nur wenige, aber
bezeichnende Äußerungen, die ganz im Einklang mit seiner
Grundthese stehen. „Die Überhebung (ὕβρις) muß man ehei
löschen als Feuersbrunst"; denn gerade die „Hybris" ist es, die
sich gegen Gesetz und Ordnung, also auch gegen die Unter-
ordnung unter das Weltgesetz auflehnt.

Bedeutsam ist Herakleitos' Stellung zur Sinnlichkeit. Augenscheinlich ist sie ihm etwas Verächtliches. Denn durch sie wird
der Mensch dem Logos entfremdet. Schon die Seele des Trun-
kenen, der von einem Knaben geführt werden muß, ist feucht,
während doch die „trockene Seele die weiseste und beste" ist,

d. h. diejenige, die nicht durch die Hingabe an die Lüste des Leibes befleckt ist.

Wie für den einzelnen, so hat die Weltvernunft auch für die menschliche Gemeinschaft maßgebende Bedeutung. „Ziehen doch alle menschlichen Gesetze ihre Nahrung aus dem *einen* göttlichen". Denn dies ist das allen Gemeinsame. Für das Gesetz muß man daher kämpfen wie für eine Festung, denn in ihm verkörpert sich die Vernunft des Staates. So zeigt sich schon hier ein Grundgedanke der späteren Staatsphilosophie.

Herakleitos ist der erste griechische Denker, dessen Weltanschauung in ihren Grundzügen wie in ihrem inneren Zusammenhang klar vor uns liegt. Er ist ein Denker von schöpferischer Kraft, singulärer Kühnheit und erstaunlicher Folgerichtigkeit. Metaphysik, Kosmologie, Erkenntnistheorie und Ethik entspringen bei ihm aus ein und derselben Wurzel: aus seiner Grundanschauung vom Logos. Hierdurch ist auch der intellektualistische Charakter seiner Ethik mitbedingt, der freilich mehr oder weniger aller griechischen Ethik, soweit sie wissenschaftlich begründet ist, eigentümlich ist.

Die historische Nachwirkung der Gedanken des Ephesiers ist gewaltig. In der Antike ward sie grundlegend vor allem für die Weltanschauung der Stoa (s. Bd. II). Aber sie hat gewirkt bis auf die Gegenwart, weil sie ewige Gedanken enthält. Es sei nur an ihren tiefdringenden Einfluß auf Goethe, Hegel und vor allem auf Nietzsche erinnert.

IV. Der metaphysische Grundgegensatz: Die Eleaten

1. Parmenides

Es zeugt von dem engen Zusammenhang der griechischen Kultur in Ost und West und zugleich von der mächtigen Inten-

sität des griechischen Geisteslebens im Zeitalter der Perserkriege, daß wenige Jahre, nachdem an der Küste Ioniens der
Grübler von Ephesos die tiefste Erkenntnis seiner Forschung
aufgezeichnet hatte, in einer ionischen Kolonie in Unteritalien
ein anderer bedeutender Denker, Parmenides von Elea, die
Grundanschauung des Herakleitos aufs heftigste angriff. Erst
infolge dieses mit massiver Wucht geführten Vorstoßes klafft
der metaphysische Grundgegensatz, der im Wesen der milesischen ἀρχή wie in der Knospe verborgen geschlummert hatte,
aufs schärfste auf.

Parmenides „blüht" nach unserer Überlieferung um die
69. Olympiade (504–501 v. Chr.); er wäre danach also etwa um
540 geboren. In der Geschichte der griechischen Wissenschaft
steht er zwischen Herakleitos und Empedokles. Dieser setzt die
parmenideische Ontologie voraus, und daß Parmenides seinerseits die Lehre des Herakleitos bekämpft, ergibt sich aus Fragment 6 seiner Dichtung: „Notwendig ist es, zu sagen und zu
denken, daß (nur) das Seiende *ist*. Denn es ist möglich, daß es
ist; das Nichtseiende dagegen ist nicht möglich, d. h. seine
Existenz ist unmöglich. Das heiße ich dich bedenken: zuerst
warne ich dich vor diesem Wege der Forschung; dann aber auch
vor dem, den nichts wissende Sterbliche einherirren, doppel-
köpfige. Denn Ratlosigkeit lenkt in ihrer Brust ihren irren
Sinn. Sie aber werden dahingerissen, taub und blind zugleich,
betäubt, urteilslose Haufen, denen das Sein und das Nichtsein
für dasselbe gilt und nicht für dasselbe; sie, für die es bei allen
Dingen eine rückläufige Bewegung gibt." Der zweite Weg, vor
dem hier Parmenides warnt, ist unzweifelhaft der des Herakleitos, der von denselben Dingen Gegensätzliches behauptet hatte
(z. B. in Fr. 49 a „Wir sind es und wir sind es nicht"). Mit der
„rückläufigen Bewegung" (παλίντροπος κέλευθος, eigentlich dem
„umgekehrten Wege") am Schluß jenes Fragments hat Parmenides augenscheinlich die παλίντροπος ἁρμονίη des Herakleitos
im Auge.

Die Veröffentlichung seines Werkes hat Diels mit Wahrscheinlichkeit um 480 v. Chr. angesetzt, zumal Epicharm (Fr. 1 Diels) spätestens um 470 auf seine Lehre Bezug nimmt. – Im politischen Leben seiner Vaterstadt hat Parmenides zeitweilig eine Rolle gespielt: auf die von ihm einst entworfenen Gesetze sollen noch nach Jahrzehnten seine Mitbürger von den Archonten vereidigt worden sein. Mit seinem Schüler Zenon hat er noch als bejahrter Mann Athen besucht und dort in gewissen Kreisen durch seine bedeutende Persönlichkeit einen starken Eindruck gemacht, denn so viel wenigstens wird man als historischen Kern der Platonischen Darstellung (Theaitetos 183 e, Parmenides 127 a, Sophistes 217 c) ansehen dürfen. Persönliche Beziehungen zu einzelnen Pythagoreern (Ameinias) seiner unteritalischen Heimat sind sicher bezeugt.

Während Herakleitos im erhabenen Stil des Sehers, wenn auch in ionischer Prosa, seine Weisheit in abgerissenen Sätzen mehr verhüllt als offenbart hatte, schafft Parmenides, nachdem er die ihn bewegenden Probleme gemeistert, ein in sich fest zusammenhängendes, systematisches Lehrgedicht im Versmaß des Homerischen Epos. Hierzu hat ihn wohl zunächst das Vorbild seines Lehrers Xenophanes bewogen, der neben Hesiod auf die Form seines Werkes bedeutsam eingewirkt hat. Eine große Schwierigkeit bot dem Parmenides der damalige Entwicklungsstand der griechischen Sprache, die eben damals erst in größerem Umfange begann, in Begriffen zu denken und dementsprechend Worte zu bilden, so daß für die schweren, metaphysischen Gedanken das Wort, vor allem der Fachausdruck, meist erst geschaffen werden mußte. So ist auch für die Geschichte der griechischen Sprache Parmenides ein gewaltiger Bahnbrecher, der dem philosophischen Denken vielfach die sprachliche Form recht eigentlich erst geschaffen hat.

Von historischer Bedeutung ist auch die Tatsache, daß das Denken des Parmenides unverkennbar schon einen – gegenüber seinen Vorgängern und Zeitgenossen – vorgeschrittenen Ent-

wicklungsstand seiner Form, d. h. der Logik, verrät. Parmenides
ist der Denker, der die Anfänge der *Dialektik* in die griechische
Wissenschaft eingeführt hat. Die Formen disjunktiven Denkens
des Entweder-oder, des Weder-noch u. a. und im Zusammenhange hiermit die Verwendung des Syllogismus treten ebenso
wie die Form der Frage und Antwort in seiner Lehrdichtung so
charakteristisch hervor, daß man annehmen muß, Parmenides
habe sie erst im regsten persönlichen Gedankenaustausch mit
gleichgestimmten Genossen gefunden. Also auch hier der
engste Zusammenhang mit einer geistigen Gemeinschaft (einer
„Schule"), wie wir sie insbesondere bei den unteritalischen
Pythagoreern kennengelernt haben.

Während wir von Herakleitos nur einzelne Aphorismen besitzen und von den ihm voraufgehenden Denkern fast nur
vereinzelte Ansichten und auch diese nur durch die oft unzureichenden oder gar irreführenden Berichte der Späteren kennen, sind uns von Parmenides als erstem unter den griechischen
Philosophen eine Anzahl größerer, in sich zusammenhängender
Stücke erhalten, die uns nicht allein seine Grundanschauungen,
sondern vielfach auch ihre Motive und Begründungen mit
Sicherheit erkennen lassen. Das Verständnis seines Lehrgedichts
ist uns großenteils erst durch Diels' Sonderausgabe und durch
Walther Kranz[1] erschlossen worden.

a) Die Ontologie

Das zentrale Dogma des Parmenideischen Denkers ist seine
Ontologie, d. h. seine Lehre vom Seienden, dem ὄν. Von so
fundamentaler Bedeutung diese aber auch für die Geschichte
der griechischen Philosophie werden sollte, so rätselhaft erscheint es auf den ersten Blick, wie Parmenides auf seine in der
Geschichte wenigstens des abendländischen Denkens wohl ein-

---

[1] Sitz. Berl. Akad. 1916, 1158–1176.

zig dastehende Lehre geführt worden ist. Die Grundanschauung
seines Lehrers Xenophanes vom All-Einen bildet zwar zweifellos eine ihrer geschichtlichen Voraussetzungen, aber erst die
Lehre des Herakleitos vom rastlosen Strom des Werdens hat
zu ihr den entscheidenden Anstoß gegeben. Denn eben der
Prozeß des Werdens ist es, den Parmenides sich nicht vorzustellen vermag, so daß er ihn für unmöglich, weil undenkbar
erklärt.

Es *gibt* ein Seiendes, *muß* ein Seiendes geben, denn es ist
überhaupt nicht ausdenkbar, wie es nicht vorhanden sein
könnte. Denken aber und Sein entsprechen einander; „denn
nicht ohne das Seiende, in dem es ausgesprochen ist, wirst du
das Denken finden". Das richtige, d. h. das wissenschaftliche
Denken kann sich nur auf das Seiende beziehen, die wahre
Erkenntnis ist identisch mit der Wirklichkeit. Außer dem
Seienden kann es überhaupt nichts geben; das Nichtseiende wird
von Parmenides mit stärkstem Nachdruck als etwas Unausdenk-
bares ausgeschieden. Übrigens könnte ja aus Nichtseiendem nur
Nichtseiendes, d. h. nichts werden (Fr. 8, 12 f.). Ebendarum
kann es auch kein Werden und Vergehen geben. Denn ein
Werden wäre ja der Übergang aus dem Nichtseienden in das
Seiende, Vergehen der aus dem Seienden in das Nichtseiende.
Die Vorstellung des Werdens und Vergehens ist also nur unter
der Annahme des Nichtseienden möglich. Da das Nichtseiende
aber etwas Unmögliches, weil Undenkbares ist, so ist auch die
Annahme eines Werdens und Vergehens hinfällig. Solches Werden und Vergehen ist nur Wahngebilde der Menschen, nur
täuschender Schein, gemäß ihrer rein willkürlichen Annahme.
Seiendes und Nichtseiendes dürfen daher im Denken unter
keinen Umständen miteinander vermischt werden.

Das Seiende ist ungeworden; denn es kann weder aus dem
Seienden noch aus einem Nichtseienden geworden sein: aus
dem Seienden nicht, denn dann wäre ja vor ihm ein anderes
Seiendes vorhanden gewesen; aber auch nicht aus dem Nicht-

seienden, denn das Nichtseiende ist gar nicht vorhanden. Außerdem könnte ja aus Nichtseiendem nur Nichtseiendes werden.
Und welcher Zwang hätte das Seiende denn auch veranlassen
sollen, früher oder später mit dem Nichts anzufangen und zu
wachsen? Wie könnte das Seiende erst in der Zukunft sein?
Wie könnte es einstmals entstanden sein? Denn wenn es jemals
entstanden ist, *ist* es nicht, noch wenn es erst in Zukunft sein
sollte.

Als unentstanden ist es auch unvergänglich; wie ohne Anfang,
ist es auch ohne Ende. Es ist also ewig (ἀίδιον). Es ist auch
jeder Bewegung entrückt (ἀκίνητον), positiv ausgedrückt: ἔμπεδον
(unerschütterlich feststehend), wie überhaupt gänzlich unveränderlich. Es bleibt stets dasselbe an derselben Stelle (Fr. 8,
29 f.). Es ist auch nicht teilbar, da es in jeder Hinsicht gleichartig ist. Denn nirgends gibt es ein stärkeres Sein, das seinen
Zusammenhang hindern könnte, noch ein schwächeres: alles ist
voll von Seiendem. Daher ist es ganz zusammenhängend
(ξυνεχές); Seiendes stößt an Seiendes.

Da es außer dem Seienden nichts gibt, gibt es nur *ein*
Seiendes. Denn das Seiende ist ein zusammenhängendes, durch-
weg gleichartiges Ganzes. Dies Ganze aber ist notwendigerweise
begrenzt. „Denn die gewaltige Notwendigkeit hält es in den
Fesseln der Grenze, die es ringsum einschließt. Daher darf das
Seiende nicht ohne Abschluß sein. Denn es ist nicht mangelhaft.
Wäre es das, dann fehlte ihm alles." (Fr. 8, 32 f.). „Da es aber
eine letzte Grenze gibt, so ist es nach allen Seiten hin vollendet
(= abgeschlossen), ähnlich der Masse einer wohlgerundeten
Kugel, von der Mitte aus nach allen Seiten hin gleich"
(Fr. 8, 42 f., 49).

Darf man nun hieraus schließen, daß Parmenides das Seiende
als körperlich betrachtet? Schon Platon, der das Werk des
Eleaten noch vollständig kannte und in seinem eigenen Denken
dadurch auf das stärkste beeinflußt ist, war unter Berufung auf
jene Verse geneigt, dies anzunehmen. Aber auch die Darstellung

des Parmenides selbst führt hierauf, zumal an jener Stelle, wo
es heißt: „Alles aber ist voll von Seiendem. Daher ist alles
zusammenhängend. Denn Seiendes stößt an Seiendes." Wir
sehen: der Vergleich mit der allerseits gleichmäßigen Kugel ist
keineswegs nur bildlich gemeint, sondern ganz eigentlich zu
verstehen. Und gerade die eben zitierte Stelle kann zeigen, daß
Parmenides sich das Seiende – wie *wir* uns ausdrücken würden
– *körperlich* vorgestellt hat, freilich nicht etwa in bewußtem
Gegensatz zu einer unkörperlichen Wirklichkeit. Denn Parmenides vermag sich noch ebensowenig wie die andern ihm
gleichzeitigen Denker eine unkörperliche Existenz vorzustellen;
vielmehr fällt körperliches und geistiges Sein für ihn noch
zusammen. Das übersinnliche, rein metaphysische Sein ist eben
noch nicht entdeckt. Daher trägt selbst ein Begriff wie „Seiendes" durchaus noch die Merkmale körperlicher Existenz. Hierin
liegt freilich eine Schranke seines wissenschaftlichen Standpunktes, aber diese zeigt sich z. B. auch bei seinem Antipoden
Herakleitos, wenn dieser sich den Logos als Feuer vorstellt.
Auch in der Ontologie des Parmenides ist das Übersinnliche
noch nicht scharf, geschweige denn grundsätzlich vom Sinnlichen geschieden. Es ist daher richtig gesagt worden, daß man
ihn weder als Materialisten noch als Idealisten bezeichnen darf
(Windelband).

Wie aber das Seiende des Parmenides in *unserem* Sinne ein
körperliches ist, so entspricht dem Nichtseienden in seiner
Ontologie das Körperlose, das er sich nicht vorzustellen vermag, d. h. der leere Raum. Dieser ist es, dessen Existenz
Parmenides so leidenschaftlich leugnet. Treffend ist aber hierzu
von Gomperz bemerkt worden, daß diese heftige Polemik des
Eleaten darauf hindeutet, daß damals schon von anderer Seite
die Existenz des leeren Raumes, des κενόν, behauptet worden
war. Das kann wohl nur in den Kreisen jener Forscher geschehen sein, die sich vornehmlich mit Raumgrößen und Raum-
lehre beschäftigten, d. h. in denen der Pythagoreer. Gegen diese

also ist höchstwahrscheinlich die Polemik des Parmenides
gerichtet.

Wenn unter dem Nichtseienden der leere Raum zu verstehen
ist, so wird jetzt auch verständlich, warum er das Seiende als
völlig unbeweglich, ja unveränderlich betrachtet: wenn alles
erfüllt ist von Seiendem, nirgends eine Lücke klafft, so ist
freilich auf diesem Standpunkt begreiflich, wie der Begründer
der Ontologie jede Bewegung für undenkbar halten mußte. Da
alles von Seiendem erfüllt ist, ist eine Verschiebung einzelner
Teile – in Wahrheit hat übrigens das Seiende gar keine Teile,
sondern ist eine durchweg gleichartige Substanz – untereinander
gänzlich undenkbar. Es wäre ja überhaupt kein Platz dafür.

Wenn aber auch das Seiende mit dem Raumerfüllenden
identisch ist, so kann es doch keinem Zweifel unterliegen, daß
die Ontologie des Parmenides, wenn auch ihm selbst unbewußt,
eine starke Tendenz auf das Metaphysische hat. Dies Seiende
aber, wie einige neuere Forscher getan haben, zugleich als ein
geistiges Wesen zu betrachten, ist bei dem ganzen Standpunkt
des Parmenides und dem völligen Schweigen unserer Quellen
nicht angängig. Und ebenso schließt die Ontologie, wie schon
Zeller ausgeführt hat, die Annahme einer Gottheit vollständig
aus. Übrigens hat dies schon Aristoteles klar erkannt, wenn er
sagt: „Von einem Urgrund (ἀρχή) kann keine Rede sein, wenn
es nur das *Eine* (Seiende) gibt und dies Eine so beschaffen ist",
wie die Eleaten behaupten.

Aus Parmenides' Ontologie ergibt sich seine Stellung zur
Sinnenwelt. Wenn es nichts außer dem Seienden gibt, alles von
diesem erfüllt ist, dies Seiende aber ungeworden, unvergänglich,
unbewegt, überhaupt unveränderlich ist, so kann die Welt der
sinnlichen Erfahrung, die zu dieser Ontologie in schneidendem
Gegensatz steht, nur ein trügerisches Scheingebilde sein. Die
konsequent durchgeführte Ontologie führt zur Anzweiflung,
beinahe schon zur Leugnung der sinnlichen Erscheinungswelt.
„Daher ist alles leerer Schall", heißt es in Fragment 8, dem

Kernstück seiner Ontologie, „was die Sterblichen durch die
Sprache festgelegt haben, in dem Wahn, es sei wahr: Werden
und Vergehen, Sein und Nichtsein, Veränderung des Orts und
Wandel der leuchtenden Farbe".

Das führt zur Frage nach den Quellen der Erkenntnis überhaupt. Was schon bei Herakleitos deutlich ward und auch bei
Alkmaion hervortrat, zeigt sich ebenso bei Parmenides, der
auch hier von seinem großen Antipoden gelernt hat: die grundsätzliche Unterscheidung zwischen der Vernunfterkenntnis
(λόγος) und der Wahrnehmung der Sinne (αἴσθησις). Was diese
uns vorspiegeln, ist durchaus trügerisch; allein die durch ver-
standesmäßiges Denken (λόγῳ) gewonnene Erkenntnis ist maßgebend. Danach werden beide gewertet: der Logos führt zur
Wahrheit (ἀλήθεια), die Sinneseindrücke zum Wähnen (δόξα).
Also schon hier die grundsätzliche Unterscheidung zwischen
wahrem Wissen und Scheinwissen.

b) Die Welt κατὰ δόξαν

Während Parmenides in dem ersten Hauptteil seines Werkes
die „Wahrheit", d. h. seine Lehre vom Seienden entwickelt, ist
der zweite den „Meinungen" oder besser: „Wahnvorstellungen"
der Sterblichen gewidmet, vor deren Pfaden er wiederholt so
nachdrücklich warnt. Denn sie hegen die Anschauung von
einem Werden und Vergehen; ihren Vorstellungen liegt also die
Annahme des „Nichtseienden" zugrunde, eine Annahme, die
der Denker im ersten Teil seines Werkes als nichtig erwiesen
hat. Parmenides gibt also in dem zweiten Teile, der mit Fragment 8, 50 ff. beginnt, ausschließlich die Meinungen anderer
wieder, die er selbst – weil ihre Grundvoraussetzungen nach
seinem Urteil unhaltbar sind – mit solchem Nachdruck verworfen hat. Wenn auch über die Motive dieser Darstellung der
„menschlichen Meinungen" unter den neueren Forschern noch

keine volle Übereinstimmung erzielt ist, so ist doch ihr Inhalt
für unsere Kenntnis der Parmenides gleichzeitigen naturphilosophischen Spekulation, zumal in Ermangelung anderer Zeugnisse,
nicht ohne Interesse, doch kann hier nicht näher darauf eingegangen werden.

Man hat die Ontologie des Parmenides mit einer gewissen
Berechtigung „ein Zersetzungsprodukt" genannt, „und zwar
den nach der Selbstzersetzung der Urstofflehre übrigbleibenden
Niederschlag derselben" (Gomperz). Denn mochten sich auch
die Ansichten der einzelnen Naturphilosophen von der Art des
Urstoffs gegenseitig widersprechen oder aufheben: *eine* Grundvoraussetzung war ihnen allen gemeinsam, die als ihr unzerstör-
barer Kern nur um so schärfer hervortrat: die Unvergänglichkeit
des Urstoffes selbst, und daneben die Annahme seiner quantita-
tiven Konstanz, zu der bei Parmenides als Novum die der
qualitativen hinzutritt. Auf der anderen Seite aber mußte sich
aus ihren einander widersprechenden Behauptungen von der
Qualität des Urstoffs und seinen Wandlungen (oder der Leugnung dieser) mit unausweichlicher Notwendigkeit der grundsätzliche Zweifel an der Wahrheit der Sinneswahrnehmungen
überhaupt aufdrängen, ein Zweifel, in dem Parmenides mit
seinem Gegner Herakleitos, wenn auch aus entgegengesetzten
Motiven, übereinstimmt.

Aber die Ontologie des Parmenides bedeutet nicht nur das
historische Fazit der ersten Periode der griechischen Naturphilosophie. Da diese Lehre, das unvermeidliche Ergebnis eines
materialistischen Monismus, sich zur Erklärung des Weltprozesses als völlig untauglich erwies, so ergab sich hieraus, wie
das Burnet treffend gezeigt hat, für das philosophische Denken
die unentrinnbare Notwendigkeit, entweder seinen Materialismus oder seinen Monismus aufzugeben. Da aber eine andere
als die materialistische Weltanschauung damals noch außerhalb
des Denkbereiches liegt, so bleibt nur der Ausweg, auf den
Monismus zu verzichten und zwei oder mehrere Prinzipien

anzunehmen. Diese Konsequenz wird daher die gemeinsame Grundvoraussetzung aller Denker der folgenden Periode sein (s. V.).

So bedeutet die Ontologie des Parmenides den *entscheidenden Wendepunkt* in der Geschichte der vorattischen Philosophie.

2. Zenon

Es liegt auf der Hand, daß diese Ontologie mit ihren ungeheuerlichen Konsequenzen in den Kreisen der griechischen Denker auf schärfsten Widerspruch stoßen, ja, daß sie teilweise Spott und Hohn geradezu herausfordern mußte. Da sollte dieser Lehre in seinem Schüler Zenon, der mit ihm in engster persönlicher Gemeinschaft lebte, ein Verteidiger erstehen, der mit einem unerhörten Scharfsinn – Platon nennt ihn wegen seiner (logischen) Erfindungskraft den „eleatischen Palamedes" – die paradoxen Thesen des Meisters siegreich erhärtete oder doch als schlechthin unangreifbar zu erhärten schien.

Wahrscheinlich ist Zenon im ersten Jahrzehnt des 5. Jahrhunderts geboren, so daß er um 450, als er mit Parmenides Athen besuchte, ein Vierziger war, dessen schlanke, anmutige Erscheinung manchen Athenern dauernd im Gedächtnis blieb. Damals las er aus einer seiner Schriften in dem kleinen Kreise jener Athener vor, die an wissenschaftlichen Fragen ein außergewöhnliches Interesse nahmen. Er scheint sich in der Stadt des Perikles längere Zeit aufgehalten zu haben, denn nicht nur dieser selbst hörte ihn „über die Natur" sprechen, sondern auch andere vornehme Athener beteiligten sich an einem von ihm veranstalteten Vortragskursus, für den sie nach durchaus glaubwürdigen Nachrichten ihm jeder ein Honorar von 100 Minen (= etwa 8000 Mark nach unserer Valuta im Jahre 1913) bezahlten. Seine Dialektik hat damals in den geistig führenden Kreisen Athens einen starken Eindruck gemacht. – Zenon selbst kehrte einige Zeit darauf nach Elea zurück, wo er bei einem

Anschlage gegen den dortigen Tyrannen Nearchos (?), der an seinem Vater oder seiner Mutter gefrevelt haben soll, den Tod fand.

Das Charakteristische in Zenons Dialektik ist dieses: er unterzieht die Grundanschauungen der Gegner, die der Ontologie des Parmenides schnurstracks widerstreiten, im einzelnen einer kritischen Untersuchung. Das von ihm dabei mit unerreichter Meisterschaft geübte Verfahren läßt sich kurz so kennzeichnen: das indirekte Beweisverfahren, von dem wir schon Anfänge bei Parmenides beobachtet haben, entwickelt Zenon methodisch zu höchster Virtuosität. Er gibt zunächst dem Gegner seine Grundvoraussetzung zu und entwickelt aus dieser für ein und dieselbe Sache zwei einander absolut widersprechende Konsequenzen, so daß dieser nicht aus noch ein weiß – der Grieche hat für diesen psychischen Zustand das ebenso kurze wie treffende Wort „Aporie" – und seine Grundthese, die zu zwei einander gegenseitig ausschließenden Schlußfolgerungen führt, schlechterdings fallen lassen muß oder, wie Platon dies ausdrückt: „Zenon brachte es durch seine Kunst dahin, daß den Hörern ein und dieselbe Sache als gleich und ungleich, als Einheit und Vielheit, als ruhend und als bewegt erschien." Aristoteles hat daher ganz recht, wenn er ihn als den „Erfinder der Dialektik" bezeichnet.

Die Grundanschauungen vom Seienden, wie sie Parmenides begründet hatte, treten bei Zenon, wenn möglich, noch schärfer hervor. Auch Zenon vermag sich unter Sein nur ein räumlich ausgedehntes Sein vorzustellen. „Was weder Größe noch Dicke noch Masse besitzt, das existiert überhaupt nicht". Daher muß auch alles Seiende an einem bestimmten Ort, d. h. im Raum vorhanden sein, oder das betreffende „Seiende" ist gar nicht vorhanden.

Von den Beweisen, die Zenon zur Stütze der parmenideischen Ontologie ersonnen hat, sind die einen *gegen die Annahme der Vielheit* der Dinge gerichtet, um so auf indirektem Wege die

Einheit alles Seienden zu erhärten, die andern *gegen die Bewegung,* um das Seiende als unbewegt zu erweisen.

Von seinen Beweisen gegen die Vielheit können hier nur einige angeführt werden, bei denen die parmenideische Grundanschauung, daß es nur ein Seiendes geben kann, das räumliche Ausdehnung hat, die Voraussetzung bildet. „Wenn es ein solches Seiendes gibt, so muß – gesetzt, daß es eine Vielheit gibt – dies zugleich groß und klein sein, groß bis zur Unendlichkeit, klein bis zur Nichtigkeit. Denn wenn es eine Vielheit gibt, muß diese aus einer Anzahl von Teilen bestehen. Diese Teile sind entweder nicht weiter zerlegbare Einheiten oder sie bestehen ihrerseits aus Teilen, die letzten Endes aus solchen nicht weiter teilbaren Einheiten bestehen, die unendlich an Zahl, unendlich klein sind. Am letzten Ende bestehen also alle Vielheiten aus unendlich vielen, unendlich kleinen, nicht weiter zerlegbaren Einheiten. (Unter diesen unteilbaren Einheiten versteht Zenon augenscheinlich die Punkte, die offenbar die Gegner als Urbestandteile der Dinge annahmen.) ... Was aber weder Größe noch Dicke noch Masse hat, das gibt es überhaupt nicht. Denn es würde weder, einem anderen Seienden zugefügt, dies größer machen ... (noch, von ihm weggenommen, dies verringern). Jede von diesen unteilbaren Einheiten ist also ein Nichts. Viele Nichts addiert, geben aber immer nur ein Nichts. Also ist das Viele klein bis zur Nichtigkeit. – Es ist aber auch unendlich groß. Denn von den unendlich vielen Teilen der Vielheit muß jeder einzelne, um überhaupt zu sein, doch auch wieder eine gewisse Größe, Dicke und Abstand vom andern haben. Solche Teile aber hat das Viele unendlich viele; denn immer liegt vor dem betreffenden Teil noch wieder ein anderer. Unendlich viele Teile aber, von denen jeder eine gewisse Größe hat, ergeben eine unendliche Größe. Also ist das Viele auch unendlich groß. Da aber ein und dieselbe Sache nicht zugleich unendlich klein und unendlich groß sein kann, existiert sie überhaupt nicht".

Auch das Argument von dem fallenden Hirsekorn scheint gegen die Vielheit gerichtet gewesen zu sein: „Wenn ein ganzer Scheffel Hirse niederfällt, so gibt es einen starken Schall. Dann müßte es aber auch (gesetzt, daß dieser Scheffel aus vielen Einheiten besteht), einen Schall geben, wenn ein einzelnes Hirsekorn, ja wenn ein Zehntausendstel eines Korns niederfällt. (Aber von einem solchen Schall hören wir nichts. Also besteht der Scheffel auch nicht aus einer Vielheit.)“

Noch verblüffender durch die Aporien, in die seine Zeitgenossen sein Scharfsinn verwickelte, sind Zenons *vier Argumente gegen die Bewegung*, die uns in der Hauptsache Aristoteles erhalten hat.

Es ist unmöglich, eine bestimmte Strecke in einer bestimmten Zeit zu durchlaufen. Denn man muß immer erst bis zur Hälfte (Mitte) der Strecke kommen, ehe man ihr Ende erreicht. Ehe man aber die Mitte der Strecke erreicht, muß man erst bis zur Mitte der ersten Hälfte kommen; ehe man diese erreicht, erst bis zur Mitte des ersten Viertels und so fort bis ins Unendliche. Es zerfällt also jede Strecke in unendlich viele, unendlich kleine Teilstrecken. Unendlich viele Strecken kann man aber nicht in einer bestimmten Zeit durchlaufen. – Die Widerlegung dieses Trugschlusses gibt schon Aristoteles selbst: Zenon versteht hier in Wahrheit das Wort „unendlich“ in verschiedenem Sinne: einmal der Teilung nach; er denkt sich die Strecke bis ins Unendliche teilbar; andrerseits aber – und das ist unzulässig – der Ausdehnung (Länge) nach. Ferner: wenn er die bestimmte Strecke bis ins Unendliche geteilt denkt, müßte er sich auch die bestimmte Zeit, in der sie durchlaufen werden kann, ins Unendliche (in unendlich viele, unendlich kleine Zeiteinheiten) geteilt denken. Dann wäre die Sache ausführbar, wie sie es ja in Wirklichkeit ist: die (in Gedanken) bis ins Uendliche teilbare (in Wahrheit aber begrenzte) Strecke ist in einer bis ins Unendliche teilbaren (in Wahrheit aber begrenzten) Zeit durcheilbar.

a) Der sog. „Achilleus"

Das Langsamste (die Schildkröte) kann niemals von dem Schnellsten (Achill) eingeholt werden. Denn vorher muß der Verfolger immer erst an den Punkt kommen, von dem sich das fliehende Wesen aufgemacht hat. Und bis er an diesen Punkt gekommen ist, hat dieses schon wieder einen Vorsprung usw. bis ins Unendliche. Da so das Langsamere (die Schildkröte) immer einen gewissen Vorsprung hat, kann Achill sie niemals einholen. – Bei diesem Trugschluß übersieht Zenon, daß sich der Abstand zwischen Verfolger und Verfolgtem infolge ihrer verschiedenen Schnelligkeit immer mehr verringert, so daß er schließlich gleich Null wird. Denn Achill holt schließlich in derselben Zeit nicht nur den Abstand zwischen seinem Standort und dem letzten Aufbruchspunkt der Schildkröte, sondern auch noch das Stück von ihrem letzten Aufbruchspunkt bis zu ihrem derzeitigen Ort ein, weil er um so viel schneller als die Schildkröte ist. Wenn Achill z. B. zehnmal so schnell läuft wie die Schildkröte, selbst aber von dieser 1 km entfernt ist und beide gleichzeitig anfangen zu laufen, so wird in der Zeit, in der die Schildkröte $1/9$ km zurücklegt, Achill $10/9 = 1 1/9$ km zurücklegen, d. h. er wird sie gerade in dem Moment einholen, wo sie $1/9$ km zurückgelegt hat[1].

b) Der fliegende Pfeil ruht

Der (scheinbar) fliegende Pfeil befindet sich in einem bestimmten Moment „in dem gleichen Raum" mit sich selbst. Nichts aber wird bewegt, wenn es in dem gleichen Raum mit sich selbst ist. Es ist aber das (scheinbar) Bewegte (der fliegende Pfeil) in einem bestimmten Moment „in dem gleichen Raum". Es ruht also in einem bestimmten Moment; ebenso aber in

---

[1] Dies Beispiel nach Gomperz I 159.

jedem anderen (beliebigen) Moment. Wenn man aber alle die
Momente zusammengelegt denkt, so daß daraus eine Zeit-
spanne entsteht, gilt dasselbe: wie in einem bestimmten
Moment, ist in all den aufeinanderfolgenden Momenten der
Pfeil „in gleichem Raum", d. h. er ruht. – Hier hat Zenon
wahrscheinlich zunächst dadurch einen seltsamen Trugschluß
begangen, daß im Griechischen die Worte κατὰ τὸ ἴσον (εἶναι)
„in gleichem Raum" (sein) einen doppelten Sinn haben: sie
können bedeuten „den gleichen Raum einnehmen wie früher",
aber auch „an der gleichen Stelle des Raumes sein wie früher".
Beide Bedeutungen scheint Zenon durcheinandergeworfen zu
haben: daraus, daß der fliegende Pfeil stets den gleichen Raum
(mit sich selbst) einnimmt, zog er fälschlich den Schluß, daß er
stets an dem gleichen Ort, d. h. in Ruhe sei. Hiermit aber verbindet Zenon einen andern Gedanken: daß der Pfeil sich in
einem bestimmten *Moment* überhaupt nicht bewegt, und da er
sich in jedem einzelnen Moment nicht bewegt, schließt er hieraus, daß er sich überhaupt nicht bewegt – was nur richtig wäre,
wenn die Zeit aus *lauter zusammenhanglosen* (diskreten)
einzelnen Momenten bestände. Und selbst dann wäre es nicht
richtig! Denn der fliegende Pfeil ruht nicht einmal einen
Moment, sondern ist in *niemals unterbrochener* Bewegung;
denn ein Moment ist ein unendlich kleines Zeitteilchen. In
diesem unendlich kleinen Zeitteilchen legt der Pfeil zwar nur
eine unendlich kleine, aber doch immer eine gewisse Strecke
zurück. Er ruht also nie, auch nicht einen Moment.

*c) Von den sich im Stadion aneinander mit gleicher
Geschwindigkeit vorbeibewegenden Körpern (ὄγκοι)*

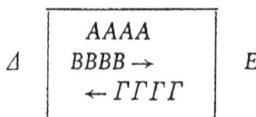

A = ruhende Körper,
B = Körper, die in Bewegung von $\varDelta$ nach E,
$\varGamma$ = Körper, die in Bewegung von E nach $\varDelta$ sind.
$\varDelta$ = Anfang, E = Ende des Stadions.

Hier folgert Zenon aus der Annahme der Bewegung ein anderes Paradoxon: Die halbe Zeit ist gleich der doppelten. Er denkt sich in einem Stadion drei parallel gelagerte Reihen von gleich großen, gleich vielen Körpern (z. B. Kugeln). Die obere Reihe sind die Kugeln A, die *unbewegt an ihrem Platze liegen.* In der mittleren Reihe sind die Kugeln B, in der unteren die Kugeln $\varGamma$. Die Kugeln B und $\varGamma$ bewegen sich mit gleicher Schnelligkeit, jedoch in entgegengesetzter Richtung, die Reihe B von links nach rechts, die Reihe $\varGamma$ von rechts nach links. Beide Reihen – B wie $\varGamma$ – bewegen sich an der Kugelreihe A mit gleicher Geschwindigkeit vorbei d. h. sie legen die gleiche Strecke in der gleichen Zeit zurück, sagen wir einmal: in der Zeit x. Also – folgert Zenon – *bewegen sie sich auch aneinander in derselben Zeit* (der Zeit x) vorbei, da ja B wie $\varGamma$ gleich schnell an der Reihe A vorbeikommen (Trugschluß!). Nun legen aber in der Zeit x B und $\varGamma$, einander entgegeneilend, im Raumverhältnis zueinander nicht nur die Strecke A zurück, indem sie aneinander vorbeieilen, sondern vielmehr die doppelte Strecke, d. h. 2 A. Dann legen sie also, einander entgegeneilend, die Strecke 1 A in der halben Zeit, d. h. in der Zeit $\frac{x}{2}$ zurück (d. h. sie eilen aneinander in der Zeit $\frac{x}{2}$ vorbei). Sie gebrauchen also das eine Mal, um die Strecke A zurückzulegen, die Zeit x, das andere Mal aber – trotz der gleichen Geschwindigkeit wie vorher – die Zeit $\frac{x}{2}$! Die halbe Zeit ist also gleich der doppelten. Da dies unmöglich ist, muß die Voraussetzung dieser eine solche Unmöglichkeit ergebenden Beweisführung – die Annahme der Bewegung nämlich – falsch sein, d. h. es gibt keine Bewegung.

Hier macht Zenon in bezug auf dieselbe Sache – die gleiche
Geschwindigkeit von zwei Reihen von Körpern – zwei verschiedene Schlüsse, das eine Mal einen falschen, das andere Mal
einen richtigen, und vergleicht dann die Ergebnisse beider miteinander. Obgleich diese Ergebnisse sich widersprechen und,
beider Richtigkeit vorausgesetzt, zu einer Unmöglichkeit (die
halbe Zeit = der doppelten) führen, untersucht er doch nicht,
ob er das eine Mal in seiner Argumentation einen Fehler, d. h.
einen falschen Schluß gezogen hat, sondern, die Ergebnisse
beider Schlüsse ohne weiteres als richtig voraussetzend, folgert
er hieraus, daß die den Schlüssen zugrunde liegende (angebliche)
physikalische Tatsache – die Bewegung – überhaupt nicht
existiert. Das ist nur daraus zu erklären, daß er infolge der
parmenideischen Ontologie von vornherein überzeugt war, daß
es keine Bewegung geben könne. Sonst hätte er vermutlich den
Fehler der zweiten Argumentation entdeckt. Denn daran, daß
Zenon seine „Beweise" selber nicht für zwingend gehalten,
sondern sie nur zur Widerlegung der Gegner, gewissermaßen
als argumenta ad hominem gebraucht hätte, ist nicht zu denken.
    Noch eine andere Argumentation Zenons ist uns erhalten,
die indirekt gegen die Annahme der Bewegung gerichtet zu sein
scheint. Zenon bezweifelt das Dasein der Dinge im Raum, d. h.
den Raum selbst: Wenn der Raum (τόπος) etwas ist, worin
wird er sein? Wenn der Raum zum Seienden gehört, wo könnte
er sein? Wenn aber alles Seiende im Raum ist, dann muß wieder der Raum in einem anderen Raum sein und so fort bis ins
Unendliche. Das aber ist undenkbar. Also gibt es auch keinen
Raum. – Diese Argumentation, die zeigen kann, daß das Wesen
der Raumvorstellung eben erst anfing, als Problem aufzu-
tauchen, ist sehr wahrscheinlich gegen die Pythagoreische Lehre
vom leeren Raum (κενόν) gerichtet.
    Die Dialektik Zenons, vor allem ihr Grundprinzip, seine
Dichotomie, d. h. die in Gedanken vollzogene Zweiteilung der
Dinge bis ins Unendliche, verrät eine ausgesprochen mathema-

tische Schulung, die er nur in den Kreisen der unteritalischen
Pythagoreer gewonnen haben kann. Wahrscheinlich darf man
sogar noch einen Schritt weiter gehen. Denn die neuere Forschung (Tannery) hat es gegenüber Zeller wahrscheinlich gemacht, daß die Polemik Zenons sich überhaupt in erster Linie
gegen die Pythagoreer richtet, die die Vielheit aus unendlich
vielen, unendlich kleinen, unteilbaren, diskreten Einheiten
(Punkten) zusammengesetzt dachten, und offenbar gerade aus
dieser Grundannahme der Gegner entwickelt Zenon die einander ausschließenden Konsequenzen.

Zenons Dialektik hat auf seine Zeitgenossen, soweit sie
wissenschaftlich interessiert waren, einen unauslöschlichen Eindruck gemacht. Man vermochte seine verblüffenden Argumente
gegen die Vielheit und gegen die Bewegung der Dinge nicht zu
widerlegen und doch – überzeugt war man nicht! Schon der
Sinnenschein sprach immer aufs neue dagegen. Aber eben diese
durch Zenons „Beweise" verursachte ungemütliche Lage sollte
einen mächtigen Hebel zur weiteren Entwicklung des Denkens
bilden. Denn wenn auch all seine scharfsinnigen Beweise auf
Trugschlüssen beruhen, sie haben doch infolge der Aporien, in
die sie die Gegner brachten, dem Denken mächtige Anstöße
gegeben und vor allem zur Entwicklung der Logik entscheidend
beigetragen. Das zeigt nicht nur seine starke Einwirkung auf
die eristische Sophistik wie andrerseits auf die Atomistik, sondern auch auf die metaphysischen Untersuchungen des Platon
und Aristoteles, die ihrerseits durch Zenons Dialektik einen
gewaltigen Antrieb zur Entwicklung der Logik erhalten haben
und eben dadurch in den Stand gesetzt worden sind, jene
Aporien zu lösen, d. h. vor allem die Trugschlüsse (Paralogismen) des Zenon als solche zu erkennen. Auch noch die Geschichte der neueren Philosophie zeigt ebenso wie die mathematische Infinitesimalrechnung, daß Zenon hier zum ersten
Male Probleme angerührt hat, die, wie die menschlichen Vorstellungen des Raumes, der Zeit und der Bewegung, noch heute

den Logiker und den theoretischen Mathematiker ernsthaft
beschäftigen.

3. Melissos

Nach der Ontologie des Parmenides und ihrer scharfsinnigen
Verteidigung durch die zenonische Dialektik ließ sich auf der
einmal betretenen Gedankenbahn, wenn man streng an den
Sätzen des Meisters festhielt, nicht wesentlich weiterkommen.
Daß man hier wirklich auf ein totes Geleise geraten war, kann
die Lehre des Melissos von Samos zeigen, dessen Lebenszeit
dadurch näher bestimmt wird, daß er im Jahre 441 als Admiral
der Samischen Flotte gegen Perikles kommandierte. Die uns
durch Simplikios erhaltenen, ziemlich umfangreichen Bruch-
stücke seiner Schrift stehen in keinem Verhältnis zu seiner
relativ geringen Bedeutung als Denker. Seine „Beweise" gegen
die Annahme der Vielheit und gegen die der Bewegung und
damit gegen jede Veränderung der Dinge, nicht annähernd so
original und scharfsinnig wie die seines Lehrers Zenon, werfen
gleichwohl auf den allgemeinen Stand des wissenschaftlichen
Denkens, zumal der Logik, um 440 ein bezeichnendes Licht.

Vor allem fällt in dem Denken des Melissos – abgesehen von
seinen groben Trugschlüssen, der Schwerfälligkeit seiner Beweisführung und dem Mangel an wirklich originalen Gedanken
– das Fehlen jeder physikalischen Bildung auf. Die Naturvorgänge, weil nur für Schein gehalten, werden gänzlich ignoriert,
so bei seinen Beweisen gegen die Annahme von Werden und
Vergehen, gegen die Möglichkeit der Mischung (der Stoffe) und
der Bewegung. Es leuchtet ein, daß auf diesem Wege die
griechische Wissenschaft keinen weiteren Fortschritt erhoffen
konnte. Aber schon war der Mann aufgestanden, der als Arzt
von der Erforschung der organischen Natur herkommend, aber
zugleich wesentliche Ergebnisse der parmenideischen Ontologie

annehmend, die Entwicklung des griechischen Denkens in neue, verheißungsvolle Bahnen lenken sollte, so daß der Standpunkt des Melissos ihm gegenüber wie ein unerlaubter Anachronismus erscheint, auch wenn er, wie nicht ohne Wahrscheinlichkeit vermutet worden ist, hier und da in seiner Polemik Empedokles' Lehren schon berücksichtigt haben sollte.

V. Die drei großen Vermittlungsversuche

1. Empedokles

Empedokles ist eine der merkwürdigsten Gestalten des 5. Jahrhunderts; sein Wesen voll scheinbar unvereinbarer Gegensätze und doch ein Ganzes: auf der einen Seite der exakte Physiker, der durch seine bedeutsamen Entdeckungen und Theorien noch heute unsere Bewunderung erregt, auf der andern der enthusiastische Mystiker, der als zürnender Prophet die Menschheit zur Umkehr von ihrem verruchten Treiben aufruft; als Bürger schlicht und bescheiden im Auftreten, als Prophet in feierlich pomphaftem Aufzuge, erfüllt von dem Bewußtsein seiner überirdischen Macht und Würde; wie Faust als Forscher voll heißen Dranges nach Ergründung der letzten Geheimnisse in Himmel und Natur und dabei doch der ausgesprochenste Supranaturalist, der im engsten Verkehr mit den Mächten des Jenseits, „der Magie ergeben", sich als Herrn der Elemente und der Geister fühlt, der, übernatürlicher Kräfte mächtig, selbst zum Gott geworden, von seinen Jüngern „Glauben" heischt; und doch hat ebenderselbe Mann die klare Einsicht in die Begrenztheit aller menschlichen Erkenntnis. Wie Faust ist auch Empedokles ein Volksfreund großen Stils, den seine phantasievollen Landsleute ob seiner Wunderkuren und seines für alle segensreichen Wirkens mit geradezu abgöttischer Scheu verehren. Eine „Mischung aus Newton und Cagliostro"

hat ihn daher Ernest Renan genannt. Die imponierende Erscheinung des Empedokles und seine mächtige Wirkung kann
man freilich erst dann einigermaßen verstehen, wenn man sich
den eigentümlichen Volkscharakter der südsizilischen Griechen
deutlich vergegenwärtigt, und wenn man bedenkt, welch gewaltigen Aufschwung gerade auf diesem kolonialen Neuland
(Sizilien, Unteritalien) die griechische Kultur schon früh auf
allen Gebieten, im bürgerlichen Leben wie in wirtschaftlicher
Hinsicht, in Dichtung und bildender Kunst (Selinunt), in
mystischer Religiosität und in der Wissenschaft (Mathematik,
Astronomie und Medizin) genommen hatte.

Empedokles aus Akragas, dem heutigen Girgenti, der Sohn
des Meton, ist um das Jahr 495 (schwerlich viel später) geboren
und nach dem Zeugnis des Aristoteles und Herakleides 60 Jahre
alt geworden, so daß seine Wirksamkeit der Hauptsache nach
in das zweite Drittel des 5. Jahrhunderts fällt. Durch die
Angabe seines jüngeren Zeitgenossen Glaukos von Rhegion
steht fest, daß er in das kürzlich (444/43) gegründete Thurioi
gekommen ist, wonach dann Apollodor seine Geburt 484/83
– sehr wahrscheinlich zu spät! – angesetzt hat. Empedokles
stammt, wie Herakleitos von Ephesos, aus vornehmem, reichem
Hause; schon sein gleichnamiger Großvater siegte in der
71. Olympiade (496–493) in Olympia mit dem Viergespann und
stand wahrscheinlich den Pythagoreern (oder Orphikern) nahe;
möglich, daß so der Enkel von ihm starke mystische Einflüsse
erfahren hat, der aber mitten im Strom des vielbewegten
städtischen Lebens Südsiziliens heranwächst und bald in die
politischen Parteikämpfe seiner Vaterstadt hineingerissen wird.
Die ihm angebotene Königswürde schlägt er aus; sein Herz
gehört dem Volk. Nach dem Tode seines Vaters, der um 470
bei der Vertreibung des Tyrannen Thrasydaios und der Einführung der Demokratie dort entscheidend mitgewirkt hatte,
hat er selbst wiederholt in die politischen Kämpfe seiner Vaterstadt erfolgreich eingegriffen, gegen die Ansätze zu erneuter

Tyrannis wie gegen oligarchische Umtriebe, hat aber später, wohl erst im letzten Abschnitt seines Lebens, infolge erneuter Parteikämpfe Akragas verlassen müssen und sich nach dem Peloponnes begeben, wo er auch die Olympischen Spiele besuchte und viel beachtet wurde. Aus dem Peloponnes ist er nicht zurückgekehrt. Sein Ende, über das man nichts Näheres wußte, ist schon bald darauf von der Legende umwoben worden. Während seine Anhänger verbreiteten, er sei in die Gefilde der Seligen eingegangen, behaupteten seine Gegner, er sei in den Ätna gesprungen, um so durch spurloses Verschwinden als ein zu den Göttern Entrückter zu erscheinen. Jedenfalls ist er schon bald nach seinem Tode von seinen zahlreichen Anhängern auf Sizilien als Heros verehrt worden.

Als Volksfreund hat Empedokles zumal deshalb so segensreich gewirkt, weil er von Hause aus naturkundiger Arzt war; mit dem Scharfsinn des Forschers, der eine wichtige Entdeckung nach der andern macht, verbindet er einen ungewöhnlichen Gemeinsinn, der ihn treibt, sein wissenschaftliches Können zum Heil seiner vielgeplagten Landsleute zu verwenden. So soll er eine Schlucht am Berge Akragas versperrt haben, um Saaten und Menschen vor dem verderblichen Scirocco zu schützen; so entseucht er einen Fluß bei Selinunt und setzt dadurch dem Wüten der Malaria ein Ziel.

Von den *Schriften* des Empedokles waren schon früh verloren eine Dichtung Xerxes' Übergang (nach Europa), zahlreiche Tragödien (deren Echtheit nicht ganz sicher ist), ein Hymnus auf Apollon u. a.; von seinem Hauptwerk, das die Späteren *Von der Natur* nannten und in zwei Bücher teilten, sind umfängliche Reste erhalten (in der Form schließt er sich hier an Parmenides an, während der Inhalt oft mehr den Physiologen als den Dichter offenbart); ferner von seiner religiös-mystischen Dichtung *Katharmen* (Reinigungen), einem Werk, das zweifellos durch die orphische Poesie, hier und da wohl auch durch Xenophanes beeinflußt ist. Sein schwungvoller Stil, der, reich

an kühnen Bildern und packenden Vergleichen, von einer
mächtigen Phantasie und starkem Pathos getragen ist, hat nach
dem Urteil des Aristoteles den Anstoß zur Entwicklung der
Rhetorik auf Sizilien gegeben, wie denn Gorgias, der eigentliche Begründer dieser Kunst, sein Schüler gewesen sein soll.

Aus der neuesten wissenschaftlichen Literatur über Empedokles sei hier auf das Buch von Walther Kranz hingewiesen, da
hier die ebenso komplizierte wie interessante, ja einzigartige
Persönlichkeit des E. in ihrer Totalität (als Seher, Arzt, Dichter,
Naturforscher und Philosoph) so umfassend und tiefgründig
charakterisiert wird, wie es noch niemals geschehen ist. Auch
der zweite Teil des Buches über Hölderlins Empedokles wirft
auf dies Werk und seinen Verfasser vielfach ein ganz neues
Licht.

Auch wenn man nicht mit allen Auffassungen von Kranz (so
über Empedokles' Entwicklung vom Mystiker zum Physiker
– statt vom Physiker zum Mystiker –) einverstanden ist, wird
man doch den hohen Wert von Kranz' Buch nicht verkennen,
das nicht nur allen Verehrern Hölderlins höchst interessant
sein, sondern auch der Empedoklesforschung neue Impulse
geben wird.

a) Der Physiker

Die Lehre des Parmenides von dem Einem Seienden, das
unentstanden, unvergänglich und qualitativ unveränderlich ist,
bedeutet den entscheidenden Wendepunkt in der Geschichte der
vorattischen Philosophie. Denn durch die Ontologie des Eleaten
wird der metaphysische Grundgegensatz zur Lehre des Herakleitos offenbar, der einen rastlosen Wandel der Erscheinungsformen des einen lebendigen Urstoffes, d. h. eine ständige
qualitative Veränderung der einen vom Logos durchwalteten
Materie, aus der die Vielheit der Dinge hervorgeht, und in die
sie nach bestimmtem Gesetz zu ihrer Zeit wieder zurückkehrt,

in der Sprache des Sehers in unvergeßlichen Gleichnissen und grandiosen Bildern verkündet hatte. Der älteste Denker, der den Versuch unternimmt, diesen Gegensatz zu überbrücken, ist EMPEDOKLES. Parmenides' Ergebnisse von der Natur des Seienden bilden das eine Fundament seiner Philosophie. Aber Empedokles steht zugleich unter dem Einfluß des Herakleitos: an der Mannigfaltigkeit (Vielheit) der Dinge und ihrer ständigen Veränderung hält er fest. So muß er, um die sichtbare Welt erklären zu können, eine Mehrheit von Seienden annehmen, die zwar ungeworden, unvergänglich und qualitativ unveränderlich sind, aber der räumlichen Bewegung unterliegen. Empedokles nimmt vier solcher Seiender an: Erde, Wasser, Luft und Feuer, deren jedem besondere Eigenschaften zukommen. Alle Dinge dieser Welt sind aus kleinsten Teilchen dieser vier Grundstoffe (oder einzelner von ihnen) zusammengesetzt, die nebeneinander gelagert sind, wie bei einer Mauer die Ziegelsteine. Nur durch das Mengenverhältnis der Teilchen dieser vier Urstoffe unterscheiden sich die einzelnen Dinge, deren Mischung sich Empedokles rein mechanisch denkt, wie denn bei ihrer Auflösung die Urbestandteile dieser „vier Wurzeln von allem" stets unverändert wieder zum Vorschein kommen. So ist Empedokles der Entdecker des Begriffs *Element* geworden, der für die gesamte Naturwissenschaft bis auf den heutigen Tag grundlegend ist. Und selbst die Lehre von der Vierzahl der Elemente, bei der wohl die Prinzipien seiner ionischen Vorgänger mitgewirkt haben, hat bis in das 18. Jahrhundert (bis auf den französischen Chemiker Lavoisier) Geltung gehabt.

Mit der eleatischen Ontologie teilt Empedokles auch das Axiom: Es gibt weder ein Entstehen aus dem Nichts noch ein Vergehen in das Nichts. Diese Erkenntnis, die in Wahrheit schon die stillschweigende Voraussetzung der ionischen Physik gewesen war, erhält erst durch Empedokles' Elementenlehre ihre wirkliche Erklärung: da man von Entstehen und Vergehen in eigentlichem Sinne nicht sprechen kann, wie sind dann die

Naturvorgänge, die man gemeiniglich als Entstehen und Vergehen bezeichnet, aufzufassen? Der Begründer der Elementenlehre gibt hierauf die Antwort: Die (angebliche) Entstehung ist
nur Vereinigung (Mischung) kleinster Teilchen der Grundstoffe,
ihr „Vergehen" nur Trennung dieser. Die Menschen freilich
sprechen von Geburt und Tod, während sie doch nur von
Vereinigung und Trennung reden dürften (Fr. 8 u. 9). So führt
Empedokles zum erstenmal alle Veränderung in dieser sichtbaren Welt auf *Bewegungsvorgänge kleinster unveränderlicher
Stoffteilchen* zurück. Um die „Entstehung" der verschiedenen
Dinge aus den vier Elementen anschaulich zu machen, greift er
zu mancherlei kühnen Vergleichen, die für den Dichterphilo-
sophen bezeichnend sind: wie Maler die vielfarbigen Gifte
mischen, indem sie von dem einen mehr, von dem andern
weniger nehmen und daraus die Gestalten auf ihren Gemälden
schaffen, „Bäume, Männer und Weiber, wildes Getier, Vögel
und im Wasser lebende Fische und langlebige Götter", so ist
auch die Quelle der sterblichen Dinge, so viele in ihrer unendlichen Mannigfaltigkeit in die Erscheinung treten, nirgend-
wo anders als in den Elementen zu suchen (Fr. 23). Auch auf
die organische Welt, die im Vordergrunde seines wissenschaftlichen Interesses steht, hat Empedokles seine Elementenlehre
entschlossen angewandt. Eigentümlich ist hierbei seine Anschauung von der Art der Zusammensetzung auch der organischen Körper. Auch deren verschiedene Substanzen bestehen
aus Mischungen der Elemente, in denen ein *ganz bestimmtes
Zahlenverhältnis obwaltet:* so sind die Knochen von Tieren und
Menschen aus 4 Teilen Feuer, 2 Teilen Erde, 1 Teil Luft und
1 Teil Wasser gebildet, die Sehnen dagegen aus 2 Teilen Wasser, 1 Feuer, 1 Erde. Hier dürfen wir wohl eine originelle
Anwendung der pythagoreischen Zahlenlehre auf die von der
Mischung der Elemente erkennen.
   Da Empedokles die 4 Urstoffe, entsprechend der eleatischen
Ontologie, für durchaus unveränderlich hält, muß er sie auch

als unbewegt denken. So ist er – da er an der Bewegung der Dinge festhält –, um diese erklären zu können, in die Notwendigkeit versetzt, die Elemente, d. h. den Stoff und die ihn bewegende und gestaltende Kraft, voneinander zu unterscheiden. So bahnt er, wenn auch ihm selbst noch unbewußt, im Prinzip wenigstens den kosmischen Dualismus in der Geschichte des griechischen Denkens an. Da er aber die einander entgegengesetzten Naturvorgänge des Vereinigens und Trennens, des Aufbaues und des Zerstörens nicht auf ein und dieselbe Urkraft zurückzuführen vermag, muß er zwei bewegende Urwesen annehmen: *die Liebe und den Streit* (φιλότης und νεῖκος). Der Streit ist das trennende, die Liebe das vereinigende Prinzip. Beide Mächte, die die Ursachen allen Weltgeschehens sind, liegen in unablässigem Kampf miteinander: ein ewiges Siegen und Unterliegen. Daher finden auch in periodischem Wechsel Weltbildung und Weltzerstörung statt, je nachdem der Streit oder die Liebe die Oberhand gewinnt. Aber auch in den beseelten Wesen tobt ständig dieser Kampf der beiden Mächte, den der Dichterphilosoph durch das ganze Reich der Natur verfolgt und in seinen einzelnen Phasen mit plastischer Anschaulichkeit schildert (vgl. bes. Fr. 20, 21). „Denn auch sterblichen Gliedern ist eingeboren die Liebe. Durch sie sinnen sie Holdes, vollenden Werke der Paarung, bald mit Namen sie Wonne, bald Aphrodite benennend. Wie sie kreist unter ihnen[1], das hat noch kein sterbliches Auge jemals geschaut...“ (Fr. 17, 22 ff.)

Unter den zahllosen Momenten der sich ständig verschiebenden Kampflage zwischen den beiden Gegnern sind zwei, die sich von allen andern unterscheiden und sich gegensätzlich einander entsprechen: der Zeitpunkt, in dem die Liebe über den Streit, und der, in dem der Streit über die Liebe völlig die Oberhand erlangt hat. Den Zeitpunkt, d. h. den kosmischen Zustand, in dem die Liebe den Streit bis an die äußersten

---

[1] Den Elementen.

Grenzen des Alls verdrängt hat, pflegen wir gemäß der Anschauung des Empedokles mit dem von ihm gewählten Ausdruck *Sphairos* zu bezeichnen. Denn in diesem ist die gesamte
Masse der Elementarteilchen zu einer unterschieds- und daher
als Ganzes qualitätslosen Kugel zusammengeballt, in der weder
das Feuer noch sonst eins der Elemente die ihm eigentümlichen
Eigenschaften bewahrt hat. Dieser Sphairos ist in seiner kugelförmig geballten Masse, die uns an die Anschauung des Parmenides von dem einen Seienden, an die des Xenophanes vom
Weltganzen erinnert, in jeder Hinsicht gleichartig. Aber der
Sphairos ist in Wahrheit doch nur eine Atempause in dem
rastlosen Weltprozeß. Denn schon beginnt sich aufs neue die
Gegengewalt zu regen. Allmählich immer mehr erstarkend, wirkt
der Streit in heißem Ringen mit der Liebe dahin, was diese zur
All-Einheit zusammengefügt, zu trennen, und so wird im Ver-
lauf des kosmischen Kampfes der beiden Mächte aus der
Einheit die Vielheit. Es findet allmählich eine Sonderung der
zahllosen Urteilchen der vier Elemente aus den Banden des
Sphairos statt, wobei jedoch die Liebe ihrem Gegner ständig
Widerpart hält, so daß unter der wechselseitigen Gegenwirkung
der beiden Mächte die Entstehung der „Welt" erfolgt. Das
führt dann im weiteren Verlauf des Ringens zu dem jetzigen
Zustand, der, nachdem der Punkt, wo Liebe und Streit sich die
Waage halten, überschritten ist, den Beginn der Obmacht des
Streites bedeutet, der dann schließlich völlig die Oberhand
gewinnt. Dann spaltet sich das All in seine vier Elemente: es
sammelt sich alles Feuer in Einem und ebenso sondert sich von
den andern Elementen ein jedes für sich zusammen, ein Zustand, dessen Vollendung ein antiker Kenner der empedokleischen Philosophie, der das Werk des Akragantiners noch vollständig las, als den der „Unwelt" (Aksomia) bezeichnet. Aber
auch dieser Zustand ist nur ein Übergang. Denn alsbald beginnt
aufs neue der ewige Kampf zwischen Liebe und Streit. Allmählich werden unter Einwirkung der Liebe aus einem jeden der

für sich geeinten Grundstoffe die Urteilchen gesondert, d. h. es findet zunächst eine Auflösung der für sich gesonderten vier Elemente in kleinste Teilchen statt, die dann infolge immer weiteren Vordringens der Liebe die mannigfaltigsten Verbindungen eingehen.

„Alsbald bildeten Sterbliche sich, die früher unsterblich. Und Gemischtes, das einst ungemischt, im Wechsel der Pfade. Solcher Mischung entsprossen unzählige Scharen von Wesen. In Gestalten wohl tausenderlei, ein Wunder zu schauen."

Es findet also eine neue Kosmo- und Zoogonie statt, analog jener, die durch das Wirken des Streites aus dem Sphairos entstanden war. Denn in der Mitte zwischen den beiden Polen des Weltgeschehens „Sphairos" und „Akosmia" und zwischen der „Akosmia" und dem folgenden „Sphairos" sind zwei kongruente Momente im Kreislauf der Entwicklung, wo sich Liebe und Streit im Kampf miteinander die Waage halten. So gibt es einen doppelten Ursprung aller Dinge. Einmal unter der beginnenden Obmacht des Streites, einmal unter der der Liebe. Aber auch die neue Welt, die nach der „Akosmia" entsteht, dauert nicht ewig. Denn das Ringen der beiden göttlichen Mächte hört niemals auf. Ihr ewiger Kampf und seine periodischen Phasen beruhen auf der Notwendigkeit (ἀνάγκη), die offenbar das *Weltgesetz* allen Geschehens bedeutet.

Das Wesen dieser beiden kosmischen Mächte, die uns noch halb mythisch anmuten, mag auch der „Streit" mit Herakleitos' Anschauung vom Kampf als dem König aller Dinge historisch verwandt sein, hat Empedokles noch halb im Dunkeln gelassen. Denn bald bezeichnet er sie als Götter, weil er sie, wenn auch unbewußt, wie persönlich wirkende Mächte schaut, bald stellt er sie mit den vier Grundstoffen in eine Reihe, betrachtet sie also selbst als Stoffe, in denen sich freilich Kräfte verkörpern, die aber doch offenbar nur triebhaft wirken. Eine begriffliche Scheidung zwischen Kraft und Stoff, körperlicher und unkörperlicher Wirklichkeit und erst gar zwischen Persönlichem und

Unpersönlichem hat Empedokles sowenig wie einer der älteren
Denker seiner Zeit vollzogen. Es bleibt aber auch keine der
beiden Weltmächte völlig auf ihre Grundwirkung beschränkt,
denn in einer gewissen Phase des Weltprozesses trennt auch die
Liebe, vereint auch der Streit Urteilchen der Elemente. So
bleiben gewisse Unklarheiten und Widersprüche bestehen.

Auch unter den Elementen selbst und ihren mannigfachen
Verbindungen herrscht vielfach unüberbrückbare Feindschaft
wie unter andern zusammenführende Liebe. „Ebenso hat alles,
was nach der Art seiner Mischung verwandt ist, einander lieb,
da es durch Aphrodite ähnlich gebildet ist. Feind dagegen ist
sich aufs äußerste, was nach seiner Abstammung, Mischung und
der Prägung seiner Formen voneinander am weitesten absteht,
völlig ungewohnt, zueinander zu kommen, und gar trübselig
auf des Streites Geheiß, der seinen Ursprung bewirkt hat."
(Fr. 22, 4 ff.) Es besteht also unter manchen Dingen eine Art
Wahlverwandtschaft, die das Gleiche zum Gleichen gesellt,
während andere durch ewige Feindschaft voneinander geschieden sind. So ist das Wasser mehr dem Weine verwandt, aber
mit Öl verweigert es die Mischung (Fr. 91).

Wesen und Wirkung der beiden kosmischen Mächte offenbaren sich erst ganz beim Entstehen und Vergehen des Weltganzen und der organischen Wesen. Wenn auch der Weltprozeß
ein ewiger ist, also von einem Anfang und Ende der Dinge in
eigentlichem Sinne keine Rede sein kann, so ist doch der
Ansatzpunkt für Empedokles' Vorstellung von der Entstehung
der jetzigen Welt gegeben. Naturgemäß ist es der eine der
beiden Pole des Weltgeschehens, wo eine der beiden Mächte
die völlige Obmacht errungen hat. Da sich aber der Grieche zu
„Anfang" nur eine planlose Urmischung aller Stoffe zu denken vermag, und Empedokles als Prinzip aller Vereinigung
(Mischung) die Liebe betrachtet, so ist für ihn der Ausgangspunkt seiner *Kosmogonie* gegeben. Es ist der Zeitpunkt, in
dem durch die Liebe im „Sphairos" alles bunt durcheinander-

gemischt war. Die einzelnen Phasen der empedokleischen
Kosmogonie lassen sich freilich bei dem Widerspruch unserer
Quellen zum Teil nur vermutungsweise erschließen. Sicher kam
in den in seliger Ruhe verharrenden Sphairos die erste Bewegung durch die Einwirkung des Streites, die an irgendeiner
Stelle eine überwiegende Ansammlung von Feuer und (unter
der alsbald einsetzenden Gegenwirkung der Liebe) eine Wirbelbewegung der Stoffmassen verursachte. Infolge dieser sonderte
sich aus der ursprünglichen Mischung der Elemente zuerst die
Luft aus, die sich rings im Kreise ergoß und so in Form einer
Kugel das Ganze umfaßte. Danach brach das Feuer heraus und
entwich nach oben unter die kugelförmige Lufthülle, die unter
seiner Einwirkung zu einem festen „kristallartigen" Gewölbe,
dem Himmel, verhärtet wurde. In der Mitte des Ganzen aber
ballte sich das Schwere als die Erde zusammen und wurde
„infolge einer gewissen Notwendigkeit" fest. In dieser Lage
verharrt sie, durch den reißenden Umschwung des Himmelsgewölbes in der Schwebe gehalten. Aus der Erde sprudelte
infolge der Wucht des Umschwunges das Wasser hervor. Ist
doch das Meer nichts anderes als „der Schweiß der Erde". Aus
dem Feurigen dagegen, das die Luft noch in sich enthielt und
bei der ersten Aussonderung ausstieß, bildeten sich die Sterne.
Die Himmelskugel, die das All umfaßt und sich täglich um die
Erde dreht, besteht aus zwei Halbkugeln; die eine ist ganz von
Feuer erfüllt, die andere von Luft und nur wenig Feuer. Ist die
feurige Halbkugel oben, ist es Tag; ist dagegen die lufterfüllte,
in die nur hier und da etwas Feuer eingesprengt ist, oben, so ist
es Nacht. Hier werden also Tag und Nacht noch ohne Berücksichtigung der Sonne erklärt. Diese ist nur ein Lichtreflex der
feurigen Halbkugel, der sich in einer riesigen Kristallinse gesammelt hat, die sich mit der Drehung der Weltkugel fort-
bewegt. Einzelnes bleibt auch hier bei dem Versagen unserer
Quellen widerspruchsvoll und unsicher. Die Kosmogonie des
Empedokles zeigt in ihrer näheren Ausführung, unbeschadet

seiner beiden Prinzipien, die Wirkung rein mechanischer Kräfte. Von Einzelheiten abgesehen, unterscheidet sie sich nicht wesentlich von der seiner Zeitgenossen und Vorgänger.

Wirklich original zeigt sich Empedokles erst in seiner *Zoogonie*. Zuerst von allem entstanden unter der Einwirkung der Feuchtigkeit und der Wärme im Erdinnern die Pflanzen und Bäume, die in Wahrheit auf halbem Wege stehengebliebene ζῷα (Lebewesen) sind. Tiere und Menschen aber haben sich erst allmählich durch eine Reihe von Zwischenstufen entwickelt. Zuerst nämlich entstanden aus der gleichsam schwangeren Erde nur einzelne Glieder, dann wuchsen Glieder zusammen, dann vollständige Wesen, doch erst im vierten Stadium pflanzten sich diese durcheinander fort. Aber dieser Prozeß, bei dem stets das Gleiche zum Gleichen trachtete, hatte unter der Gegenwirkung des Streites eigentümliche Entwicklungsphasen. „Da entsprossen der Erde viele Köpfe ohne Hälse, nackte Arme wurden hierhin und dorthin verschlagen, Augen irrten vereinzelt umher, der Stirnen entbehrend" (Fr. 57). Während aber die Liebe dem Streite zum Trotz danach trachtet, Verwandtes mit Verwandtem zu vereinigen, treibt zugleich der *Zufall* (τύχη) sein wunderliches Spiel; so „entstanden schleppfüßige Wesen mit unzähligen Händen" (Fr. 60). So wuchsen, wie es sich gerade traf, Teile der Tiere zu seltsamen Mißbildungen zusammen. „Da wuchsen viel doppelgesichtige, doppelbrüstige Wesen heran, von Rindern der Rumpf, mit Männerantlitz, aber auch Männergestalten mit Kuhhäuptern, Mischwesen, bald aus Männern, bald aus Weibern gebildet" (Fr. 61). Was sich so miteinander vereinte, derart, daß es der Erhaltung fähig war, das wurden beseelte Wesen, die am Leben blieben, weil ihre Teile zueinander paßten und gegenseitig ihre Bedürfnisse befriedigten, während alle jene Mißbildungen zugrunde gingen. – So offenbart der Biologe Empedokles, wenn auch in phantastischer Hülle, eine merkwürdig frühe Erkenntnis der stufenweisen Entwicklung alles Organischen, dessen einzelne Bereiche seinem Tiefblick

noch nicht durch unüberbrückbare Klüfte geschieden sind;
denn Pflanzen, Tiere und Menschen umschlingt ein gemein-
sames Band. Der Unterschied zwischen ihnen ist nur ein stufen-
mäßiger, nicht ein wesentlicher, wie er denn auch den Pflanzen
nicht nur Gefühle wie Sehnsucht, Trauer und Freude, sondern
sogar Denkvermögen zuschreibt. Aber auch seine Einsicht, daß
nur das wirklich Lebensfähige in der Fülle der Naturbildungen
erhalten bleibt, ist unverkennbar. So darf man Empedokles
nächst seinem geistigen Ahnen Anaximandros als den ältesten
Vertreter der Deszendenztheorie betrachten. Im Zusammenhang
mit seiner Zoogonie hat Empedokles auch den ersten Versuch
unternommen, die Entstehung der Arten und die der beiden
Geschlechter zu erklären.

Von einer teleologischen Ansicht des Naturlebens zeigt sich
also bei dem Biologen Empedokles keine Spur, wie er denn
dem Zufall selbst in der Bildung des menschlichen Auges oder
bei der Gestaltung der Wirbelsäule eine entscheidende Rolle
zuweist. Und Liebe und Streit zeigen sich auch in seiner
Zoogonie nur als triebhaft wirkende Kräfte, nicht als zweck-
bewußte Intelligenzen. Sie geben oft nur den ersten Anstoß zum
Naturgeschehen, während die weitere Entwicklung von anderen, von ihnen unabhängigen Faktoren ausgeht. Daß freilich auf
solchem Wege eine befriedigende Erklärung der Entstehung
der Organismen nicht möglich ist, hat schon der große Zoologe
Aristoteles scharf gerügt.

Das Nachdenken des Empedokles gilt nicht nur der beseelten
Natur. Auch in der anorganischen Physik – die Unterscheidung
organischer und anorganischer Natur rührt bekanntlich erst von
Aristoteles her – hat er bereits bedeutsame Erkenntnisse gewonnen. So entdeckt er die Geschwindigkeit des Lichtes, d. h.
die Tatsache, daß das Licht zu seiner Fortpflanzung von der
Sonne bis zur Erde eine gewisse Zeit gebraucht, daß es erst
durch die Atmosphäre hindurcheilen muß, ehe es zu uns gelangt
und daß wir diese Fortpflanzung, die er als das Ausströmen

einer körperlichen Substanz auffaßt, nur wegen ihrer außerordentlichen Schnelligkeit nicht wahrnehmen. Auch von den
Wirkungen des Luftdruckes und des Luftwiderstandes verrät er
schon eine überraschende Kenntnis, die er bei seinem physikalischen Experiment zur Erklärung der menschlichen Atmung
verwendet.

Solche seiner Zeit weit vorauseilenden Erkenntnisse könnte
man vielleicht noch für vereinzelte glückliche Entdeckungen
eines lebhaften Geistes halten, aber seine wissenschaftliche
Bedeutung als Naturforscher großen Stils erweist Empedokles
unzweifelhaft durch seine Begründung einer *physikalischen
Theorie,* die er mit erstaunlicher Konsequenz auf die verschiedensten Gebiete der sichtbaren Welt anwendet. Alle Dinge
unter dem Monde, d. h. alle aus den vier Elementen gebildeten
Stoffe sind von feinen, dem bloßen Auge unsichtbaren Durch-
gängen (πόροι = „Poren") durchzogen, die mit festen (undurch-
lässigen) Partien der Substanzen abwechseln. Diesen *Poren* –
die er sich wahrscheinlich von dünner Luft erfüllt dachte; denn
Empedokles leugnet mit den Eleaten den leeren Raum – entsprechen auf der andern Seite die Ausflüsse (ἀπορροαί), die von
allem Entstandenen ausgehen. Denn nicht nur Pflanzen und
Tiere, Erde und Meer, sondern sogar die Metalle und Gesteine
strömen dauernd vielerlei Ausflüsse aus. Von diesen passen die
einen für einige Arten der Poren, andere dagegen sind entweder
zu klein oder zu groß für sie. Auf Grund dieser Anschauung
erklärt Empedokles auch den Magnetismus. Die vom Magneten
ausgehenden Ausflüsse stoßen zunächst die Luft, die auf den
Poren des Eisens lastet, d. h. diese versperrt, beiseite, so daß
sich die Ausflüsse des Eisens ihrerseits auf die Poren des
Magneten zu bewegen können. Da sie diesen „symmetrisch"
sind, also in sie hineinpassen, strömen sie in diese ein, und nun
folgt seinem abströmenden Gesamtausfluß das Eisen selbst,
d. h. es wird durch diesen mitgerissen, auf den Magneten zu.
Hier haben wir den ersten wissenschaftlichen Erklärungsversuch

des Magnetismus. Welcher Abstand von der noch in halbani-
mistischer Denkweise befangenen Erklärung eines Thales!

Aber erst in der organischen Natur sollte sich ihm die
Porentheorie in ihrer ganzen Fruchtbarkeit erweisen. Zunächst
in der Pflanzenphysiologie, die dem Empedokles, wenn nicht
ihre Begründung, so doch eine Reihe der wichtigsten Erkenntnisse verdankt. Hier dient ihm die Porenlehre ebenso zur Erklärung der Ursachen des herbstlichen Blätterfalls der Laub-
bäume wie des Immergrünbleibens gewisser Sträucher des
Südens. Aber auch in seiner Erklärung der menschlichen
Atmung, die er durch ein Experiment mit der Wasseruhr zu
erweisen trachtet, verwendet er seine Lehre von der Symmetrie
der Poren, da ihm bereits die Atmung durch die Haut bekannt ist.

Die Porenlehre ist auch die Grundlage der empedokleischen
Sinnesphysiologie. Denn jede Wahrnehmung beruht auf dem
Hineinpassen gewisser, von den Dingen ausgehender Ausflüsse
in gewisse Poren (unserer Sinnesorgane). Daher ist eine Wahrnehmung unmöglich, wenn diese für die Ausflüsse zu weit oder
zu eng sind, also keine Symmetrie der Poren und Ausflüsse
stattfindet. Denn im erstern Falle findet keine Berührung der
Ausflüsse und der Porenwände statt, während in letzten ein
Eindringen der Ausflüsse in die Poren unmöglich ist. Auf Grund
dieser Theorie erklärt Empedokles auch den Vorgang des
Sehens, den er durch einen Vergleich mit dem Leuchten einer
Laterne zu erläutern sucht, deren durchsichtige Wandung wohl
das Licht nach außen, aber nicht die äußere, vom Winde be-
wegte Luft nach innen durchläßt (Fr. 84). In dem durch vielerlei
feine Häute und Hüllen geschützten Auge sind die Poren des
Wassers und Feuers umschichtig angeordnet. Mit denen des
Feuers erkennen wir das Weiße, mit denen des Wassers das
Schwarze. Denn die Poren des einen passen in die Ausflüsse des
anderen. Indem sich die von den Gegenständen ausgehenden
Ausflüsse mit den vom Auge entsandten Strahlen vereinigen,

entsteht ein „Bild" des Gegenstandes in diesem. Erneut ergeben
sich gewisse Unklarheiten aus der Trümmerhaftigkeit unserer
Überlieferung. Die Lehre von den Poren und Ausflüssen hat
Empedokles auch sonst in seiner Optik verwendet, so bei
Erklärung der Durchsichtigkeit gewisser Substanzen wie Luft,
Wasser u. a. Auch die Spiegelung hat er durch seine Theorie
von den Ausflüssen der Gegenstände erklärt und sogar schon
– in engem Zusammenhange mit seiner Lehre von den Elementen – Ansätze zu einer Farbenlehre gemacht.

Die *Psychologie* des Empedokles ist – auch darin zeigt er sich
als Sohn seiner Zeit – noch stark materialistisch. Auch eine
genauere Unterscheidung der geistigen Grundtätigkeiten findet
sich bei ihm noch nicht. Und vollends seine Stellung zu den
Problemen, die wir in der Sprache der modernen Philosophie
unter dem Begriff „Erkenntnistheorie" zusammenfassen, wirft
ein grelles Licht auf die Stufe seines metaphysischen Denkens.
Seine Überzeugung, die schon in seiner Physiologie des Ge-
sichtssinnes bemerkbar wurde, gilt auch hier: *Nur vom Gleichen
wird das Gleiche erkannt* – ein Gedanke, der eine Nachwirkung
auf Jahrtausende haben sollte[1]. Da wir aber mit dem Blut
denken, das aus allen Elementen auf das feinste gemischt ist, so
zieht Empedokles hieraus nur die Konsequenz, wenn er sagt:

> „Denn mit der Erde[2] die Erde wir seh'n, mit dem Wasser
> das Wasser,
> Mit der Luft die göttliche Luft, mit dem Feuer das Feuer,
> Mit der Liebe die Liebe, den Streit mit dem traurigen
> Streite."

Daß bei solcher Anschauung die Einheit der „Seele" in Frage
gestellt ist, dieser Gedanke lag damals noch außerhalb des
Denkbereiches.

---

[1] Vgl. Goethes „Wär' nicht das Auge sonnenhaft, die Sonne könnt' es
nie erblicken". Auch sonst bei Goethe diese Anschauung aus der antiken
Philosophie.
[2] in uns.

Die Psychologie des Empedokles ist das Ergebnis eines zwar folgerichtigen, aber noch erstaunlich naiven Materialismus. Um so bemerkenswerter ist demgegenüber seine tiefe, geradezu pessimistisch klingende Einsicht in die enge Begrenztheit und Bedingtheit aller menschlichen Erkenntnis, zumal des einzelnen Individuums, wie sie das denkwürdige zweite Fragment offenbart. Seine tiefsten Einsichten dankt daher der Dichterphilosoph der Offenbarung göttlicher Mächte, d. h. der Muse (Fr. 4).

In dem „System" des Empedokles, sofern man diesen Ausdruck auf seine Weltanschauung schon anwenden darf, haben allerdings neben den Elementen und den beiden kosmischen Potenzen Götter, streng genommen, keinen Raum. Wo er dennoch ihre Namen, sei es für die Elemente, sei es für Liebe und Streit oder gar für den Sphairos verwendet, da gebraucht er sie in allegorischem Sinne. Die Götter des Volksglaubens haben sich dem Begründer der Elementenlehre längst in physikalische Stoffe und Kräfte aufgelöst.

b) Der Mystiker

Gegenüber dem Physiker Empedokles steht der Mystiker, wie er sich in den *Katharmen,* d. h. Reinigungen, seinem anderen, uns in erheblichen Bruchstücken erhaltenen Werke offenbart. Hier zeigt er sich als Verkünder von Anschauungen, die uns gegenüber seiner Naturphilosophie wie ein Gebilde aus einer anderen Welt anmuten. Hier handelt es sich nicht um Probleme der griechischen Wissenschaft, sondern um Lehren eines bestimmten Glaubens, die ein gotterfüllter Prophet seinen sizilischen Landsleuten zuruft, um eine religiöse Mystik, die in keinerlei innerem Zusammenhange mit seiner Naturphilosophie, ja, vielfach zu dieser in unüberbrückbarem Gegensatze steht, eine Mystik, die unmöglich gleichzeitig mit seiner Naturphilosophie in dem Geist des Denkers entstanden sein kann; Jahre, vielleicht Jahrzehnte müssen zwischen beiden liegen. Da aber in den Katharmen gewisse Grundanschauungen der empedokleischen Physik vorausgesetzt werden, wird man seine Mystik als die spätere Geistesrichtung des Mannes ansehen müssen, der er sich offenbar erst in höherem Lebensalter infolge tiefgreifender seelischer Wandlung, einer „Bekehrung", mit Wilamowitz zu reden, zugewandt hat.

Die Mystik des Empedokles ist aus der orphisch-pythagoreischen Seelenlehre erwachsen, die wir früher kennengelernt haben. Sie bildet gewissermaßen den Schlußstein dieser, indem sie all ihre wesentlichen Ideen – auf Grund eigenen inneren Schauens und Erlebens – mit ungewöhnlicher Kraft zusammenfaßt. Denn sie nimmt dank seinem feurigen Naturell, seiner glühenden Phantasie eine so persönliche Färbung, eine so lebendige Gestaltung an, daß sie uns wie aus seinem eigenen innersten Wesen geboren erscheint.

Im Mittelpunkt dieser Mystik stehen die menschliche Seele und ihre Schicksale. Auch der Mystiker Empedokles steht auf dem Boden des schärfsten anthropologischen Dualismus: Der Leib ist ihm nur „menschenumgebende Erde", da die Natur die Seele „mit einer fremdartigen Hülle aus Fleisch" umkleidet hat. Während der Leib nach dem Tode in seine Urbestandteile aus den vier Elementen zerfällt, ist die menschliche Seele göttlichen Ursprungs. In ihrem vorweltlichen Dasein war sie ein seliger Dämon im Reiche der Götter, in ungetrübter Einheit mit dem Ureinen, dem göttlichen Sphairos. Aber durch die Schuld des „rasenden Streites", der überall auf der Welt aus der Einheit die Vielheit herzustellen trachtet, ist sie aus ihrer seligen Vereinigung gerissen, vom „Himmel" auf die garstige Erde verschlagen, diesen „freudlosen Ort, wo Mord und Groll und Scharen anderer Unholde, ausdörrende Krankheiten, Kräfte der Fäulnis und Werke der Vergänglichkeit auf der Wiese des Unheils im Dunkeln umherirren". Hier muß sie eine lange Wanderung durch vielerlei Leiber von Tieren und Pflanzen durchmachen, bis sie dereinst durch die Liebe wieder zur göttlichen Einheit zurückgeführt werden kann. So ist die im Menschen lebende Seele nur ein Verbannter auf Erden, ein ruhelos umherirrender Fremdling, der aus seiner göttlichen Heimat verstoßen ist an die Stätte tausendfacher Sünden und Frevel. Daraus ergibt sich für sie hienieden ihre höhere Aufgabe. Denn dem Fall der Seele entspricht – wenigstens bei einzelnen auserlesenen Individuen – ihre stufenweise Erhöhung, da es ihnen vergönnt ist, die einstige, in ihrem vorweltlichen Dasein verwirkte Schuld zu sühnen, was sicher nur durch ein geläutertes, d. h. reines Leben erreicht werden kann. Solche vor Tausenden begnadeten Männer vermögen dann zu immer höheren Graden der Vollkommenheit aufzusteigen. Sie werden „zuletzt zu Sehern, Sängern und Ärzten, zu Fürsten unter den erdbewohnenden Menschen; daraus wachsen sie zu Göttern empor, an Ehren reichsten". Dereinst aber werden sie „der andern Unsterblichen Herdgenossen, lagern am selben Tische mit ihnen, menschlichen Jammers bar, in unerschöpflicher Kraft".

Solche allmähliche Vergottung des Weisen hat Empedokles an sich selbst erfahren. So kann er, der letzte große Katharte alten Stils, als der *Heiland* seiner unseligen Landsleute auftreten, der ihre blutigen Frevel zu entsühnen vermag. Freilich, der Prophet Empedokles heischt Glauben für seine wundersamen Lehren; denn ohne diesen ist keine wirkliche Rettung möglich.[1] Der Weise aber ist aller Geheimnisse in Himmel und Natur kundig, ja, er besitzt geradezu übermenschliche Macht gegenüber den Dingen des Weltlaufs, wie er denn Winde zu stillen, ja, Tote wieder zu erwecken vermag. Das historische Urbild dieses Weisen ist Pythagoras; der Pythagoras der Legende, dem wahrscheinlich die erhabenen Worte des 129. Fragments gelten:

War doch ein Mann unter ihnen von übermenschlichem
Wissen.

---

[1] Hier zeigt sich deutlich die Kluft zwischen der griechischen Wissenschaft und dieser fast orientalisch anmutenden Mystik.

Hatte er doch einen Schatz weltweiter Erkenntnis gewonnen,
Weiser Werke von allerlei Art vor anderen mächtig.
Reckte der sich mit äußerster Kraft all seiner Gedanken,
Dann erschaute er leicht von allen Dingen ein jedes,
Dank der Erfahrung von zehn oder zwanzig seiner Äonen[1].

Aber auch der „Gott" Empedokles war „dereinst Knabe,
Mädchen, Zweig, Vogel und ein aus dem Meer auftauchender
stummer Fisch". Denn auch er ist durch den Streit aus seiner
göttlichen Heimat in dies Jammertal verschlagen, zu langer,
mühseliger Seelenwanderung verdammt.

Erst durch die Lehre von der Seelenwanderung erhält die
enge Verwandtschaft zwischen Mensch und Tier, die sich schon
aus seiner Naturphilosophie ergibt, ihre eigentümliche Bedeutung. Von einschneidender Bedeutung sind die Folgerungen aus
dieser Verwandtschaft: Alles Beseelte umschlingt ein gemein-
sames Band, ein für alle gültiges Rechtsverhältnis. Hieraus ergibt sich von selbst als kategorisches Gebot die ἀποχὴ ἐμψύχων,
die Schonung und Achtung alles Lebendigen. Als scheußlichster
Frevel erscheint es daher, Tiere zu töten und von ihrem Fleische
zu essen. Sind doch die Leiber der Tiere, die die Ruchlosen
verzehren, „gepeinigter Seelen Wohnsitze". Und da „schlachtet
in seinem Wahn, ein gottgefälliges Werk zu tun, der Vater
seinen lieben Sohn, der die Gestalt gewandelt hat"! So kann
der ob solchen Greuels in heiligem Zorn wetternde Prophet
seinen Landsleuten zurufen:

„Wollt ihr nicht lassen vom gräßlichen Morden? Ach, merkt
  ihr denn gar nicht,
Wie ihr einander zerfleischt, weil gedankenlos stets euer
  Handeln?"

Für die Geschichte der griechischen Philosophie zeigt Empedokles ein doppeltes Gesicht. Als Physiker macht er den ersten
– durchaus originalen – Versuch zur Vermittlung zwischen der

---

[1] Äon meint hier die Dauer eines Menschenlebens.

Lehre des Herakleitos und der Ontologie des Parmenides, übt
durch seine Lehre von den vier Elementen, von Vereinigung
und Trennung unvergänglicher Stoffe als dem scheinbaren Werden und Vergehen auf die Folgezeit eine unabsehbare Wirkung
aus, wird durch seine Unterscheidung des Stoffes und der ihn
gestaltenden Kräfte der Wegbereiter eines kosmischen Dualismus, führt durch seine Lehre von Liebe und Streit als weltdurchwaltenden Mächten ein Werte setzendes (ethisches)
Moment in die Naturphilosophie ein. Als Mystiker wirkt er als
Vollender der orphisch-pythagoreischen Seelenlehre durch seine
wahrhaft plastische Ausgestaltung dieser Idee auf die Anschauungen der Späteren, auch Platons, nachhaltig ein. So
wirken in seiner faszinierenden Persönlichkeit die zwei Grund-
motive, das rein wissenschaftliche, physikalische und das
religiös-mystische, in seinem Wesen selbst unausgeglichen neben
oder vielmehr nacheinander ruhend, mit originaler Kraft auf
die Folgezeit bis ans Ende der Antike und darüber hinaus bis
an die Schwelle der Gegenwart, wie schon Hölderlins großartige Dichtung beweist, wenn sie auch einen ganz anderen
Geist atmet.

2. Anaxagoras

Anaxagoras von Klazomenai, des Hegesibulos Sohn, aus
vornehmem, reichem Hause, ist um das Jahr 500 geboren.
Apollodor setzt seine Geburt in die 70. Olympiade. Aus Liebe
zur Wissenschaft verzichtet er auf seinen väterlichen Besitz und
läßt seine Güter brach liegen, den Schafen zur Weide, wie er
denn das Urbild des weltabgewandten, ganz der Wissenschaft
dienenden Denkers ist. Als solchen feiern ihn höchstwahrscheinlich die berühmten Verse des Euripides: „Selig der Mann, der,
der Forschung geweiht, auf Schaden der Bürger und Frevel nie

sinnt, er, des inneres Auge tief versonnen nur zugewandt
ewigen Wesens nie alterndem Bau, welcher Art er, nach welchem Plan meisterlich einst ist gefüget. Hat doch bei einem so
hohen Geist Arges nimmer die Stätte." In seiner Frühzeit hat
er – so dürfen wir aus einer Bemerkung des Theophrast erschließen – zur Milesischen „Schule", die auch nach dem Fall
der Stadt im Jahre 494 noch längere Zeit fortbestanden hat, in
persönlichen Beziehungen gestanden und durch die Milesier
(Anaximandros, Anaximenes) starke Einwirkungen erfahren.
Um das Jahr 462 hat er sich dann nach Athen begeben, wo er
30 Jahre lang gelebt, d. h. geforscht hat. Hier tritt er auch in
nahe Berührung mit Euripides und mit Perikles, die von seiner
Persönlichkeit wie von seiner „Meteorologie" einen tiefen Eindruck empfangen haben. Auch Thukydides hat seine Naturforschung sicher gekannt und ebenso wie Perikles z. B. II 28
seine Erklärung der Mondfinsternisse angenommen.

Mit Anaxagoras kommt die ionische Wissenschaft und damit
die erste „Aufklärung" in das damals größtenteils noch altgläubige Athen. Dieser neue Geist ist der Masse des athenischen
Bürgertums dauernd verdächtig gewesen. Schweren Anstoß er-
regte besonders seine Lehre von den Himmelskörpern – die
Sonne erklärte er für eine glühende Steinmasse –, und so wird
er um das Jahr 432, als Perikles' Gegner ihre ersten Vorstöße
gegen seine Vertrauten richteten, wegen Gotteslästerung (auf
Grund des Psephisma des Diopeithes) angeklagt, angeblich
wegen seiner Behauptung über die Sonne. Der Verlauf und
Ausgang des Prozesses, bei dem sich Perikles persönlich für ihn
verwandt haben soll, bleibt angesichts der widerspruchsvollen
Überlieferung unsicher. Jedenfalls verläßt Anaxagoras damals
für immer Athen und begibt sich nach dem hellespontischen
Städtchen Lampsakos, wo er eine „Schule" gründet (Archelaos,
dessen Nachfolger Metrodor) und einige Jahre später (um 428)
stirbt; noch lange nach seinem Tode wird sein Andenken dort
in hohen Ehren gehalten.

Von dem *Naturforscher* Anaxagoras ist besonders seine „Meteorologie" von Bedeutung. Darunter versteht man die Erforschung der μετέωρα, der „Dinge in der Höhe", d. h. der Erscheinungen und Vorgänge im Bereich der Wolken ebenso wie in der Region der Gestirne. Seine Ansicht von der Natur der Sonne findet er durch das gewaltige Meteor bestätigt, das im Jahre 467 bei Aigospotamoi auf die Halbinsel Gallipoli niedergegangen war. Seine Vorstellungen von der Größe und Entfernung der Gestirne verraten schon einen bedeutsamen Fortschritt. Er hält die Sonne „für größer als den Peloponnes", den Mond für eine bewohnte Erde mit Bergen und Tälern. Ein besonderes Verdienst von ihm bildet es, daß er zum ersten Male die Finsternisse von Sonne und Mond, die damals noch die meisten mit Nikias für unheimliche Wunderzeichen hielten, vollkommen richtig erklärt hat. In der eigentlichen Meteorologie – wie *wir* heute, d. h. seit Aristoteles, das Wort gebrauchen – ist seine Erklärung der Entstehung des Hagels bemerkenswert. Anaxagoras erkennt überhaupt als erster die entscheidende Bedeutung der Temperaturveränderungen und -unterschiede für die Entstehung der atmosphärischen Vorgänge und sieht bereits in der Sonne die letzte Ursache aller meteorischen Erscheinungen. Auf seine sonstige Physiologie kann hier nicht eingegangen werden.[1] Doch sei noch hervorgehoben, daß er zu denjenigen frühgriechischen Denkern gehört, die auch mathematische Bildung besitzen, wie er denn noch im Gefängnis dem Problem der Quadratur des Kreises nachgedacht haben soll.

Von seiner Schrift, die im Gegensatz zu den Werken des Empedokles in nüchterner, schlichter Prosa, in klarem, durchsichtigen Stile abgefaßt ist, sind uns eine Reihe größerer Fragmente erhalten, darunter besonders wichtig das zwölfte.

---

[1] Anaxagoras' Bedeutung als Naturforscher wie als Philosophen habe ich eingehend zu würdigen gesucht in meiner Studie „Anaxagoras", Neue Jahrbücher für klass. Altertum 1919, S. 81 ff. und 169 ff.

a) Die Stofflehre

Mit Empedokles teilt auch Anaxagoras die „den alten Physikern gemeinsame Überzeugung", daß nichts aus dem Nichts entstehen und nichts in das Nichts vergehen kann. Wie jener fußt auch er auf den Fundamentalsätzen der parmenideischen Ontologie, nach denen das Seiende unentstanden, unvergänglich und qualitativ unveränderlich ist. Auch für Anaxagoras gibt es daher kein Entstehen und Vergehen in eigentlichem Sinne. „Die Worte ‚Entstehen' und ‚Vergehen' gebrauchen die Hellenen nicht richtig. Denn kein Ding entsteht oder vergeht, sondern aus den (schon) vorhandenen Dingen findet eine Mischung oder eine Trennung statt. Und so dürften sie treffend die Entstehung als eine Mischung, das Vergehen als eine Trennung bezeichnen" (Fr. 17). Auch für Anaxagoras steht nicht nur die quantitative, sondern auch die qualitative Konstanz der in der Welt vorhandenen Stoffe fest. Soweit stimmt er also mit Empedokles durchaus überein, d. h. er steht mit ihm auf demselben Boden der eleatischen Ontologie. Und doch kommt er zu einem anderen Ergebnis. Wenn die Stoffe unentstanden, unvergänglich und qualitativ unveränderlich sind, wie kommt es dann, daß sich aus dem Brot, das wir essen, Knochen, Fleisch, Sehnen, Adern, Haare usw. bilden und aus der Nahrung des Tieres Federn oder Hörner? Wie kommt es, daß aus dem Wasser des Baches, das die Wurzeln des Baumes einsaugen, Holz, Rinde, Blätter oder Früchte werden? „Wie könnte", so ruft er aus, „aus Nichthaar Haar und Fleisch aus Nichtfleisch werden?" Wo doch die Urbestandteile der Dinge unveränderlich sind! Nur *eine* Antwort ist hierauf möglich: Das scheinbar neu Entstandene muß in der dem Körper zugeführten Speise schon vorher enthalten gewesen sein. In dem Brot, das wir essen, in dem Wasser, das wir trinken, sind alle Stoffe unseres Körpers schon von Anfang an vorhanden gewesen; freilich in so kleinen Teilchen, daß wir sie mit unseren Sinnen nicht wahrnehmen, sondern nur durch das Denken erschließen können. So hat auch das Blut nicht erst

im Körper seine Entstehung, sondern es ist schon den Speisen
beigemengt. Das Gleiche aber wird von Gleichem ernährt. Es
muß also zahllose, unsichtbar kleine Teilchen geben, die bei
der Schwäche unserer Sinnesorgane vereinzelt für uns unerkenn-
bar sind und erst durch ihr Auftreten in Masse in den Bereich
unserer Sinne fallen.

Es ist daher alles in allem. Jedes Ding enthält von allen
Stoffen etwas; nur daß wir die Dinge nach dem in ihnen überwiegenden Stoff zu benennen pflegen, der sich, in zahllosen,
unendlich kleinen, gleichartigen Teilchen vereint, meist auch an
ihrer Oberfläche befindet. Übrigens sind gerade die einfach
scheinenden Stoffe, wie Luft und Feuer, am allerbuntesten
gemischt. Da aber der Begriff der *chemischen* Umwandlung
der Stoffe dem Anaxagoras – so nahe er auch einen Augenblick
daran zu sein schien, ihn infolge seiner Theorie zu entdecken –
noch völlig fremd ist, während es andrerseits für ihn feststeht,
daß nichts aus dem Nichts entstehen kann, so sieht er, der
täglich wahrnimmt, daß alles aus allem, wenn auch nicht völlig
unvermittelt, sondern in einer gewissen Stufenfolge hervorgeht,
keinen anderen Ausweg, als ebensoviele Grundstoffe anzunehmen, wie uns der Sinnenschein zeigt, d. h. unendlich viele.
Offenbar ist ihm Epedokles' Annahme von nur vier Elementen
nicht ausreichend erschienen, um aus deren Mischung und
Entmischung die unendliche Mannigfaltigkeit der sichtbaren
Welt begreifen zu können.

Die Stoffe (χρήματα) sind aber nicht nur nach Zahl und Art
unendlich, sondern sie bestehen auch aus schlechthin unendlich
kleinen Teilchen. Denn mit dem Begriff der Unendlichkeit
macht Anaxagoras, wohl unter dem Einfluß der jüngeren
Eleaten, in seiner Physik wirklich Ernst. „Von dem Kleinen gibt
es ja kein Kleinstes, sondern immer noch ein Kleineres. Denn
es ist unmöglich, daß das Seiende nicht ist. Aber auch von dem
Großen gibt es immer noch ein Größeres. Und es ist gleich dem
Kleinen an Menge (d. h. Großes wie Kleines enthalten unend-

lich viele Teile). An sich aber ist jedes Ding sowohl groß wie
klein (groß und klein sind nur relative Begriffe)." (Fr. 3.) In
diesem Zusammenhang ist das 6. Fragment von grundlegender
Bedeutung: „Und wo vom Großen wie vom Kleinen gleich viele
Teile vorhanden sind (d. h. unendlich viele), so dürfte auch
unter dieser Voraussetzung alles in allem sein. Denn es ist
unmöglich, daß etwas gesondert vorhanden ist, sondern alles
hat an allem Anteil. Wo es aber kein Kleinstes geben kann,
dürfte es auch nicht abgesondert werden können und für sich
sein, sondern gerade wie zu Anfang, so muß auch jetzt alles
zusammen sein. In allem aber sind viele (Stoffe) enthalten, und
zwar gleich viele in größeren wie in den kleineren der sich aus-
scheidenden Dinge." – Anaxagoras stellt sich also nicht nur die
Teilung eines Dinges, d. h. eines beliebigen Stückes Materie, bis
ins Unendliche fortsetzbar vor, sondern er nimmt auch die
stoffliche Mischung eines Dinges bis ins Unendliche an, d. h.
wenn man das betreffende Stück Materie auch immer aufs
neue teilt, so enthält doch jeder dieser Teile, wie klein er auch
sein mag, immer wieder Teile von allen Stoffen. Nur ist natürlich in der Mischung der Dinge das Mengenverhältnis der
einzelnen Stoffe zueinander verschieden. Wovon sie aber am
meisten enthalten, danach pflegen wir sie zu benennen.

Diese Schlußfolgerung des Anaxagoras von der unendlichen
Teilbarkeit auf die ins Unendliche gehende Mischung der Stoffe
ist allerdings nicht zwingend, doch kann daran kein Zweifel
sein, daß er wirklich so geschlossen hat. Aber ebensowenig
läßt sich verkennen, daß diese seine Anschauung, daß „alles in
allem" enthalten sei, ihre Schwierigkeiten hat, die jedoch ihrem
Urheber noch nicht zum Bewußtsein gekommen sind. Denn wir
können uns wohl die Dinge bis ins Unendliche geteilt vorstellen,
eine Mischung der Stoffe ins Unendliche aber nicht. Denn das
scheitert an den Grenzen unserer Vorstellungsfähigkeit. Wenn
wir uns auch hundertmal vornehmen, die immer aufs neue zer-
legten Teilchen der Materie aus allen Stoffen gemischt vorzu-

stellen, so müssen wir uns doch, wenn wir die Dinge nach dem in ihnen überwiegenden Stoff (Stein, Holz, Eisen usw.) unterscheiden und benennen, das betreffende Stück Materie in seinen Urteilchen *ein*stoffig denken. Denn wonach benennten wir es denn, wenn nicht nach *einem* bestimmten Stoff, dessen Urteilchen wir uns schlechterdings *ein*stoffig vorstellen müssen? Auch Anaxagoras selbst hat sich dieser Denknotwendigkeit nicht entziehen können, wie denn sein Ausdruck σπέρματα (Samen) der Dinge (Fr. 4) nur von unsichtbar kleinen Teilen eines und desselben Stoffes verstanden werden kann. Und so gerät der Denker, wenn auch ihm selbst unbewußt, unwillkürlich mit einer seiner eigenen Lehren in Widerspruch, weil auch er gar nicht anders als anschaulich zu denken vermag; auch er nimmt Urteilchen an, die nur aus einem einzigen Stoffe bestehen, „Samen", aus denen diese sichtbare Welt aufgebaut ist.

Die Stoffe in der Physik des Anaxagoras nennt bekanntlich Aristoteles, und er zuerst, „gleichteilige" (ὁμοιομερῆ). Es ist von den Historikern der alten Philosophie lange darüber gestritten worden, ob schon Anaxagoras selbst diesen Ausdruck („Homöomerien") gebraucht hat. Nach den Ergebnissen der neuesten Forschung, die das Urteil von Schleiermacher und Zeller endgültig bestätigt haben, ist aber trotz Gomperz u. a. nicht daran zu zweifeln, daß ihn Anaxagoras noch gar nicht gebraucht haben kann, daß vielmehr dieser Ausdruck nur aus der eigentümlichen Terminologie des Aristoteles stammt und für das Verständnis der anaxagoreischen Stofflehre eher hinderlich als förderlich ist. Er wird daher in dieser Darstellung nicht weiter angewendet und sollte aus der Geschichte der vorattischen Philosophie überhaupt verschwinden.

Historisch betrachtet bedeutet die Stofflehre des Anaxagoras einen auffallenden Rückschritt. Sie teilt mit der eleatischen Ontologie, die sie voraussetzt, den gleichen Trugschluß: Weil aus Nichtseiendem niemals Seiendes werden kann, kann auch aus einem soundso Seienden nicht ein soundso *anders* Seiendes

werden. Da er aber die Vielheit und die Bewegung der Dinge
als durchaus wirklich anerkennt, da andrerseits für ihn die
qualitative Wahrhaftigkeit der Sinneseindrücke *eo ipso* feststeht,
und er von der chemischen Umwandlung der Stoffe noch keine
Kenntnis besitzt, so ist er gezwungen, zahllose qualitativ verschiedene Seiende, d. h. zahllose verschiedene Grundstoffe anzunehmen – ein ebenso mächtiger Rückschritt, zumal gegenüber
dem Monismus der ältesten Ionier, wie dieser eine kindlich
geniale Vorwegnahme modernster chemischer Theorien war.
Die Lehre von der Mischung *in infinitum* aber ist nichts als
eine jener bis auf die Spitze getriebenen Verallgemeinerungen,
an denen die Jugendgeschichte der griechischen Wissenschaft so
reich ist. Während Anaxagoras auf Grund der Erfahrung nur
hätte schließen dürfen, daß vieles in vielem, nicht aber, daß
alles in allem enthalten ist, verließ er mit diesem Schluß völlig
den Boden der Empirie, deren Tatsachen zu ihm gar nicht
berechtigten.

b) Das bewegende Prinzip

Auch Anaxagoras muß, da die an Art und Zahl unendlichen
Stoffe unveränderlich und unbeweglich sind, aber an der Vielheit und Bewegung der Dinge für ihn kein Zweifel ist, ein vom
Stoff gesondertes Prinzip der Bewegung annehmen. Aber seine
Antwort lautet anders als die des Empedokles. Waren dessen
Prinzipien „Liebe" und „Streit" noch halbwegs mythisch-
poetische, beinahe mystische Mächte, so geht der nüchterne
ionische Denker in der Wahl seines Weltprinzips offenbar von
rein vernunftmäßigen Erwägungen aus. Die uns umgebende
Welt, zumal der Sternenhimmel, der recht eigentlich das Leitmotiv der Forschung des Klazomeniers bildet, zeigt eine planvolle Ordnung, eine unverbrüchliche Gesetzmäßigkeit. Sie ist
ein *Kosmos*. Diese fundamentale Wahrheit hatte schon Anaxi-

mandros erkannt. Aus ihr zieht Anaxagoras auf Grund der seitdem erfolgten philosophischen Entwicklung die Konsequenzen. Das Wort „Kosmos" bezeichnet ein zweckmäßig eingerichtetes Ganzes, denn eine Ordnung ist ohne einen Zweck nicht denkbar. Zweckmäßig eingerichtete Dinge können aber nur von einem nach bewußten Zwecken handelnden Urheber herrühren. Als Urheber solcher Art kannte Anaxagoras – wie wir Menschen überhaupt, auf Grund unserer inneren Erfahrung – nur den *denkenden Geist,* wie er sich in uns selbst offenbart. Und so schließt er, wenn auch unbewußt, von dem in uns wirkenden Prinzip, als das er den Geist betrachtet, auf das in dem Makrokosmos waltende. Auch im Weltall ist der Geist das Prinzip der Ordnung.

Es kann keinem Zweifel unterliegen, daß es gerade die Erforschung der μετέωρα, d. h. hier des gestirnten Himmels ist, die den Klazomenier zu diesem bedeutsamen Schluß geführt hat. Auch eine Stelle des berühmten 12. Fragmentes läßt das noch deutlich erkennen: „Alles erkannte der Geist. Und welcher Art es sein sollte und wie es war, was jetzt nicht ist, und wie es ist, das alles ordnete der Geist an (πάντα διεκόσμησε νοῦς). auch diesen Umschwung, den jetzt die Gestirne und Sonne und Mond vollführen."

Wäre der Geist nach Auffassung des Anaxagoras nur das reine Denkvermögen, so würde er freilich als Weltprinzip zur Erklärung allen Geschehens nicht ausreichen. Denn woher die Bewegung und die hierdurch bedingte Veränderung der Dinge? Anaxagoras vollzieht jedoch unbewußt eine Gleichsetzung zweier verschiedener Faktoren. Er identifiziert den Geist als Denkvermögen (νοῦς) zugleich mit dem Lebensprinzip (ψυχή) als zur Tat befähigtem Willen, und so ist ihm der Geist, durch den wir denken, zugleich der Urheber all unserer Bewegungen. Wie ihm aber Denken, d. h. Erkennen und andrerseits Bewegen als die beiden Grundfunktionen des menschlichen Geistes erscheinen, so überträgt er diese auch auf den Geist als

Weltprinzip. Wesen und Bedeutung dieses seines bis in die jüngste Gegenwart vielumstrittenen Prinzips erkennt man am besten aus den Prädikaten, die Anaxagoras ihm gibt, und aus den Wirkungen, die er ihm zuschreibt. Der νοῦς ist *einfach,* d. h. nicht aus verschiedenen Teilen oder Stoffen zusammengesetzt; er ist *rein,* d. h. mit nichts anderem vermischt, *„allein, selbst, für sich selbst.* Denn wenn er nicht für sich, sondern mit irgend etwas anderem vermischt wäre, dann hätte er an allen Dingen Anteil ... Und es würde ihn das mit ihm Vermischte nur hindern, so daß er über kein Ding in derselben Weise herrschen würde, wie wenn er allein für sich wäre." (Fr. 12.) Der Geist ist überhaupt „das feinste und reinste von allen Dingen". Wie unvermischt, ist er auch ἀπαθής, d. h. er erleidet keinerlei Einwirkungen von anderer Seite, ist überhaupt völlig unveränderlich.

Schon hieraus ergibt sich, daß Anaxagoras den Geist als etwas *schlechthin Unvergleichliches* kennzeichnen will. Freilich klingen noch einige seiner Äußerungen so, als ob der νοῦς nur eine ganz besondere Substanz wäre. Denn der „Geist" des Anaxagoras enthält allerdings noch einige „körperhafte" Merkmale, so, wenn wiederholt betont wird, daß er mit nichts anderem auf der Welt vermischt oder daß er das feinste und reinste von allen Dingen sei. Aber doch ist bei ihm die Tendenz zur reinen Geistigkeit des Begriffs so augenscheinlich, daß sie nie hätte verkannt werden sollen. Das zeigen schon jene Prädikate, die den νοῦς als etwas von allem andern auf der Welt wesentlich Verschiedenes hinstellen wollen. Entscheidend aber ist dieses: Die Kardinaleigenschaft des νοῦς ist das *Erkennen,* also gerade die dem Geist und nur ihm eigentümliche Fähigkeit. So heißt es im 12. Fragment: „Er besitzt von jeglichem Dinge jegliche Kenntnis." „Alles, was sich mischte, absonderte und voneinander schied, alles erkannte der Geist." Der νοῦς ist also allwissend. Und auf seine Erkenntnis gründet sich seine Befähigung, die Dinge bei dem Werden der Welt zu ordnen. Daß

wirklich das Erkennen die Grundeigenschaft seines Weltprinzips
ist, beweist endlich Anaxagoras selbst durch *die Wahl seiner
Bezeichnung* νοῦς für dieses Prinzip, eines Wortes, das schlechterdings das Denkvermögen, einschließlich der Absicht bezeichnet, wie schon der homerische Sprachgebrauch erkennen läßt.
Es bezeichnet also eine rein geistige Tätigkeit. Mit diesem
innersten Wesen des νοῦς hängt es auch zusammen, daß er die
Herrschaft über alles Beseelte hat. Anaxagoras hat also – daran
kann für den Kenner seiner Fragmente kein Zweifel sein –
durch das Wort νοῦς sein Prinzip als ein *rein geistiges* (daher
mit nichts auf der Welt vergleichbares) Wesen bezeichnen
wollen, mag auch hier und da seiner Ausdrucks-, d. h. seiner
Denkweise noch etwas Materialistisches anhaften, eine Tatsache, die verschiedene Ursachen hat. Hier wirkt auf ihn nicht
nur der Einfluß seiner ionischen (hylozoistischen) Vorgänger
wie überhaupt der Umstand, daß damals der Begriff des absolut
Unkörperlichen noch nicht entdeckt war. Es kommt als wesentlich noch das Moment hinzu, daß der Hellene überhaupt, auch
der Philosoph, selbst noch in der späten Stoa, mehr anschaulich
(„plastisch") denkt, während der moderne Mensch, zumal *der*
Gelehrte, immer mehr der Natur entfremdet, mehr begrifflich
(abstrakt) denkt. Doch bleibt es darum nicht weniger wahr,
daß sich Anaxagoras auf dem besten Wege dazu befand, *die
reine Geistigkeit zu entdecken.* Alle seine Wendungen lassen
deutlich erkennen, daß er förmlich danach ringt, von der
materialistischen Denkweise loszukommen. Wir dürfen daher
– wenn wir von Empedokles hier absehen, der als erster die
bewegenden Kräfte „Liebe" und „Streit", die er sich freilich
noch sehr körperhaft vorstellt und rein triebhaft wirken läßt,
von dem unbewegten Stoff unterschieden hat – Anaxagoras
ganz eigentlich als den *ersten Dualisten* in der Geschichte des
abendländischen Denkens bezeichnen. Die νοῦς-Lehre des Anaxagoras ist wirklich der Punkt, „auf welchem der Realismus der
älteren Naturphilosophie über sich selbst hinausführt".

Ewig denkwürdig daher Aristoteles' Wort[1] über ihn: „Einer,
der behauptet hat, daß *der Geist,* wie in den Lebewesen, so
auch in der Allnatur walte und der Urheber des Kosmos und
der gesamten Weltordnung sei, der erschien wie ein Nüchterner
gegenüber den Früheren, die ins Blaue hinein geredet hatten. –
Daß nun Anaxagoras (zuerst) mit aller Deutlichkeit diese Lehre
verkündet hat, wissen wir . . .“

Wie der Geist „allein, selbst, für sich selbst" ist, so ist er auch
ein „selbstherrliches" Wesen (αὐτοκρατές), d. h. er hat seine
Macht allein aus sich selbst. Und wie ihm alles Beseelte wesens-
verwandt ist, hat er auch über alles, was Seele hat, die Herrschaft. Waltet er doch in allen Lebewesen, großen und kleinen,
edleren und geringeren. Aber er waltet nicht nur im Seelischen,
er hat die entscheidende Macht auch im Physischen. Ist er doch
das erste Bewegende, das zum Werden der Welt den Anstoß
gibt. Der Geist ist nicht nur allwissend, er ist auch allmächtig,
ewig und allgegenwärtig. Aber doch bleiben in dem Wesen des
anaxagoreischen Geistes noch Unklarheiten bestehen. Wenn er
sagt, der Geist sei in allen Lebewesen, größeren und kleineren,
edleren und geringeren, so ist schwer zu sagen, wie hierbei die
Einheitlichkeit (wie überhaupt die Persönlichkeit) des Geistes
erhalten bleiben kann. Und auf der anderen Seite vermissen
wir, wie schon Aristoteles betont, eine klare Unterscheidung
zwischen Geist (νοῦς) und Seele (ψυχή).

Der Geist nun ist es, der zum Werden der Welt den entscheidenden Anstoß gibt. „Auch über die gesamte Wirbelbewegung hatte der Geist die Gewalt, dergestalt, daß sie anfing
herumzuwirbeln. Und zuerst begann dieser Wirbel von einem
gewissen kleinen Punkte aus herumzukreisen; er greift aber
noch weiter um sich und wird noch weiter um sich greifen."
Wie der Geist alles in Vergangenheit, Gegenwart und Zukunft
ordnet, so ist er auch der Urheber „dieser Wirbelbewegung, die

[1] Metaphysik I 3, 984 b 15 ff. = V. S. 59 A 58.

jetzt die Gestirne, Sonne und Mond, Äther und Luft bei ihrer Ausscheidung vollführen; denn eben die Wirbelbewegung verursachte ihre Ausscheidung (Fr. 12).

Nach all diesem darf man gespannt sein, wie der Entdecker des νοῦς diesen Kosmos des weiteren sich entwickeln ließ. Hier aber erfahren wir eine herbe Enttäuschung, die schon die größten Denker der griechischen Folgezeit zu ihrem Leidwesen erleben mußten. Wie Aristoteles nach Sokrates und Platon feststellt: „Anaxagoras gebraucht den Geist als *deus ex machina* zur Weltbildung, und wenn er nicht weiß, aus welchem Grunde etwas notwendigerweise so ist (wie es ist), dann zerrt er ihn herbei; sonst aber nimmt er alles andere eher als Ursache des Geschehens an als den Geist", d. h. erklärt es aus rein physikalisch-mechanischen Ursachen, ohne auch nur, wie Aristoteles' Schüler Eudemos rügt, anzugeben, aus welchem Grunde der Geist seine Tätigkeit so bald wieder gänzlich einstellte. Wie er auch keinen Grund angegeben hätte, warum der Geist eines Tages, nachdem er die unendliche Zeit vorher in Ruhe verharrt hatte, den Anstoß zum Anfang der Welt gegeben habe. Anaxagoras ist sich offenbar der Schwierigkeit, die angesichts der Ewigkeit des Geistes und der Stoffe die Annahme einer Entstehung der Welt in der *Zeit* in sich birgt, noch gar nicht bewußt geworden.

So läßt der Entdecker einer tiefgründigen Idee, die den ersten sicheren Schritt zu einer teleologischen Weltansicht bedeutet, es bei diesem ersten Anlauf bewenden, um alsbald wieder zu einer rein mechanistischen Naturauffassung zurückzukehren, eine auf den ersten Blick wenigstens sehr befremdliche Tatsache, an der aber angesichts der unzweideutigen Zeugnisse eines Platon und Aristoteles nicht zu zweifeln ist, wenn wir sie auch, zumal wir von dem Werk des Anaxagoras nur einzelne Fragmente haben, nur vermutungsweise erklären können. Gerade die Geschichte der alten Philosophie zeigt uns, daß häufig der erste Begründer einer Anschauung noch nicht alle Konsequenzen zieht, die in ihr enthalten sind. Sodann: Anaxagoras vermochte sich offenbar, da er unter dem Einfluß der Eleaten eine ungewordene, unbewegte Materie annahm, in keiner Weise zu erklären, was dieser den Anstoß zur Bewegung gegeben und was in das ursprüngliche Chaos diese planvolle Ordnung gebracht hatte. Was für Erwägungen ihn dann auf den Geist als Weltprinzip geführt haben, ist vorhin dargelegt worden. War aber die Frage nach dem *Ursprung* dieses Kosmos beantwortet, dann ließ sich, so mochte er glauben, alles übrige auf rein mechanischem Wege erklären, wenngleich das in der organischen Natur, zumal bei dem damaligen Stande der Physiologie, erhebliche Schwierigkeiten gehabt haben würde. Aber gerade dies Gebiet lag dem Klazomenier von Hause aus fern. So hat er die Konsequenzen, die die Annahme des Geistes als Weltprinzip nach sich ziehen mußte, des weiteren und vor allem für die organische Welt völlig außer acht gelassen. Wir finden daher auch von einer teleologischen Naturerklärung im einzelnen keinerlei Spur bei ihm. Der Vorsehungsglaube der späteren griechischen Popularphilosophie, wie er uns zuerst in Xenophons Memorabilien als sokratisch und dann vor allem in der Weltanschauung der Stoa (und danach des alten Christentums) entgegentreten wird, ist dem Begründer der νοῦς-Lehre vollständig fremd.

Gleichwohl bleibt es das unvergängliche Verdienst des Anaxagoras, zum erstenmal Geist und Materie, beseelte und unbeseelte Natur grundsätzlich unterschieden, die Selbständigkeit des Geistes gegenüber allem Stofflichen auf das nachdrücklichste betont zu haben. Trotz aller Schwächen im einzelnen bleibt die Lehre vom „Geist", der ungeworden, durch nichts auf der Welt beeinflußt, von allen andern Dingen gesondert, von jeglichem Dinge jegliche Kenntnis besitzt, alle Macht im Himmel und auf Erden nur aus sich selbst hat, der über alles, was Seele hat, Großes wie Kleines, herrscht, der auch im Makrokosmos alles schön und weise geordnet hat – diese erhabene Anschauung ist und bleibt eine großartige Konzeption, die selbst auf die größten Denker der Folgezeit, obgleich sie die Mängel der νοῦς-Lehre klar erkannt und scharf gerügt haben, auf Sokrates, Platon und Aristoteles, tiefen Eindruck gemacht und ihr eigenes Denken nachhaltig beeinflußt hat.

Die Kosmogonie des Anaxagoras bietet, an der seiner Vorgänger und Zeitgenossen gemessen, nur wenig Bemerkenswertes. Ursprünglich, d. h. vor der Entstehung der Welt, waren alle Stoffe zusammen (ὁμοῦ πάντα χρήματα ἦν), d. h. es bestand eine allumfassende Mischung der zahllosen, unendlich kleinen Teilchen der unzähligen Stoffe. Daher war infolge seiner Kleinheit nichts einzelnes deutlich zu erkennen, auch keinerlei Farbe zu unterscheiden. Während das Unendliche des Anaximandros eine qualitativ einheitliche, im übrigen aber unbestimmte Masse war, enthält die Urmischung des Anaxagoras schon alle empirischen Stoffe in ihrer qualitativen Bestimmtheit, wenn auch in unsichtbar kleinen Teilchen. Und während Anaximandros dank seinem Prinzip zahllose Welten annimmt, kann der Entdecker des νοῦς als bewegender Ursache offenbar nur eine einzige Welt annehmen. In diese Urmischung kam durch den vom Geist ausgehenden Anstoß eine wirbelnde Bewegung, die von einem bestimmten Punkte aus beginnend immer weiter um sich griff und noch immer weiter um sich greifen wird. Denn die Aussonderung der unendlichen Stoffmasse ist mit der Kosmogonie keineswegs abgeschlossen. Diese vom Geist ausgehende Wirbelbewegung verursachte die Ausscheidung der einzelnen Stoffe, wobei sich das Gleiche zum Gleichen fand. Hier wirkt wohl eine empedokleische Anschauung nach. Die Kosmogonie beruht also auch bei Anaxagoras nicht nur auf der Sonderung des Verschiedenartigen, sondern dieser folgt – in gewissen Grenzen – die Vereinigung des Gleichen. Auf weitere Einzelheiten seiner Kosmogonie kann hier nicht eingegangen werden.

Die historische Stellung des Anaxagoras in der Entwicklung
der griechischen Wissenschaft läßt sich kurz dahin kennzeichnen, daß er einerseits maßgebende Einflüsse von der parmenideischen Ontologie und der zenonischen Dialektik (insbesondere dem Unendlichkeitsbegriff) zeigt; andrerseits steht er mit
seinem Denken in der Mitte zwischen Empedokles und Leukippos. Denn nirgends verrät er eine Kenntnis von der Atomlehre, während Einflüsse von Empedokles' Hauptwerk auf ihn
hier und da unzweifelhaft sind. In seiner speziellen Physik ist
der Einfluß der Milesier, vor allem des Anaximenes, mit Händen zu greifen, während seltsamerweise bei ihm keine Spur
eine Kunde von den pythagoreischen Lehren verrät. In seiner
Anschauung vom Geist aber ist er so original wie nur je ein
Denker, der in einem großen geschichtlichen Zusammenhang
gestanden hat.

3. Leukippos

Von der Person des Leukippos wissen wir nur so viel, daß er
im zweiten Drittel des 5. Jahrhunderts aus seiner Heimat Milet
nach dem unteritalischen Elea ausgewandert ist, wo er Schüler
des Zenon wurde, und daß er später, sicher erst nach 450, eine
eigene „Schule" in dem thrakischen Abdera gegründet hat, wo
Demokrit sein größter Schüler ward. Die Schriften des Leukippos wurden früh mit den weit zahlreicheren Demokrits in
einem „Corpus" vereinigt und waren daher, als später ihre Titel
oder ihre Eingangsworte verlorengegangen waren, von denen
Demokrits nicht mehr zu sondern, so daß schon Epikur (geb.
341) die historische Existenz eines Leukippos bezweifelte. Aber
Aristoteles und Theophrast zitieren ihn, häufig auch zusammen
mit Demokrit, den Aristoteles einmal geradezu als Schüler des
Leukippos bezeichnet. Theophrast hat auch „die große Weltordnung", den μέγας διάκοσμος, ausdrücklich für ein Werk des

Leukippos erklärt. Aristoteles und Theophrast, diese zwei
Kenner ersten Ranges, gegen die das leichtfertige Geschwätz
eines Epikur nichts besagt, konnten also die Schriften der
beiden „Abderiten" noch mit Sicherheit unterscheiden. Des
Leukippos historische Existenz ist daher völlig gesichert. Von
einer „Leukippischen Frage" sollte nach den Ausführungen von
Zeller und Diels nirgends mehr die Rede sein![1]

Der dritte der großen Denker, die es unternehmen, die
parmenideische Ontologie mit der Lehre des Herakleitos vom
Fluß aller Dinge wie mit den Ergebnissen der allgemeinen
sinnlichen Wahrnehmung in Einklang zu bringen, ist Leukippos
von Milet. Auch Leukippos erkennt mit seinem Lehrer Zenon
an, daß das Seiende ungeworden, unveränderlich, unvergänglich
sein muß. Aber ebenso fest steht für ihn die Vielheit und die
Bewegung der Dinge. Auch Leukippos muß daher eine Vielheit
von Seienden annehmen, die die Eleaten bestritten, weil es kein
sie Trennendes gäbe, da ja alles voll von Seiendem sei. Aus
demselben Grunde hatten sie auch jede Möglichkeit der Bewegung verneint. Sie hatten die Existenz des „Leeren", das sie
gleich dem „Nichtseienden" setzten, auf das nachdrücklichste
geleugnet. Leukippos erkannte wohl, daß ohne das „Leere"
weder Bewegung noch Vielheit denkbar wäre, und hier nun
vollzog er den entscheidenden Schritt, indem er das Leere,
wenngleich er es gegenüber dem „Vollen", d. h. dem Körperlichen, dem in eigentlichem Sinne Seienden (dem ὄν), als das
„Nichtseiende" (das μὴ ὄν) bezeichnet, doch als *wirklich* annahm, indem er den Mut hatte zu erklären, das „Nichtseiende",
d. h. der leere Raum existiere ebensogut wie das Seiende. Das
„Volle" und das „Leere" sind also die Grundlagen der Welt
überhaupt. Was aber ist das Volle? Schon Empedokles, dessen
weitreichender Einfluß auf das Denken des Leukippos neuerdings überzeugend nachgewiesen ist, hatte kleinste Teilchen der

[1] Doch sei, zumal gegenüber Nestle, auf meine eingehende Erörterung in
der Philologischen Wochenschrift, Berlin 1922, Nr. 76 verwiesen.

Elemente angenommen, die, in unsichtbar kleinen Splittern
nebeneinander geschichtet, die sichtbare Welt bilden. Aber erst
durch Zenons „Dichotomie" der Dinge, der die bis ins Unendliche fortsetzbare Zweiteilung der Körper behauptete und damit die Körperwelt überhaupt in Frage stellte, scheint Leukippos
auf den zweiten Fundamentalbegriff seiner Philosophie geführt
worden zu sein. Denn in direktem Gegensatz zu seinem Lehrer
Zenon kommt er beim Durchdenken des Stoffproblems zu
dem Ergebnis, daß es gewisse feste, nicht weiter zerlegbare
Urteilchen der Körper geben muß. Denn wenn die Dinge bis
ins Unendliche zerlegt werden könnten, müßten sie auch bis ins
Unendliche kleinste Hohlräume enthalten, da ohne „Leeres" in
den Körpern ihre Zerlegung undenkbar ist. Wäre also eine
solche Zerlegung der Stoffe bis ins Unendliche möglich, wie
Zenon sie behauptet, dann müßten alle sichtbaren Dinge ausschließlich aus aneinanderstoßenden „Leeren" (κενά = Hohl-
räumen) bestehen, so daß es außer ihnen überhaupt nichts gäbe,
vielmehr alles leer von Substanz wäre. Zenons mathematisch
gedachte Dichotomie der Dinge erweist sich also in der Wirklichkeit, d. h. physikalisch als undurchführbar. Es müssen vielmehr *die* Teilchen Materie, durch die die Körper Zusammenhang ihrer Masse haben, gänzlich frei von irgendwelchem
„Leeren", sie müssen ganz „voll" und daher nicht weiter zer-
legbar, sie müssen ἄτομα = „*Atome*"[1], wie überhaupt völlig
unveränderlich (ἀπαθῆ) sein. Aus solchen unsichtbar kleinen,
nicht weiter teilbaren Stoffteilchen bestehen daher alle sichtbaren Körper, die ihrerseits zwischen diesen ihren Urbestand-
teilen, den Atomen, mehr oder weniger „Leeres" (Hohlräume)
enthalten.

Die zahllosen Atome, aus denen diese sichtbare Welt aufgebaut ist, unterscheiden sich durch ihre Gestalt, Lage und
Anordnung. Aristoteles erläutert das sehr anschaulich: Ein A

---

[1] ἄτομος, wörtlich: unzerscheidbar.

unterscheidet sich von einem N durch die Gestalt, die Buch-
stabengruppe AN von der NA durch ihre Anordnung (τάξει),
ein ⊥ von einem H durch seine Lage (θέσει). Während aber
die Zahl der Buchstabenformen begrenzt ist, ist die Mannigfaltigkeit der Atomgestalten unendlich: Die einen sind glatt,
andere rauh, die einen rund, die andern eckig, andere haken-
förmig usw. usw. Auf diesen drei Grundunterschieden der
Atome, deren stoffliche Substanz bei allen ein und dieselbe ist,
beruht die Verschiedenheit der Dinge überhaupt, wie ja auch
aus denselben Wortelementen (den Buchstaben) Tragödie und
Komödie bestehen. Denn die einzelnen Atome haben – abgesehen von ihrer Form, die ja mit ihrer Körperlichkeit gegeben
ist – außer der Ausdehnung (Raumerfüllung, denn sie sind ja
das „Volle") keinerlei Eigenschaft, die in die sinnliche Erscheinung treten könnte. Denn die leukippischen Atome sind ein
vollkommenes Abbild des parmenideischen őν, nur daß dies
hier in zahllose Urteilchen zersplittert ist, um die Vielheit der
Dinge aufrechterhalten zu können: ungeworden, unveränderlich,
unvergänglich; sonst aber haben sie keinerlei Eigenschaft als die
der körperlichen Ausdehnung. Hier ist also – auf Grund der
eleatischen Ontologie – zum erstenmal der Begriff der reinen
qualitätslosen Materie gefunden. Wenn aber Leukippos alle
Verschiedenheiten der sichtbaren Dinge, wie Farbe, Geschmack,
Geruch, Struktur usw., auf die verschiedene Form, Lagerung
und Ordnung ihrer Atome zurückführt, so werden hier zum
erstenmal *primäre und sekundäre Eigenschaften* der Dinge
unterschieden, d. h. alle von uns wahrgenommenen Eigenschaften der Dinge, abgesehen von ihrer Körperhaftigkeit, für
nur subjektiv erklärt – eine Anschauung, die zwar schon von
früheren Denkern behauptet, aber noch niemals begreiflich zu
machen versucht war. Auf diese Weise ist zugleich die Frage
nach der Anzahl der Urstoffe, die Empedokles auf vier beschränkt, Anaxagoras für unendlich erklärt hatte, gegenstandslos geworden. So hat das erste Problem der griechischen

Naturphilosophie, das die ältesten Milesier ausgeworfen hatten, durch ihren letzten großen Jünger seine Lösung gefunden.

Wie auf dem Zusammentreten oder Auseinandergehen der Atome alles Entstehen und Vergehen beruht, so erklärt sich auch die Veränderung (ἀλλοίωσις) eines und desselben Dinges ausschließlich aus der Veränderung der Lage und Anordnung seiner Atome. Solche Veränderung ist freilich nur begreiflich, wenn man das „Leere" als wirklich annimmt. Denn ohne das Leere, d. h. kleinste Hohlräume in den Körpern, ist eine allmähliche Umlagerung und Umschichtung ihrer Atome undenkbar. Und wie der „Untergang" eines bestimmten Dinges nur dadurch erklärlich ist, daß in seine Hohlräume fremdartige Urteilchen eindringen und das ursprüngliche Gefüge seiner Atome zersprengen, so ist auch das Wachstum organischer Wesen nur so vorstellbar, daß in ihre kleinsten Hohlräume unmerklich weitere feste Urteilchen dem Organismus verwandter Art eindringen und ihn dadurch ausdehnen. Doch hören wir Aristoteles selber, der noch die Schriften des Leukippos und Demokrit gelesen hat und ihre Beweise für die Existenz des Leeren anführt[1]: „Sie bringen als Argument hierfür erstens vor, daß sonst eine örtliche Bewegung unmöglich sei. ... Zweitens die Tatsache, daß offenbar einige Körper sich zusammenziehen und verdichten. Drittens, daß auch das Wachstum bei allen Dingen vermittels des leeren Raumes zu erfolgen scheint. Als Beweis verwenden sie auch viertens das Experiment mit der Asche, die ebensoviel Wasser aufnimmt wie das leere Gefäß[2]."

So sind die Atome und der leere Raum die beiden einzigen Urgründe der Wirklichkeit. Wie es aber in den Einzeldingen zahllose leere Räume gibt, so umgibt auch unseren Kosmos wie

---

[1] Physik I 6, 213 b 1 ff. = V. S. 67 A 19.

[2] D. h. ein lose mit Asche gefülltes Gefäß nimmt ebensoviel Wasser in sich auf, wie wenn es ganz leer wäre.

überhaupt alle Welten der leere Raum, der sich bis ins Unendliche erstreckt.

Wie Werden und Wandel der Dinge niemals aufhören, so sind auch die Atome in ewiger Bewegung. Wie das „Volle", d. h. die Gesamtheit der Atome immer da war, so ist auch seine Bewegung anfangs- und endlos. Stoff und Bewegung sind voneinander untrennbar. Die Bewegung der Atome bedarf für Leukippos keiner weiteren Ableitung. Sie ist für ihn selbstverständlich. Hier hat auf ihn offenbar die Anschauung der alten milesischen Hylozoisten, zu deren letzten Jüngern er als Sohn derselben Stadt wohl noch persönliche Beziehungen gehabt hat, in höchst bedeutsamer Weise eingewirkt. Seiner kühlen, nüchternen Betrachtungsweise, die in dem milesischen Denken ihren ersten Nährboden gefunden hatte, haben offenbar die dualistischen Versuche zur Lösung des Weltproblems, wie sie seine großen Zeitgenossen Empedokles und Anaxagoras unternommen hatten, nicht zugesagt. Wenn der Stoff, wie es die tägliche Erfahrung lehrte, in ewiger Veränderung, d. h. Bewegung der Atome begriffen war, so bedurfte es keines besonderen Prinzips, um die Bewegung der Dinge zu erklären. Von den drei originellen Versuchen, den metaphysischen Grundgegensatz zwischen Herakleitos und Parmenides zu überwinden, erscheint daher der des Leukippos durch seine klassische Einfachheit und die Art seiner Durchführung als der genialste.

Wie die Atome von Ewigkeit her in Bewegung sind, so entstehen und vergehen auch alle einzelnen Welten – denn bei der unendlichen Zahl der Atome wie bei der Unermeßlichkeit der leeren Räume gibt es natürlich zahllose Welten – von Ewigkeit her. Die Entstehung einer solchen Welt müssen wir uns etwa so denken: Von den zahllosen Atomen, die sich in dem „großen Leeren" hin und her bewegen, treffen ungezählte miteinander zusammen; manche prallen sofort wieder voneinander ab, andere dagegen, die nach Gestalt und Lage eine gewisse Symmetrie aufweisen, verflechten sich einer Art Wahlverwandt-

schaft zufolge miteinander. Es bilden sich Atomkomplexe, die
infolge der von den verschiedensten Seiten auf sie einwirkenden
Stöße von Atomen einen Wirbel verursachen, der immer mehr
Atomverschlingungen in seinen Bereich zieht, so daß eine immer
größere Masse entsteht. Wenn die in dieser enthaltenen Atomkomplexe zufolge ihrer Verschiedenartigkeit nicht mehr im
Gleichgewicht miteinander herumwirbeln können, dann scheiden sich, indem sich das Gleichartige zum Gleichartigen gesellt[1], zwei Gruppen: die feineren Atome werden in die Peripherie gedrängt, verbinden sich hier infolge der wirbelnden
Bewegung miteinander und bilden so das in Form einer Voll-
kugel gedachte Himmelsgewölbe. Aus anderen Massen solcher,
der Peripherie zu gerissener Atome bildeten sich die Gestirne,
die infolge ihrer reißend schnellen Bewegung glühend geworden
sind. Währenddessen haben sich jedoch die gröberen und
schwereren Stoffe nach unten, d. h. nach dem Mittelpunkt der
kugelförmig gedachten Welt zu gesenkt, sich infolge des Wir-
bels zu einem kugelartigen Gebilde zusammengeballt, das den
Grundstock unserer Erde bildete. Analog der Entstehung der
einzelnen Welten muß sich Leukippos auch ihr dereinstiges
Vergehen gedacht haben, doch ist uns nichts Näheres hierüber
bekannt. Von Bedeutung ist jedoch, daß er in dem gesamten
Weltprozeß, in Werden, Wachsen und Vergehen eine gewisse
„Notwendigkeit" (ἀνάγκη) walten sah, augenscheinlich in Vorahnung dessen, was wir Naturgesetz nennen.

Auch die menschliche „Seele" hat Leukippos im Einklang mit
seiner monistischen Weltansicht erklärt. Die durchaus körperlich vorgestellte Seele ist ihm, wie schon seinem Ahn Thales,
die Ursache der Bewegung des lebendigen Organismus, wie
überhaupt des Lebensprozesses. Sie besteht aus feinen, kugel-
förmigen Atomen wie das Feuer, das ja auch in ewiger Bewegung begriffen ist. Als Träger des Lebensprozesses hängt sie

---

[1] Hier zeigt sich der Einfluß der empedokleischen Anschauung.

auf das engste mit der Atmung zusammen. Denn da die uns umgebende atmosphärische Luft die Körper der lebenden Wesen zusammendrückt und von den Atomen diejenigen, die, selbst am leichtesten beweglich, den Lebewesen die Bewegung ermöglichen, herauszudrängen trachtet, kommt den Lebewesen dadurch Hilfe, daß infolge ihrer Einatmung stets neue Feueratome hereingezogen werden. Diese hindern die schon im Lebewesen vorhandenen, sämtlich auszuscheiden oder ersetzen diese, indem sie zugleich dem Druck der Atmosphäre auf die organischen Körper das Gegengewicht halten, so daß von dieser nicht alle Feueratome herausgedrängt werden können. Wenn die Aussonderung der Seelenatome die Einatmung solcher in etwas überwiegt, so versinkt der Mensch in Schlaf. Dagegen hat ein völliges Überwiegen der Ausatmung dieser Atome gegenüber der Einatmung den Tod zur Folge.

Die Seele als geistiges (denkendes) Wesen scheint Leukippos noch nicht in den Bereich seiner Spekulation gezogen zu haben. Dagegen hat er unter dem Einfluß empedokleischer Anschauungen einen interessanten Versuch zur Physiologie der Sinne unternommen. Das Sehen kommt nämlich nach seiner Meinung dadurch zustande, daß sich von den Gegenständen kleine Abbilder (εἴδωλα) loslösen, die auf unser Auge treffen und sich in diesem spiegeln. Denn Sehen heißt nichts anderes als ein Spiegelbild des gesehenen Gegenstandes in unserer Pupille auffangen.

Eigentümlich ist, daß Leukippos Wahrnehmen und Denken, die doch schon Alkmaion von Kroton scharf unterschieden hatte, nicht grundsätzlich gesondert zu haben scheint, wie er andrerseits in seiner Kosmologie, gegenüber den großen Entdeckungen der jüngeren Pythagoreer, auffallend rückständig ist. Aber sein unvergängliches Verdienst bleibt seine Prinzipienlehre, die Atomtheorie, durch die er auf Jahrtausende naturwissenschaftlichen Denkens eine unabsehbare Wirkung ausgeübt hat.

VI. Der Ausgang der vorattischen Philosophie

Das griechische Denken hat sich in seiner ersten Periode mit
dem verwegenen Mute der Jugend gleich an die höchsten und
letzten Probleme herangewagt, insbesondere an das des Urgrundes der Welt überhaupt. Bei dem ihm zur Verfügung
stehenden relativ geringen Beobachtungsmaterial und bei dem
völligen Mangel einer Kritik des Wesens und Wertes der Erkenntnis selbst mußten die Versuche mit einem Chaos sich
widersprechender Lösungen enden. So erklärt es sich, wenn die
letzte Phase der vorattischen Periode in der Hauptsache *Eklektiker und Epigonen* aufweist; Eklektiker, wie DIOGENES VON
APOLLONIA im letzten Drittel des 5. Jahrhunderts v. Chr., der
den materialistischen Monismus der alten Milesier mit dem
teleologischen Prinzip des Anaxagoras zu vereinen sucht, oder
sein Zeitgenosse EKPHANTOS VON SYRAKUS, der die atomistische
Physik mit der Nus-Lehre kombiniert zu haben scheint; Epigonen, unter denen wir besonders eine Reihe von Nachfahren
der alten Milesier antreffen, wie den Arzt HIPPON, der als
Weltprinzip das Feuchte setzte, das auch im organischen Leben,
von dem seine Betrachtung ausgeht, eine besondere Rolle spielt,
oder jenen *ungenannten Naturphilosophen,* der einen Urstoff
annahm, der, wie der des Anaximandros, unendlich, aber seiner
Qualität nach zwischen zweien der sog. vier Elemente liegt
(Philosoph des μεταξύ), oder ARCHELAOS, den wenig originellen
Schüler des Anaxagoras. So recht die Typen von Epigonen sind
die jüngeren Herakliteer, die die Lehre des Meisters von der
ständigen Veränderung aller Dinge auf die Spitze treiben und
daher in völliger Skepsis enden, aber doch durch ihre Ansätze
zu einer Sprachphilosophie von Interesse sind, indem sie im
Gegensatz zu andern behaupten, daß die Wörter nicht auf
menschlicher Willkür beruhen, sondern die von Natur gegebenen Bezeichnungen der Dinge sind, die deren wirkliches Wesen
ausdrücken. Die vielfach geradezu grotesken Etymologien, zu

denen sie bei ihren Spekulationen über die Sprache gelangten, sind aus Platons Dichtung und Wahrheit mischender Parodie im Kratylos bekannt.

Wichtiger als diese Eklektiker und Epigonen sind für die Geschichte der griechischen Philosophie die *jüngeren Pythagoreer,* unter denen, neben vielen Ungenannten, PHILOLAOS VON KROTON in der 2. Hälfte des 5. Jahrhunderts, und ARCHYTAS VON TARENT, der sich in der ersten Hälfte des vierten Jahrhunderts mit Platon befreundete, vor andern hervorragen. Von den Leistungen dieser jüngeren Pythagoreer verdient vor allem ihre Weiterbildung der Zahlenlehre, die zugleich die Grundlage ihrer Erkenntnistheorie ist, sowie ihre Kosmologie Hervorhebung, der zufolge um das von ihnen angenommene Zentralfeuer neun Weltkörper (zunächst die Gegenerde, dann die Erde, danach die Planeten) kreisen, so daß hier zum erstenmal die Erde nur als ein Stern unter Sternen erscheint. Von wissenschaftlicher Bedeutung ist hier auch, daß schon Pythagoreer des 5. Jahrhunderts nicht nur die Kugelgestalt der Gestirne und der Erde erkannt haben, sondern einzelne von ihnen, wie EKPHANTOS und HIKETAS VON SYRAKUS sogar schon die ständige Achsendrehung der Erde behaupteten, während – so lehrte wenigstens Hiketas – Sonne, Mond und die andern (angeblichen) Planeten nebst dem Fixsternhimmel völlig stillständen. Überhaupt verdient die Entwicklung der exakten Wissenschaften (Mathematik, Physik, Astronomie) bei diesen Pythagoreern, deren unverkennbare Tendenz es ist, alle Erscheinungen der sichtbaren Welt auf mathematische Verhältnisse zurückzuführen, hohe Anerkennung, wie sich denn schon jener Hiketas als ein Vorläufer der heliozentrischen Hypothese erweist. Auf der andern Seite sollte für die Folgezeit die *Mystik* (vor allem die Seelenlehre) gewisser Kreise dieser unteritalischen Philosophen von besonderer Bedeutung werden. Daneben verdient ihre *Ethik* Erwähnung, in der das „Maß" der alles beherrschende Gesichtspunkt ist, sowie die deutlichen Anfänge einer stark konservativen

Pädagogik, die, von wirklich humanem Geist erfüllt, doch
durchaus auf das Prinzip der Autorität gegründet ist. Auch die
Religiosität dieser jüngeren Pythagoreer, die zwei sehr verschiedene Stadien religiösen Denkens erkennen lassen, ist nicht
ohne Wirkung auf die weitere Entwicklung des griechischen
Gottesbegriffs geblieben.

Gegenüber diesen Philosophen des griechischen Westens verdient aus der letzten Phase der vorattischen Philosophie der um
460 geborene Schüler des Leukippos DEMOKRIT VON ABDERA,
ein besonderes Interesse, nicht nur wegen seiner erstaunlich
fruchtbaren und vielseitigen wissenschaftlichen Tätigkeit, sondern mehr noch, weil er der Zeit nach tief in die Ära des
Sokrates und Platon hineinragt, ohne von dem Denken dieser
Männer irgendwie berührt zu sein, aber doch schon neben der
Natur den Menschen als denkendes und handelndes Wesen
auch in kulturgeschichtlicher Hinsicht zum Gegenstand ein-
gehender Spekulation macht.

In der Naturphilosophie steht Demokrit ganz auf dem Boden
des leukippischen Atomismus: alle sinnlichen Eigenschaften der
Dinge sind nur in der Empfindung des Menschen begründet
(νόμῳ). In Wahrheit gibt es nur die Atome und das Leere, die
wir nur durch das Denken erfassen können.

Wie konsequent er hierbei verfuhr, zeigt seine *Farbenlehre,*
über die wir durch Theophrast, der seine Werke noch vor sich
hatte, Näheres erfahren[1]. Die wissenschaftliche Erfassung des
Farbenproblems ist schon durch Parmenides begründet, der
den rein subjektiven Charakter der Farben erkennt, und von
Empedokles wird diese Erkenntnis übernommen. Aber den
Versuch, die Unterschiede der einzelnen Farben aus ihrer Entstehung, d. h. aus der Art ihrer Zusammensetzung, zu erklären
und unter den Farben verschiedene Gruppen zu unterscheiden,
hat erst Demokrit auf der Grundlage der leukippischen Atom-

---

[1] V. S. II⁵ 120 f. Vgl. hierzu Kranz: Die ältesten Farbenlehren der
Griechen (Hermes 47, 126 ff.).

lehre mit erstaunlicher Kühnheit und Folgerichtigkeit unternommen. Demokrit unterscheidet vier Grundfarben: weiß,
schwarz, rot und gelb. Ihre Unterschiede erklärt er aus der
verschiedenen Gestalt, Ordnung und örtlichen Lagerung der
Atome. Von diesen Grundfarben unterscheidet er die Mischfarben, und zwar erstens solche, die aus der Mischung von
Grundfarben miteinander entstanden sind, wie z. B. die „Isatis",
d. h. das Blau der Waidpflanze (Isatis tinctoria L.) aus tief·
schwarz und grün, jedoch zum größeren Teil aus schwarz; und
zweitens solche, die aus der Mischung von Mischfarben miteinander entstanden sind, wie das „Prasinon" (Lauchgrün), ferner
das „Kyanun" (schwarzblau) und das „Karyinon" (das Grün
der Walnußschalen).

Gerade diese Konsequenz zeigt aber auch, daß sich die
Atomistik bei ihrer Grundannahme, daß es außer dem Leeren
und den völlig eigenschaftslosen Atomen nichts gibt – denn
nach Leukipp und Demokrit haben ja die Atome außer der
räumlichen Ausdehnung, Größe und Gestalt keinerlei Eigenschaften – völlig unfähig erweist, die Erscheinungswelt zu
erklären. Denn wenn unsere Sinneseindrücke rein subjektiv
sind, bleibt völlig unerklärt, wie wir durch solche eigenschafts·
losen Atome Farbeneindrücke erhalten sollten. Denn man kann
diese – ohne Annahme bestimmter, von Natur gegebener Farb·
stoffe – nur aus dem Leeren und den völlig eigenschaftslosen
Atomen überhaupt nicht erklären.

Demgemäß unterscheidet Demokrit zwei Grundarten der
Erkenntnis. Die durch die Sinne ist ihm die unechte, dunkle, die
durch die Vernunft die echte. Dabei erweist sich aber seine
Auffassung vom Wesen der geistigen Erkenntnis ebenso grob
materialistisch wie die von der Seele, deren kugelförmige,
feuerartige Atome im ganzen Körper in der Weise verteilt sind,
daß sich immer zwischen zwei anderen ein Seelenatom befindet.
Trotzdem gilt ihm die Seele, deren Einheit hierdurch völlig
problematisch wird, nicht nur als das den Körper bewegende

Element, sondern auch als die Kraft der Wahrnehmung und des Denkens.

Eine weit größere Originalität zeigt Demokrits *Ethik,* die ausgesprochen eudämonistisch, ja hedonistisch ist, jedoch nicht in dem Sinne, daß diese Hedonik die Sinnenlust als Ziel erstrebte oder auch nur für ein Gut hielte; das eigentliche Ziel unseres Lebens muß vielmehr nach Demokrit, für den es natürlich kein Leben nach dem Tode gibt, *dauerndes seelisches Wohlbefinden* (εὐθυμίη „Wohlgemutheit") sein. Diese Euthymie kann nur der erlangen, der in seiner Lebensführung gewisse Grundbedingungen erfüllt. Vor allem muß er seiner Seele alle äußeren und inneren Störungen fernhalten. Er darf daher weder vielerlei treiben noch etwas unternehmen, was über seine Kräfte geht; er darf auch keine Familie gründen, denn Kinder bringen viel Unruhe, Sorgen und oft unsäglichen Kummer; zur Vermeidung innerer Störungen aber muß er vor allem die Leidenschaften in sich unterdrücken. Er muß auch in allem Genügsamkeit (αὐταρκείη) und Maßhaltung üben, nicht nach vielem begehren, sondern sich mit dem Erreichbaren bescheiden; sodann muß er die Güter des Lebens richtig einschätzen; denn nicht irdischer Besitz macht glücklich, auch nicht die Sinnenlust, die rasch verfliegt und trotzdem bei dem sich ihr Hingebenden stets wiederkehrt; wirkliche Güter sind vielmehr nur die seelischen, wie denn Seligkeit und Unseligkeit des Menschen in seiner eigenen Seele ihren Ursprung haben, also allein von ihm selbst abhängen. Daher haben auch nur die seelischen Freuden wirklichen Wert, wie die Lust an schönen Werken und Taten, überhaupt an allem Schönen. Und noch eine Bedingung muß erfüllen, wer wirklich die Euthymie erlangen will: er muß allezeit das Unrecht fliehen, dagegen stets danach trachten, gerecht zu handeln, also ein wirklich sittliches Leben führen. Gut und Böse sind für Demokrit objektive Werte, die er klar von dem nur subjektiven „Angenehmen" unterscheidet[1].

---

[1] Fragment 69, vgl. 74.

Von einer idealistischen Begründung der Ethik durch Demokrit kann hiernach trotz dieser letzten Bedingung der Euthymie keine Rede sein. Der seine Ethik beherrschende Gesichtspunkt ist vielmehr ausschließlich das Wohlbefinden des Individuums. Sie verrät das Lebensideal eines zwar klugen, aber doch engherzigen Egoismus. Kaum eine Spur von sozialer Ethik zeigt sich in den Fragmenten, auch zu einer Staatslehre – wie sollte ein Abderit dazu kommen! – kaum Ansätze. Auch eine wissenschaftliche Begründung der Ethik oder eine Bestimmung sittlicher Begriffe findet sich nirgends. Ebensowenig ist eine innere Verbindung von Demokrits Ethik mit seiner Atomlehre erkennbar. Mag diese Ethik für die Folgezeit (Epikur) eine gewisse Bedeutung haben, an der des Sokrates und Platon gemessen, ist sie nüchtern und blutlos – gewiß charakteristisch für die kühle, leidenschaftslose Art des Demokrit, aber sie ist schon deshalb, weil ihr die eigentlich idealen Motive fehlen, mit der der beiden großen Attiker nicht vergleichbar.

B. Das Zeitalter der Aufklärung

Auch in der Geschichte der griechischen Kultur spricht man von einem Zeitalter der Aufklärung, wenn auch die historischen Voraussetzungen, insbesondere für die analoge geistige Bewegung des 18. Jahrhunderts, teilweise von denen des perikleischen Zeitalters sehr verschieden sind. Aber doch bleibt der gemeinsame Name berechtigt, wenn man unter Aufklärung das bewußte Streben der führenden Geister eines Zeitalters versteht, das Denken des Menschen von der Herrschaft der von den Vätern ererbten Anschauungen und Gebräuche zu befreien und es gegenüber der „Tradition" auf eigene Füße zu stellen, vor allem auf religiösem Gebiet, mit dem freilich, zumal in der griechischen Volksanschauung, das ethische und das soziale

Denken und Fühlen unlöslich verbunden ist. Diese Emanzipa-
tion der Vernunft, des eigenen Denkens von der mythischen
Vorstellungsweise, eine rein verstandesmäßige, kritische Reflexion, die gegenüber dem Naturgeschehen schon von den ionischen Denkern des 6. Jahrhunderts inauguriert war, wendet sich
im Lauf des fünften vor allem der Menschenwelt zu, indem sie
sämtliche Einrichtungen in Staat und Gesellschaft ebenso wie
ihre Satzungen in Religion und Moral, überhaupt alle Gebiete
des geistig-sittlichen Lebens vor ihr Forum zieht. Sie wird in
der zweiten Hälfte des 5. Jahrhunderts in den fortgeschrittensten Gebieten der griechischen Welt (Ionien, Attika, dem
griechischen Westen über See) allmählich zur beherrschenden
Macht im Leben der Nation, die auch für die Weiterentwicklung der Philosophie von entscheidender Bedeutung werden
sollte. Es sprechen daher auch die modernen Historiker der
alten Philosophie von einem Zeitalter der Aufklärung, das die
klassische Periode des griechischen Denkens heraufgeführt hat.
Doch darf man dabei nicht übersehen, daß sich diese Aufklärung infolge der Kompliziertheit und insbesondere des irrationalen Elements der menschlichen Psyche in den einzelnen
großen Persönlichkeiten des griechischen Geisteslebens in
äußerst mannigfaltiger, oft ganz verschiedener Weise auswirkt,
auch keineswegs restlos ihr Denken beherrscht und keineswegs
sämtliche Schichten und Stämme der griechischen Nation
ergriffen oder gar erobert hat.

I. Allgemeine Charakteristik. Die Sophistik

Die Heimat der griechischen Aufklärung, wie der griechischen
Wissenschaft überhaupt, ist Ionien. Ein Morgenrot dieser
ionischen Freiheit des Denkens lagert schon über den homerischen Gedichten, die kaum noch eine Spur des alten Seelenkults
verraten, von Gespenster- und Geisterglauben so gut wie nichts

wissen, eine starke Vermenschlichung ihrer Göttergestalten und
eine ausgesprochen rational betriebene Heilkunst erkennen
lassen, die sich, von einem ganz vereinzelten Fall abgesehen, als
völlig frei von Aberglauben erweist. Aber der erste epochemachende Aufklärer, den man – immer mit der nötigen
Reserve, denn radikale oder gar absolute Aufklärer hat es bei
den Griechen nur ganz vereinzelt gegeben – wirklich so nennen
darf, ist Xenophanes von Kolophon, den wir früher kennengelernt haben[1]. Auch bei Herakleitos zeigt sich in gewisser
Hinsicht eine verwandte Tendenz. Auch das Aufkommen
allegorischer Deutung der Götter- und Heldensage zu Beginn
des 5. Jahrhunderts, wenn nicht schon eher (Theagenes von
Rhegion), ist ein Symptom beginnender Kritik wie andrerseits
die allmähliche Versittlichung des Gottesbegriffs bei einzelnen,
ihrer Zeit vorauseilenden Dichtern (Simonides) und Denkern
(Xenophanes, Herakleitos). Im Lauf des 5. Jahrhunderts – schon
in dessen erster Hälfte – lassen vor allem wichtige Zweige der
griechischen Prosaliteratur den neuen Geist kritischer Reflexion
und eigenen Denkens erkennen, so in der älteren Geschichts-
schreibung vor allem Hekataios von Milet, dann Hellanikos,
wie F. Jacoby schön gezeigt hat, und später besonders Thukydides, dessen Auffassung von den Ursachen geschichtlicher Vorgänge ebenso wie von katastrophalen Naturereignissen durchaus rational ist. Bei Thukydides zeigt sich wahrscheinlich auch
der Einfluß des Anaxagoras, mit dem um das Jahr 462 die
ionische Aufklärung, wenn auch zuerst nur langsam und unter
schweren Widerständen, in das altgläubige Athen einzudringen
beginnt[2], das freilich erst im letzten Drittel des 5. Jahrhunderts
tiefdringende Wirkungen der „modernen" Denkweise zeigt. Ein
merkwürdiges Zeugnis hiervon ist jene Antitheodicee in nuce in
einer Partie von Aristophanes' „Wolken" v. 394 ff., deren un-

[1] Vgl. S. 59 ff.
[2] Vgl. S. 119 ff.

bekannter Autor vermutlich ein Zeitgenosse des wirklichen
Atheisten Diagoras von Melos war.

Auf wahrhaft imponierender Höhe zeigt sich die Aufklärung
in einzelnen Schriften der hippokratischen Sammlung, so in der
„Von Lüften, Gewässern und Ortslagen" und in der „Von der
heiligen Krankheit", d. h. der Epilepsie, die beide denselben
scharfen Denker zum Verfasser haben, der augenscheinlich dem
Perikleischen Zeitalter angehört. Aber die „Freiheit von Aberglauben" (αδεισιδαιμονίη) ist überhaupt ein Ruhmestitel der
hippokratischen Medizin, die grundsätzlich eine rein rationale
Ätiologie der Krankheiten erstrebt und teilweise schon das
Experiment bewußt als Prinzip zur Erforschung der Krankheits-
ursachen verwendet.

Aus anderen Kreisen des ionischen Lebens (Handel und
Schiffahrt) bringt die vergleichende Völkerkunde, deren bedeutsame Anfänge wir schon bei Xenophanes gewahren, auch in das
griechische Mutterland (Athen) den Anstoß zu Gedankengängen,
die eine starke Gärung in den führenden Geistern hervorrufen
mußten. Keime von relativistischer Lebensanschauung kommen
dadurch zur Entfaltung. Das Problem, was unter den menschlichen Sitten und Gewohnheiten von Natur (φύσει), was nur
dem Herkommen nach (νόμῳ) zu Recht besteht, fängt an, die
denkenden Köpfe der griechischen Nation nachhaltig zu beschäftigen und wird so bald nicht wieder zur Ruhe kommen.

Zur beherrschenden Macht aber im geistigen Leben überhaupt wurde in der zweiten Hälfte des 5. Jahrhunderts diese
ganze Bewegung, deren letzte Gründe noch weiterer Aufhellung
bedürfen, doch erst durch die *Sophistik,* die freilich auch hier
ihren Nährboden in dem Zeitgeist selbst hat, d. h. aus den
sozialen, überhaupt den allgemeinen Kulturzuständen jener
Periode erwachsen ist.

Hauptquelle unserer Kenntnis der Sophistik sind die platonischen Dialoge, besonders die der ersten und die der Übergangsperiode des platonischen Schrifttums (vgl. S. 200), die freilich bei

aller Plastik des großen Künstlers Platon die Sophistik in einseitiger und daher nicht unparteiischer Beleuchtung zeigen, daneben Aristophanes (insbes. Die Wolken), auch Xenophon und
Isokrates. Wichtige Nachrichten finden sich auch bei Aristoteles
und, aus späterer Zeit, vor allem in den Sophistenbiographien
des Philostrat sowie bei Dionysios von Halikarnaß. Das gesamte Quellenmaterial über die ältere Sophistik ist bei Diels,
Fr. d. Vorsokr. II⁵ 252 ff., zusammengefaßt.

Der Ausdruck „Sophist" hat in der älteren Sprache (wenig-
stens bis zum Beginn des Peloponnesischen Krieges) noch nichts
Schimpfliches. Er bezeichnet den Vertreter einer Wissenschaft
oder einer Kunst (auch einer Technik, daher auch den klugen
Erfinder). So nennt Herodot den Solon und den Pythagoras
Sophisten, Androtion so die Sieben Weisen wie auch den
Sokrates, Lysias den Platon und Aischines. Sophist und Philo-
soph werden ursprünglich fast synonym gebraucht. Erst in
Athen bekommt das Wort einen schlechten Klang. Schon bei
Aristophanes, der alle neumodischen Weisheitslehrer darunter
versteht andererseits bei Sokrates und nach ihm vor allem
durch Platon, der die ganze Richtung grundsätzlich bekämpft.
Ist doch nach ihm der Sophist ein Mann, der, auf hohen Lohn
erpicht, auf reiche Jünglinge Jagd macht, ein Händler und
Krämer von geistiger Ware (von μαθήματα, Kenntnissen), von
deren Wert oder Unwert er selbst keine Ahnung hat. Und auch
für Xenophon, der hier sicher die Stimmung nicht nur des
Sokratikers, sondern des alteingesessenen athenischen Bürgertums wiedergibt, sind Sophisten Leute, die wie Kuppler die
Weisheit für Geld an jeden beliebigen verkaufen. Sie reden, um
zu betrügen, schriftstellern aus Gewinnsucht und stiften keinerlei Nutzen. Aristoteles aber erklärt die Sophistik für eine
Scheinweisheit und den Sophisten für einen Händler auf Grund
solcher Scheinweisheit. Daß das Wort „Sophist" noch heute in
schlechtem Sinne verstanden wird, verdanken wir der Sokratik,
vor allem Platon, dem Todfeinde der Sophistik.

Hiernach kann man auf diese selbst einigermaßen gespannt
sein.

Die Ursprünge der Sophistik sind teilweise schon berührt
worden. Mehrere Tatsachen wirken hier folgenreich zusammen:
zunächst das Ergebnis der bisherigen naturphilosophischen
Spekulation, die im Eklektizismus, Resignation oder Skeptizismus geendet war; sodann die mächtige Erweiterung des geo-
und ethnographischen Gesichtsfeldes, durch die die menschliche
Kultur selbst mit all ihren „Errungenschaften" immer mehr
zum Problem wurde. Aber den entscheidenden Anstoß hat doch
erst das praktische Bedürfnis des demokratischen Bürgertums
nach einer völlig neuen Art von Bildung und Erziehung gegeben, weil die alte den veränderten Ansprüchen des Lebens
nicht mehr genügte. Denn wer sich jetzt durchsetzen, Glück und
Erfolg im Ringen um Ansehen und Macht haben will, der muß
vor allem in der souveränen Volksversammlung durch sein
persönliches Auftreten in Wort und Gebärde der Masse der
Mitbürger zu imponieren verstehen. So entsteht trotz des leidenschaftlichen Widerstandes der Anhänger des Alten, wie ihn
besonders gewisse aristophanische Komödien zeigen, allmählich
ein ganz neues *Bildungsideal,* und schon sind auch die Männer
da, die dies Bedürfnis befriedigen, dies Ideal durch ihre Lehre
verwirklichen wollen. Denn der allseitigen Nachfrage entspricht
auch hier das Angebot. Die Männer aber, die sich anheischig
machen, solche Ansprüche zu erfüllen, nennt man „Weisheitslehrer" (Sophisten) schlechthin. Vor allem in Athen, dem Vor-
ort der immer radikaler werdenden Demokratie und dem
Haupt des attischen Reiches, strömen sie von nah und fern
zusammen, so daß die Stadt des Perikles alsbald zum Mittelpunkt des Ringens der Geister wird und zum Brennpunkt der
neuen Lebensanschauung. Die Sophisten selbst dagegen, die
sich in der Hochburg griechischer Kultur zu sammeln beginnen,
sind vom Standpunkt des Atheners ausnahmslos „Ausländer",
die sich als Lehrer der Weisheit den jungen Leuten aus reichem

Hause anbieten, um sie für den Kampf um Reichtum und
Macht in der – wie sie behaupten – allein geeigneten Weise
vorzubereiten. Es liegt auf der Hand, daß der Gegenstand ihrer
Reflexion überhaupt nicht das Naturgeschehen ist, sondern *der*
Mensch als erkennendes und handelndes Subjekt, als Individuum wie als Gesellschaftswesen. Schon deshalb wird man mit
der Sophistik die zweite Periode der alten Philosophie beginnen, obgleich diese zweite Periode keineswegs die organische Fortsetzung oder Weiterentwicklung der ersten ist, deren
Gegenstand die Natur war. Die griechische Philosophie ist
vielmehr, wie Eduard Meyer treffend gesagt hat, „durch die
geistige Entwicklung der Nation gezwungen worden, ihre alte
Richtung zu verlassen und sich Fragen zuzuwenden, deren
Erörterung bisher, von der fachmännischen Forschung kaum
beachtet, neben ihren Untersuchungen einherlief".
   Schon hieraus ergibt sich, daß die Wesensunterschiede zwischen den Sophisten und den griechischen Philosophen vor
ihnen tiefgehender Art sind und nicht nur in dem Gegenstand
ihrer Spekulation liegen. Auch ihre Methode ist eine völlig
andere, wie wir bald sehen werden, vor allem aber der Zweck
ihrer Tätigkeit. Die alten Physiker waren reine Forscher gewesen, ihr einziges Ziel, die Wahrheit um der Wahrheit willen
zu ergründen, den Zusammenhang der Dinge im Leben des
Makro- und Mikrokosmos zu erforschen. Ihr Interesse war
daher verständlicherweise vom Treiben des Tages gänzlich abgewandt (Anaxagoras). Auch ob sie Schüler hatten oder nicht,
war eine durchaus untergeordnete Frage. Ganz anders die
Sophisten! Sie alle sind öffentlich auftretende Lehrer der Weisheit, die diese, als Wanderlehrer von Stadt zu Stadt ziehend, für
gutes Geld an ihre erstaunten Zuhörer verkaufen. Sie alle, von
dem unvergleichlichen Wert ihres Könnens und Wissens durchdrungen, die meisten von einer fast grotesken Eitelkeit und
Überhebung, einem unbegrenzten Selbstbewußtsein, dem auf
der andern Seite, mag man sie auch in den Kreisen der attischen

„Gesellschaft" nicht für voll ansehen, bei der jeunesse dorée
ein glühendes Interesse und oft geradezu stürmischer Enthusiasmus für ihre Weisheit und Person entspricht – man vergleiche nur im Eingang von Platos „Protagoras" die meister-
hafte Schilderung des Eindrucks, den die Nachricht von der
Ankunft des berühmten Sophisten in Athen auf den jugendlichen Hippokrates gemacht hat –, sie alle haben für ihre
werte Person letzten Endes kein anderes Ziel als durch ihr
Auftreten zu möglichst hohem Ansehen und Reichtum zu gelangen. Den alten „Physiologen" war die Sache alles, hinter der
ihre Person fast völlig zurücktrat. Für den Sophisten dagegen
ist das Maßgebende die Geltung seiner Person, für die die
Sache meist nur Mittel zum Zweck ist. Daher auch die so
heterogene Mannigfaltigkeit der Gegenstände, die viele von
ihnen behandeln. Aber die Hauptgegenstände der Lehre sind
doch allen gemeinsam, wie sich das aus dem Bedürfnis des
praktischen Lebens in den griechischen Demokratien von selbst
ergab. Allen voran die Rhetorik und die Dialektik, demnächst
die Ethik und Politik (politische Theorie). Daneben „Bildung"
(παιδεία) im weitesten Sinne: Rhetorik, Grammatik, Stilistik,
Mythologie, Dichtererklärung, musikalische Theorie, aber auch
– infolge historischer Nachwirkung der vorhergehenden Periode
– Astronomie, Meteorologie, Kosmologie (für jedermann natürlich!); bei einzelnen geradezu völlige Polyhistorie (Hippias). Das
Endziel ihrer Lehre aber ist dies: *sie wollen erziehen* (παιδεύειν
ἀνθρώπους), ihre Schüler die ἀρετή lehren, d. h. sie möglichst
tüchtig machen im Denken, Reden und Handeln, damit sie im
Leben möglichst *Erfolg* haben. Die Vorbereitung auf das praktische Leben ist ihr eigentliches Ziel. So wird durch die Sophisten das *Bildungsproblem* ganz eigentlich heraufgeführt; der
Kampf um die Jugendbildung wird davon die unvermeidliche
Folge sein.

Die Form, in der die Sophisten ihre Weisheit darbieten, ist
sehr verschieden. Entweder durch einzelne Vorträge vor einem

größeren Publikum, vorher sorgfältig ausgearbeitet oder auch aus dem Stegreif gesprochen, in Festversammlungen (Olympia), in den Gymnasien oder vor einer geladenen Gesellschaft, etwa im Hause eines reichen Gönners wie Kallias, oder in engerem Kreise Disputationen, also in Form der Wechselrede (διατριβαί, διαλέξεις); aber auch ganze Vortragszyklen und längere Kurse (μελέται).

Neben dem gesprochenen Wort, auf dem ihre Hauptwirkung beruhte, verschmähten sie aber durchaus nicht, auch durch die Abfassung von *Schriften* auf die Menschen einzuwirken, und auch diese haben starke Wirkungen, wenn auch nicht immer zum Heil ihrer Verfasser, ausgeübt.

So sicher aber auch alle Sophisten gewisse gemeinsame Grundzüge haben – in den Hauptgegenständen ihrer Lehre, in der „Methode" wie in der Art ihres öffentlichen Auftretens als Lehrer der Weisheit, mit demselben praktischen Ziel und nicht zuletzt in der gesamten Geistesrichtung, einem kritischen Rationalismus, der bei den meisten zum grundsätzlichen Skeptizismus oder gar Nihilismus wird –, so zeigt doch die Sophistik mannigfache Typen und wesentlich verschiedene Richtungen, zumal in ihrer älteren gegenüber ihrer jüngeren Entwicklungsphase.

Der bedeutendste von ihnen allen ist unzweifelhaft PROTAGORAS aus Abdera, der nach Apollodor in der 84. Olympiade (444–441) „blühte", ist wahrscheinlich um 480 (oder etwas eher) geboren. Außer Sizilien hat er vor allem Athen, wenigstens dreimal, auf längere Zeit besucht, ist hier auch zu Perikles in nähere persönliche Beziehung getreten und vermutlich unter seinem Einfluß 444/43 mit nach dem neu gegründeten Thurioi gegangen, für das er die Gesetze entwarf. Danach ist er offenbar noch wiederholt in Athen gewesen und hat hier in der attischen Gesellschaft eine ungewöhnliche Wirkung ausgeübt. Hier hat er auch – abgesehen von seinem sonstigen Auftreten als Weisheitslehrer, für das er als Erster Honorar

nahm und, ähnlich wie Gorgias und Hippias, märchenhafte
Einnahmen erzielte – aus seinen Schriften vorgelesen, so aus
der „Von den Göttern", deren Anfang später die Handhabe
zum Angriff gegen ihn bieten sollte. Denn im Jahre 411 wurde
er von Pythodoros, einem der Vierhundert, wegen „Gottlosigkeit" angeklagt, seine Schriften auf Volksbeschluß von den
Besitzern wieder eingetrieben und auf dem Markt verbrannt. Er
selbst scheint sich seiner Verurteilung durch die Flucht entzogen
zu haben. Jedenfalls ertrank er auf der Überfahrt nach Sizilien,
etwa 70 Jahre alt. Nach Platons Zeugnis ist er mehr als
40 Jahre lang als Weisheitslehrer in Griechenland tätig gewesen, so daß seine öffentliche Wirksamkeit etwa in die Zeit
von 451–411 fällt. Zahlreiche, z. T. sehr charakteristische Schrif-
tentitel, wie „Antilogien", „Die Wahrheit oder die Nieder-
werfenden (näml. Reden)", werden von ihm erwähnt. Eine
Reihe inhaltlich wichtiger Fragmente sind uns durch Platon und
andere erhalten. Ein lebendiges Bild seiner Persönlichkeit und
seiner ganzen Art sowie von dem sophistischen Treiben überhaupt gewinnen wir aus Platons gleichnamigem Dialog.

    Protagoras scheint an die heraklitische Lehre vom Fluß aller
Dinge angeknüpft zu haben. Wie die Dinge der Außenwelt
durch unablässiges Ab- und Zuströmen kleinster Teilchen fort-
während Veränderung unterliegen, so ist auch der menschliche Körper und seine Sinnesorgane in ständiger Wandlung
begriffen. Daher wird auch der Inhalt unserer Wahrnehmungen
an scheinbar demselben Objekt stets ein anderer sein, modifiziert nicht nur durch die Veränderungen des Dinges selbst,
sondern auch durch die von Krankheit, Alter oder anderweitig
verursachten Wandlungen unserer Sinnesorgane. Wir können
daher von keinem Dinge sagen, wie es ist, sondern nur, wie es
uns in dem und dem Augenblick erscheint. Nur relative Urteile
sind daher möglich. Ist doch *der Mensch* überhaupt *„der
Maßstab aller Dinge, der wirklichen, daß sie sind, der nicht
wirklichen, daß sie nicht sind".* Denn wie die Dinge mir er-

scheinen, so sind sie für mich; wie sie dir vorkommen, so für dich. Denn jedem erscheinen sie anders. Kommt doch derselbe Lufthauch dem einen kalt vor, dem andern nicht. Wie die Dinge dem einzelnen Individuum erscheinen, das hängt ausschließlich von dessen Sinneswahrnehmung ab. Eine Qualität – wie warm, kalt, süß, bitter usw. – haben die Dinge nur insofern, als sie der einzelne Mensch durch seine Sinnesorgane wahrnimmt. Hier scheint der Einfluß von Leukippos' Lehre von den sekundären Eigenschaften der Dinge durchzuschimmern. Die Erkenntnislehre des Protagoras ist durchaus sensualistisch: die Dinge, die von unseren Sinnen wahrgenommen werden, sind; dagegen die, welche nicht in den Bereich unserer Sinne fallen, existieren gar nicht in den Formen der Materie. So formuliert einer unserer späteren Berichterstatter, der Sache nach richtig, die Anschauung des Protagoras.

So bekundet der Fundamentalsatz des Protagoras, der unzweifelhaft vom Menschen als Individuum, nicht als Gattung gemeint ist, den ausgesprochensten *Subjektivismus*. Aus diesem zieht er rücksichtslos seine grundstürzende Folgerung: es gibt überhaupt keine absolute Wahrheit. Denn von einer jeden Sache läßt sich jedes mit demselben Recht behaupten, denn jedes Urteil der verschiedenen Individuen hat gleiche Berechtigung. Denn jede Vorstellung (φαντασία) des einzelnen Subjekts ist wahr – ein Satz, den Platon ebenso nachdrücklich wie Demokrit bekämpfen sollte. Durch diesen Satz ist der des Widerspruchs aufgehoben (οὐκ ἔστιν ἀντιλέγειν). Folge dieses erkenntnistheoretischen Subjektivismus ist ein grundsätzlicher Skeptizismus gegenüber jeder Art von Erkenntnis, die mit dem Anspruch auf absolute Geltung auftritt, selbst gegenüber der Mathematik, mit dem Einwande, daß es in Wahrheit ja gar keine solche geraden oder krummen Linien gibt, wie sie der Geometer annimmt, wie ja auch die Tangente den (sinnlich wahrnehmbaren) Kreis niemals nur in einem einzigen Punkte berühre. Den gleichen Skeptizismus zeigt Protagoras gegenüber

der Religion. „Von den Göttern vermag ich nichts zu wissen,
weder, daß sie sind, noch, daß sie nicht sind, noch, wie sie ihrer
Gestalt nach beschaffen sind. Denn vieles hindert mich daran, es
zu wissen, die Unklarheit der Sache und die Kürze des menschlichen Lebens" (Fr. 4).

Als formale Folge von Protagoras' Subjektivismus erscheint
seine Dialektik, wie er denn als Erster behauptet haben soll,
daß es zu jeder Sache zwei entgegengesetzte – gleichberechtigte
– Standpunkte gebe. Über jede Frage kann daher in utramque
partem disputiert werden. Der Dialektiker vermag daher durch
seine Kunst „die schwächere Sache zur stärkeren zu machen"
(τὸν ἥττω λόγον κρείττω ποιεῖν), und eben diese Kunst behauptet Protagoras seine Schüler zu lehren. Weise aber ist der,
welcher irgend einem von uns, dem etwas schlimm erscheint
und daher ist, durch seine Kunst dies (Übel) gut erscheinen
und sein läßt. Vermag doch der Dialektiker den Menschen das
Kleine groß und das Große klein erscheinen zu lassen. Die
Ausartung dieser Dialektik, zu der schon die Methode des
Protagoras selbst den Grund gelegt hat, ist die sog. *Eristik*
(Kunst der Streitrede), der es überhaupt nicht mehr auf Ergründung der Wahrheit, sondern nur auf Erweckung eines
Scheins ankommt, indem ihr Vertreter gegenüber seinem Gegner um jeden Preis – und sei es durch die gröbsten Trug-
schlüsse, wie sie uns Platons „Euthydemos" vorführt – Recht zu
behalten sucht, ein Zug, der freilich schon den meisten der alten
Sophisten mehr oder weniger eigen ist.

Der Weisheitslehrer Protagoras hat sich aber schon aus
praktischen Gründen der Vertretung positiver Lehren nicht ent-
ziehen können. So macht er vor allem ethisch-pädagogische
Ansprüche, behauptet, seine Schüler besser zu machen und die
„Tugend" zu lehren. Hierunter versteht er vor allem die bür-
gerliche Tugend, die Kunst, ein guter Haushalter zu sein und in
Sachen der Vaterstadt gut sprechen und handeln zu können.
Aber das eigentliche Wesen dieser Tugend hat sich Protagoras

überhaupt noch nicht klar gemacht, mögen auch seine Präten-
tionen als Meister der Menschenbildung Ansätze zu einer
pädagogischen Psychologie in sich bergen. Ist doch der Erfolg
aller Lehre von der angeborenen Begabung (φύσις) und nachhaltiger Übung (ἄσκησις) abhängig. Das „Gute" – ein Begriff,
um den er als Lehrer der „Tugend" nicht herumkam – hat er,
wenn man aus Platons Dialog schließen darf, als das Nützliche
zu bestimmen gesucht, das freilich seinerseits nur relativ sei.
Doch hat er augenscheinlich aus seinem Subjektivismus noch
keine grundstürzenden Folgerungen für die Ethik gezogen.

Die grundlegende Bedeutung des Protagoras für die Geschichte der griechischen Philosophie läßt sich kurz durch den
Satz ausdrücken: durch Protagoras' Relativismus und Subjektivismus wird das Erkenntnisproblem nicht nur aufgeworfen,
sondern, wenn noch nicht zu dem, so doch zu einem Funda-
mentalproblem des griechischen Denkens überhaupt.

Die Art freilich, wie GORGIAS von Leontinoi (ca. 483 bis 375
v. Chr.) diese Dinge behandelte, kann es auf den ersten Blick
fast zweifelhaft erscheinen lassen, ob sein Name in der Geschichte der Philosophie überhaupt genannt werden darf. Es
sind uns nämlich aus seiner Schrift „Vom Nichtseienden"
(Fr. 3 D.), die auf mehr oder weniger groben Trugschlüssen
beruhenden „Beweise" für seine drei Thesen erhalten, die
folgendermaßen lauten: 1. Es gibt nichts. 2. Aber gesetzt auch,
es gäbe etwas, so wäre es doch nicht erkennbar. 3. Und wenn
es auch erkennbar wäre, so wäre es doch nicht mitteilbar. Man
hat neuerdings die sehr „sophistischen" Beweise dieser Thesen,
die man bei Diels nachlesen kann, für ein „Spiel" des Gorgias
erklärt, mit dessen Inhalt es ihm überhaupt nicht Ernst gewesen
sei. Das ist angesichts des Inhalts der drei Thesen und der Art,
wie sie „bewiesen" werden, durchaus begreiflich. Aber dies
Urteil wird schon durch den Vergleich der Gorgianischen Beweisführung mit der Dialektik des Zenon in Frage gestellt, die
augenscheinlich nach Form und Inhalt ihre Grundlage bildet.

Übrigens zeigt auch der Beweis der dritten These, daß Gorgias
hier an wirkliche Probleme der Erkenntnistheorie (der Frage
nach dem Verhältnis des Dinges zum Gedanken und des
Gedankens zum Wort) sehr ernsthaft rührt. Auch die Tatsache,
daß sich bei jenen Beweisen das Denken des Gorgias als rein
sensualistisch herausstellt, und er sich hierdurch als Geistes-
verwandter des Protagoras erweist, spricht durchaus dagegen,
daß es sich hier nur um ein dialektisches Kunststück des Gorgias handelt.

Solcher Nihilismus beweist im Grunde nur die völlige Abkehr des Mannes von aller Philosophie wie von aller Wissenschaft überhaupt, wie er sie vermutlich vollzogen hat, als er im
Begriff stand, sich ganz der Rhetorik zuzuwenden, von der uns
in den Fragmenten seiner Schriften noch sehr charakteristische
Proben erhalten sind. Und gerade die erhaltenen Reste bestäti-
gen, daß ihm die Dialektik zu einer rein formalen Kunst
geworden ist, deren Inhalt ihm mehr oder weniger gleichgültig
ist. Das Denken hat sich ihm in ein virtuoses Spiel mit Worten
und mit mehr oder weniger schemenhaften Begriffen aufgelöst.
Denn dieser Gorgias hat im Grunde nur *eine* Überzeugung:
den Glauben, und zwar den unbedingten Glauben an die
Macht des Wortes. Ihr traut er die denkbar größten Wirkungen
auf die Seele des Menschen zu. Wähnt er doch, durch die
Kunst seiner Rede, deren technische Mittel sprachlich-stilisti-
scher Art uns hier nicht zu beschäftigen brauchen, in den
Menschen jede ihm beliebende Überzeugung erwecken zu
können. Ähnlich wie sich sein Zeitgenosse und Zunftkollege
Thrasymachos von Chalkedon vermaß, in seinen Hörern
ganz nach seinem Belieben Affekte jeglicher Art (wie z. B. Zorn
und Mitleid) erregen, aber auch wieder beschwichtigen zu
können, oder wie Antiphon der Sophist eine Kunst der Alypie
(Schmerzbefreiung der Seele) zu besitzen meinte, da niemand
einen so gräßlichen Kummer habe, daß er (Antiphon) ihn nicht
kraft seiner Überredungskunst zu tilgen vermöchte.

So hat sich bei Gorgias und andern Sophisten zur Dialektik als ebenbürtige Schwester die Kunst der klingenden, blendenden Rede gesellt, wie sie uns in den Fragmenten seines Epitaphios und in seinen beiden Deklamationen Palamedes und Helena nur zu deutlich entgegentritt. Daß ihm die Form alles, der Inhalt so gut wie nichts ist, ergibt sich auch daraus, daß er über ein und dieselbe Sache sowohl Lob- wie Tadelreden verfaßt hat, wie auch der Unfug seiner Stegreifreden über jedes beliebige ihm von seinen Hörern gestellte Thema nur sein unbegrenztes Vertrauen auf seine formale Kunst und Gewandtheit, zugleich aber eine ungeheuerliche Verkennung des Wesens echter Wissenschaft verrät. Um so bezeichnender sind für den Geist seines Zeitalters seine fast unglaublichen Massenwirkungen in den verschiedensten griechischen Städten und Landschaften und seine ihnen entsprechenden riesigen Einnahmen, von denen er dem delphischen Gott eine goldene Statue seiner Person weihen konnte.

Diese Art von Rhetorik (und Sophistik) bedeutete für das gesamte Geistesleben der griechischen Nation eine ungeheure Gefahr. Gewann diese Strömung die Herrschaft über die Bildung der heranwachsenden Jugend, zumal der gesellschaftlichen Oberschicht in Athen, so war es um Wesen und Inhalt der griechischen Kultur geschehen. Daß es nicht geschah, ist das Verdienst Sokrates' und Platons. Und es sollte der Tag kommen, wo Sokrates' größter Jünger in dem leidenschaftlich entbrannten Kampf um das Bildungsideal der griechischen Nation sich gedrungen sah, mit dieser ganzen Richtung in der Person ihres von der Masse vergötterten Meisters vernichtend Abrechnung zu halten.

Außer Protagoras und Gorgias sind als namhafte Sophisten der älteren Generation zu nennen PRODIKOS VON KEOS, dessen Versuche einer scharfen begrifflichen Unterscheidung sinnverwandter Wörter (Synonymik) öfter von Platon verspottet werden, weil sie im Einzelnen oft Willkür und Pedanterie verrieten.

Bekannter ist seine Parabel von Herakles am Scheidewege, die, ähnlich wie nach ihr das Trojanische Gespräch des Hippias, eine stark moralpädagogische Tendenz birgt. Herakles, der die Wahl zwischen einem Leben der „Tugend" (ἀρετή) und der Sinnenlust (ἡδονή = κακία) hat, entscheidet sich trotz der lockenden Versprechungen dieser für den steilen Pfad jener, an dessen Ziel die Glückseligkeit (Eudaimonia) winkt.

THRASYMACHOS VON CHALKEDON, vor allem Rhetor, durch seine Lehre vom Recht des Stärkeren aus dem ersten Buche von Platons Politeia bekannt. Bemerkenswert ist daneben seine Psychologie der Affekte, auf die er, ebenso wie Prodikos und andere Sophisten, durch die Rhetorik geführt worden war.

HIPPIAS VON ELIS, der Enzyklopädist der Sophistik, führt nicht nur in die Dialektik Geometrie, Astronomie, Musiktheorie und Rhythmik ein. Er befaßt sich auch, wie einzelne seiner Zeitgenossen, mit kunsttheoretischen Fragen, wie andrerseits mit griechischer Urgeschichte, wobei er sich durch seine olympische Siegerliste ein großes Verdienst um die ältere griechische Geschichtschreibung erworben hat; auch mit sprachlichen Beobachtungen und Studien hat er sich beschäftigt. Zugleich trat er, wie die meisten seiner Genossen, als Wanderredner in Sparta, Athen und selbst in kleinen Städten Siziliens auf, wobei ihm seine Gedächtniskunst zustatten gekommen sein mag, auf die er sich ebensoviel zugute tat wie auf seine mannigfache praktische Handfertigkeit.

KRITIAS, ein Vetter von Platons Mutter, der als einer der dreißig Tyrannen in Athen 403 den Tod findet. Er ist zwar nicht als Weisheitslehrer aufgetreten, hat aber im Geist der Sophistik eine reiche schriftstellerische Tätigkeit entfaltet, Elegien, Dramen und zahlreiche Prosaschriften verfaßt, vor allem über Staatsverfassungen (Politien), auch über Erfindungen geschrieben, wie denn auch sonst bei ihm und anderen Sophisten ein lebhaftes kulturgeschichtliches Interesse hervortritt.

Von dem Sophisten ANTIPHON, dessen literarischen Nachlaß schon das Altertum von dem des gleichnamigen Redners nicht klar zu scheiden vermochte, wird nachher die Rede sein.

Eine Erwähnung verdient noch der sog. ANONYMUS IAMBLICHI, der Autor eines von F. Blaß im Protreptikos des Iamblich entdeckten moralphilosophischen Traktats. Man pflegt ihn gewöhnlich zu den Sophisten zu rechnen, obgleich er mit diesen nur die Reflexion über ethisch-politische Fragen gemeinsam hat, die er aber, völlig frei von Relativismus und Skepsis, in durchaus positivem Sinne beantwortet, als ein entschiedener Gegner der Herrenmoral und ein energischer Verfechter einer sozial orientierten Ethik, dessen kulturgeschichtliche Theorie durch seine Anschauung gekennzeichnet wird, daß beim ersten Zusammensiedeln der Menschen aus Not Gesetz und Gerechtigkeit entstanden, weil ohne diese beiden Grundpfeiler ein Zusammenleben der Menschen unmöglich sei. Dieser Autor ist besonders deshalb beachtenswert, weil er, soweit wir sehen können, als einziger Denker vor oder neben Sokrates im Gegensatz zu den andern Sophisten eine positive idealistische Ethik vertritt, die in ihrer Grundrichtung durchaus der sokratisch-platonischen verwandt ist.

Einzelne wichtige Gedanken dieser und anderer Sophisten werden noch bei Gelegenheit zur Sprache kommen.

Die mächtige Zeitströmung, die wir nach ihren markantesten Vertretern Sophistik nennen, zieht allmählich alle Gebiete menschlicher Kultur vor das Forum ihrer kritischen Betrachtung. Dabei ergab der Vergleich mit Einrichtungen und Anschauungen anderer Völker sowie mit denen der griechischen Vergangenheit, daß vieles, was jetzt als geheiligte Institution galt, nicht immer so gewesen sein könne, sondern erst das Ergebnis einer längeren Entwicklung sei. Im Zusammenhang hiermit steht auch die lebhafte urgeschichtliche Spekulation der Sophistik — wie überhaupt der spekulativen Köpfe ihres Zeitalters — über die Entstehung von Staat und Gesellschaft, Reli-

gion und Moral, Sprache und Sitte, nachzudenken. Wobei man
freilich gewöhnlich denselben Grundirrtum wie die Aufklärer
des 18. Jahrhunderts begeht, daß man die Entstehung dieser
geistigen Schöpfungen auf einen einmaligen bewußten Akt eines
einzelnen Menschen zurückführt. Sehr charakteristisch sind hier
die Spekulationen über den Ursprung von Religion und Moral.
So gibt Prodikos eine völlig rationalistische Erklärung über den
Ursprung des Gottesglaubens: die Menschen der Urzeit haben
die segensreichen Naturkräfte wie Sonne und Mond, Flüsse
und Quellen für Götter gehalten, nächst diesen die großen
Erfinder kulturtechnischer Errungenschaften nach ihrem Tode
göttlich verehrt. Und Kritias erklärte gar die Religion für die
bewußte Erfindung eines schlauen Kopfes, der sich ein mächti-
ges überirdisches, allwissendes Wesen ausgedacht und diesem
den Himmel, die Heimat von Donner und Blitz, als Wohnung
angewiesen habe, um durch die Furcht vor dessen Strafgericht
auch den im Dunkeln schleichenden Verbrecher abzuschrecken.
Sehr bezeichnend sind auch die revolutionären Gedanken
sophistischer Kreise, wie sie ein Kallikles in Platons Gorgias
und Thrasymachos in der Politeia über den Ursprung der Moral
entwickeln, die nur auf widernatürlichen Vereinbarungen der
Menschen im Interesse der Schwachen beruhe oder nur dem
Vorteile der jeweiligen Regierung entspreche.

Zu voller Blüte kam diese für das Volksbewußtsein wie für
jede positive Ethik grundstürzende Tendenz erst in der *jüngeren Sophistik,* deren Vertreter wir freilich nur zum geringsten
Teil mit Namen benennen können, die aber darum – das zeigt
schon ihre leidenschaftliche Bekämpfung durch Platon – für die
Folgezeit nicht weniger wichtig sind. Sie gehören zeitlich dem
letzten Drittel des fünften, zum guten Teil aber erst der ersten
Hälfte des vierten Jahrhunderts an.

Von fundamentaler Bedeutung ist hier die Anschauung, daß
auch die moralischen Werturteile nur relative Bedeutung haben.
So finden wir in den um 400 entstandenen Zwiefachen Reden

(V. S. c. 83) Verse eines ungenannten Tragikers zitiert, nach
denen nichts an sich gut oder böse ist, sondern dieselben Handlungen je nach den Umständen (dem καιρός bzw. der ἀκαιρία)
gut oder böse werden. So heißt es in einem berühmten Fragment des Euripides: „Was ist denn böse, wenn's dem Täter
nicht so scheint?" – Worte, die in seiner Tragödie Aiolos wahrscheinlich Makareus (der Sohn des Titelhelden) spricht, der die
eigene Schwester verführt hatte. Offenbar gibt Euripides auch
hier nur eine damals vielbesprochene Anschauung wieder, ohne
sie selbst zu teilen. Ob freilich ihr Urheber, wie man vermutet
hat, Protagoras ist, bleibt bei dem Stande unserer Überlieferung
durchaus zweifelhaft. Für die Geschichte der Ethik genügt es,
die wichtige Tatsache festzustellen, daß im Zeitalter des Peloponnesischen Krieges d. h. dem des Sokrates, nach einer weit-
verbreiteten Anschauung, die ihren sophistischen Ursprung an
der Stirn trägt, auch die ethischen Werturteile nur relative, nicht
absolute Geltung haben. Eine analoge Erscheinung hierzu bietet
jener soziale Relativismus, wie ihn der Sophist Antiphon in den
neu entdeckten großen Fragmenten seiner Schrift von der
Wahrheit vertritt[1]. Hier wird in dem Fragment B nachdrücklich
die natürliche Gleichheit aller Menschen behauptet, nicht nur
von vornehm und gering, sondern auch von Hellenen und
Barbaren. „Denn von Natur sind wir alle in jeder Hinsicht
gleich. Haben doch alle Menschen von Natur die gleichen
Bedürfnisse und können sie auf die gleiche Weise befriedigen.
Wir atmen alle die gleiche Luft durch Nase und Mund, bedürfen alle derselben Speise..." Wenn wir soziale und nationale Unterschiede machen, so sind wir offenbar nur durch das
Herkommen (νόμος) einander entfremdet (πρὸς ἀλλήλους
βεβαρβαρώμεθα). Aus demselben Geist heraus wird auch von
andern Sophisten der Begriff der edlen Abstammung (das
„Wohlgeboren" = εὐγένεια) als ein willkürlicher, in der Natur
nicht begründeter, negiert oder umgedeutet. Und ein anderer

[1] Vgl. jetzt auch Jaeger, Paideia II 413 ff.

von diesen Jüngeren, Alkidamas, zieht aus der gleichen Grundanschauung die für die antike Gesellschaft geradezu revolu-
tionäre Folgerung, daß *alle Menschen von Natur frei sind,* eine
für die damalige Welt völlig unerhörte Anschauung, durch die
die Fundamentalunterscheidung von Sklaven und Freien als
eine durchaus willkürliche verworfen wird. Bei solcher Kühnheit des Denkens gegenüber den allgemeinen gesellschaftlichen
Zuständen kann es kaum noch überraschen, wenn schon im
perikleischen Zeitalter einzelne Denker, wie HIPPODAMOS VON
MILET oder PHALEAS VON CHALKEDON, mit einer vollständigen
sozialen, andere gar mit einer echt sozialistischen Staatstheorie
hervortreten, andere die Weibergemeinschaft als einen Haupt-
punkt ihres sozialpolitischen Programms proklamieren.

Solche Gedanken konnten freilich nur zum Teil, und auch
dies erst im Zeitalter des Hellenismus, zu wirklicher Entfaltung
kommen. Von ungleich größerer Bedeutung ist für das Zeitalter
eines Sokrates die Tatsache, daß sich aus dem ethischen
Subjektivismus der jüngeren Sophisten ein *schrankenloser Individualismus* entwickelt hat. Es tritt nicht nur die verwegene
Behauptung auf, daß alle Sittlichkeit wie alles Recht nur auf
Konvention (νόμῳ) beruhe; es wird auch im Gegensatz zu
dieser konventionellen Moral die Lehre von einem *Naturrecht*
begründet. Schon bei Antiphon wird dieser Gegensatz in einem
der neuen Fragmente näher ausgeführt und dabei sogar behauptet, daß auch die Pietät gegen die Eltern nicht in der Natur
begründet (nicht φύσει) sei. Das konventionelle Recht ist ja nur
zum Schutz der Schwachen gegen die Gelüste der Starken erfunden[1]. Das wahre Recht ist vielmehr der Vorteil des Stärkeren. Diesen Gedanken läßt bekanntlich Platon in der Politeia
den Sophisten Thrasymachos näher ausführen: wer (im land-
läufigen Sinne) gerecht handelt, hat stets nur Schaden; wer
ungerecht, dagegen nur Vorteil und Gewinn. Daher ist der-

[1] Kritias Fr. 25. Kallikles im „Gorgias" 483 A ff.

jenige, der in größtem Stil unrecht tut, seine Mitbürger in ihrer Gesamtheit beraubt und knechtet, die Tempel der Götter plündert und, rücksichtslos die Interessen seiner Mitmenschen zertretend, die Gewalt über das ganze Gemeinwesen an sich reißt, d. h. der Tyrann, der glückseligste und von allen beneidet. Es ist ja nur in der Ordnung, weil in der Natur selbst begründet, daß der Stärkere – denn dieser ist der Bessere! – über den Schwächeren herrscht und ihn ausbeutet. Denn die angebliche Gerechtigkeit und die Forderung der Gleichheit – daß alle Menschen gleiche Rechte haben –, ist ja nur von der feigen und schwachen Masse erfunden, während diese doch in Wahrheit nur dazu da ist, dem Starken zu dienen und bei Erreichung seiner Ziele behilflich zu sein. Ja, der wirklich Starke hat nicht nur das Recht, weil die Kraft, über alle andern zu herrschen. Er darf auch all seinen Begierden und Gelüsten freien Lauf lassen und sie ganz nach seinem persönlichen Belieben befriedigen, weil ihn dazu seine Klugheit und Kraft befähigen. Er wäre ein Tor, wenn er es nicht täte! Solche Gedanken läßt Platon den Kallikles im Gorgias entwickeln, unzweifelhaft auf Grund von Lebensanschauungen, wie sie von einzelnen Sophisten mit stärkstem Nachdruck vertreten wurden und überhaupt im innersten Wesen des Zeitgeistes begründet waren. Denn solche „Herrenmoral" und die Behauptung, daß das starke Individuum – und dies allein – das Recht habe, sich völlig frei und ungehemmt „auszuleben", findet im politischen Leben der Zeit mehr als eine – fast möchte man sagen: in negativem Sinne „klassische" – Verwirklichung in Kritias, dem Führer der dreißig Tyrannen, und mehr noch in Alkibiades und, auf der andern Seite, in dem Spartaner Lysander. Und daß selbst die öffentliche Moral, d. h. die vom souveränen Volk vertretene Politik von diesem Geist erfüllt war und danach handelte, kann in erschütternder Weise die grausame Vergewaltigung der kleinen Insel *Melos* durch Athen zeigen, die ihre Unabhängigkeit bewahren und nicht Mitglied des attischen Reiches werden wollte (416 v. Chr.).

Thukydides, der große politische Denker der Griechen, hat diese Vorgänge durchaus richtig erfaßt und in unvergeßlicher Weise dargestellt.

Die historische Bedeutung der griechischen Sophistik liegt auf der Hand. Durch sie wird – im fundamentalen Unterschied von der vorhergehenden naturphilosophischen Periode der griechischen Philosophie – der Mensch zum Mittelpunkt aller Spekulation, ebenso sein Erkennen und sein Handeln. Erst durch den Satz des Protagoras wird das Erkenntnisproblem geschaffen, erst durch seinen grundsätzlichen Subjektivismus die Dialektik begründet und so die Geburt der Logik heraufgeführt. Aber auch auf dem Gebiet der Psychologie haben die Sophisten Verdienste: sie haben, den Wirkungen der Redekunst auf die Hörer nachforschend, die Psychologie der Affekte begonnen und – infolge ihrer Lehrtätigkeit – die ersten Grundlagen der pädagogischen Psychologie gelegt. Sie haben über die Entstehung der Sprache nachgedacht und die Anfänge der Sprachwissenschaft (Grammatik) begründet und andrerseits die urgeschichtliche Spekulation in bedeutsamer Weise gefördert, wenn auch ihre Theorien über die Entstehung von Staat und Kultur noch unzureichend waren und vielfach arg in die Irre gingen.

Auf der andern Seite läßt sich freilich nicht verkennen: behauptete der sophistische Relativismus und Subjektivismus das Feld, so war der Tod aller Wissenschaft wie aller Sittlichkeit besiegelt. Aber gerade dieser Relativismus, diese Revolutionierung der Geister, die alles in Frage stellte: die Grundlagen der Erkenntnis und damit die Wahrheit selbst wie die Gesetze des menschlichen Handelns und damit alle Sittlichkeit, diese den innersten seelischen Kern der griechischen Nation antastenden Grundstrebungen der Sophistik – *sie* sind es, die einen Sokrates auf den Plan gerufen haben, dessen gesamtes Denken aus tiefster Reaktion gegen die sophistische „Weltanschauung" erwachsen ist, Sokrates von Athen. Denn daß er Athener ist, ist dabei durchaus wesentlich. „Ohne die Sophistik waren ein Sokrates und Platon nicht möglich", hat Johannes Geffcken einmal in scharfem Gegensatz zu Wilamowitz gesagt und so das große – gewissermaßen negative – historische Verdienst der Sophistik treffend gekennzeichnet[1]: denn ohne die Sophistik ist ein Sokrates so wenig denkbar wie ein Luther ohne die römische Kirche und ihre Entartung. Der Gegensatz ist es, der in den großen Individuen neue Perioden der Geistesgeschichte heraufführt.

II. Sokrates

Sokrates wurde im Jahre 469 (oder 470) v. Chr. als Sohn des Bildhauers Sophroniskos und der Hebamme Phainarete zu Athen geboren. Ursprünglich soll er das Handwerk seines Vaters ausgeübt haben; sicher hat er sich früh davon abgewandt. Von seinem Bildungsgang wissen wir nichts Persönliches; nur, daß er die in Athen für Bürgersöhne gesetzlich vorgeschriebene Jugendbildung (beim Grammatisten, Kitharisten, Paidotriben) empfangen hat, steht fest. Auch über den Gang seiner philosophischen Entwicklung wissen wir nichts Bestimmtes. Die Skizze in Platons Phaidon 96 A ff. kann nicht als historisch gelten. Eine naturphilosophische Periode in der Frühzeit seines Denkens anzunehmen, liegt keinerlei ernsthafter Grund vor. „Lehrer" hat der Denker Sokrates überhaupt nicht gehabt, sicher hat er aber die Schriften einzelner bedeutender „Vorsokratiker" gekannt (Herakleitos, Anaxagoras). Aber den stärksten Anstoß hat seinem Denken offenbar die Sophistik genannte mächtige Bewegung der Geister gegeben. Daß er auch in der klassischen Poesie seines Volkes (Homer, Tragiker) zu Hause war, ist selbstverständlich.

Das Leben des Sokrates steht ganz im Einklang mit den von

[1] Ganz in demselben Sinne wie Geffcken jetzt Jaeger, Paideia I 370.

ihm vertretenen Grundsätzen und Lehren, auch das des Bürgers Sokrates. Als solcher hat er sich in drei Feldzügen des
Peloponnesischen Krieges als ein tapferer, pflichtbewußter Sol-
dat gezeigt. Als Hoplit hat er sich in blutigen Gefechten und
kritischen Lagen bei Poteidaia zwischen 432 und 429, bei
Delion 424, bei Amphipolis 422 vor andern ausgezeichnet.
Auch im bürgerlichen Leben sich als ein Charakter bewährt. So
ist er im Arginusenprozeß im Jahre 406 als Prytan der tobenden
athenischen Volksversammlung als ein Verteidiger des Rechtes
furchtlos entgegengetreten und hat sich auch unter der
Schreckensherrschaft der Dreißig den Henkersbefehlen der
Tyrannen nicht gefügt. Wo immer ihn die Bürgerpflicht rief,
hat er sich als ein aufrechter Mann gezeigt. Doch an der eigentlichen Politik hat er sich niemals beteiligt. Er fühlte, daß ihn
diese von seiner wahren Aufgabe ablenken würde, und er
erkannte, daß in der radikalen Demokratie kein Raum zur
Betätigung für ihn sei. Seine Vaterstadt Athen hat er außer
seinen Feldzügen niemals verlassen, selbst die Gegend dicht vor
den Toren kannte er kaum. Sein Denken ist eben ganz nach
innen gerichtet, die unbeseelte Außenwelt interessiert ihn
wenig. Daher hat er auch keinen Sinn für Natur und Naturwissenschaft.

Sokrates ist kein einsamer, weltabgewandter Grübler, seine
ganze Tätigkeit spielt sich im Umgang mit seinen Mitmenschen
ab. Aber wann und wodurch er seinen wahren „Beruf" entdeckt hat, wissen wir nicht; denn der von seinem Verehrer
Chairephon veranlaßte Spruch des Delphischen Orakels hat ihn
lediglich auf dem von ihm bereits beschrittenen Wege bestärkt.
Doch fallen die ersten für uns erkennbaren Spuren seiner
öffentlichen Wirksamkeit in die Anfänge des Peloponnesischen
Krieges (um 432/31). Um 424 muß er bereits stadtbekannt gewesen sein, wie sich schon aus den 423 aufgeführten „Wolken"
des Aristophanes ergibt, die ihn in seltsamer Verzeichnung als
Meteorologen, d. h. als Atheisten und als Erzsophisten vor-

führen, der es meisterhaft versteht, durch seine Rede der
schlechteren Sache zum Siege zu verhelfen – ein Zerrbild, das
notorisch einen unheilvollen Einfluß auf die Meinung seiner
Mitbürger von ihm ausgeübt hat. In Wahrheit ist Sokrates
weder als Prophet noch als ein „Lehrer" der Weisheit aufgetreten. Vielmehr entwickelt er seine Gedankengänge in
scheinbar zwanglosem *Gespräch,* das er bald mit singulärer
Meisterschaft handhabt, in Gemeinschaft mit anderen als ein
Sucher der Wahrheit und als ein Seelsorger in hohem und
weitem Sinne. Auf dem Markt, in der Werkstätte der Handwerker, vor allem aber in den *Gymnasien,* wo die attischen
Jünglinge und Männer der gesellschaftlichen Oberschicht ihre
Leibesübungen trieben, konnte man ihn täglich in tiefbohren-
dem Gespräch mit anderen finden. Ohne zu jemandem ein
persönliches Erzieherverhältnis anzustreben oder gar nach Art
der Sophisten für seine Belehrung Honorar zu nehmen, ward
er doch bald, dank dem eigentümlichen Zauber seiner Person,
das unbestrittene Haupt eines Kreises von Jüngern, vor allem
aus der vornehmen attischen Gesellschaft, von der zahlreiche
Jünglinge zu ihm trotz seines silenenhaften Äußern – denn er
war von ausgesprochener Häßlichkeit – und seines oft wunder-
lichen Wesens als zu ihrem vergötterten Meister aufschauten,
wie auch er einzelne von ihnen mit besonderer Liebe umfaßte,
die zugleich – für einen Athener seiner Zeit nichts Besonderes –
in manchen Fällen ein erotisch-pathologisches Element in sich
barg, aber von ihm sittlich gebändigt und vergeistigt war. War
er doch mit seinen Jüngern durch das gemeinsame Verlangen
(den ἔρως) nach der Wahrheit und der Erkenntnis des wahrhaft Schönen und Guten verbunden. Auch Alkibiades und
Kritias haben zeitweilig zu seinem Kreise gehört. So hat er,
dessen Wesen an Bedürfnislosigkeit, Selbstbeherrschung, Ausdauer und Abhärtung ebenso wie sein tiefer sittlicher Ernst und
seine originale, vor allem den inneren Menschen suchende
Lebensbetrachtung seinen Jüngern ein Vorbild war – zu den

abfälligen Angaben des Aristoxenos über seinen Charakter
möge man Joël (I 810, 2) vergleichen, der darüber das Beste
gesagt hat – ein volles Menschenalter im täglichen Verkehr mit
der erwachsenen Jugend und gereiften Männern Athens eine
tiefgreifende, ja einzigartige Wirksamkeit entfaltet –, da ward
er, der Siebzigjährige (im Jahre 399 v. Chr.) von dreien seiner
Mitbürger (Anytos, Meletos, Lykon) verklagt, weil er nicht an
die Staatsgötter glaube, andere neue Gottheiten einführe und
die Jugend verderbe. Verlauf und Ausgang des Prozesses sind
bekannt. Sokrates wird wegen Gottlosigkeit und seines vermeintlich verderblichen Einflusses auf die athenische Jugend
zum Tode verurteilt; seine Hinrichtung aber um dreißig Tage
verschoben, da nach uraltem Brauch erst das inzwischen ab-
gegangene Staatsschiff von der delischen Festgesandtschaft zurückgekehrt sein muß. Während dieser Frist sucht ihn sein
Freund Kriton zu überreden, sich durch nächtliche Flucht aus
dem Gefängnis der Vollstreckung des Urteils zu entziehen.
Sokrates lehnt dies mit ruhiger Entschiedenheit ab, denn erhaben über alle andern Stimmen seines Innern klingen die
Flammenworte des für den rechten Bürger unverbrüchlichen
Staatsgesetzes. So trinkt er, dessen Gelassenheit und heitere
Seelenfassung seine Jünger täglich im Gefängnis zu bewundern
Gelegenheit haben, am Abend des dreißigsten Tages in ab-
geklärter Ruhe und in vollendetem Einklang mit seinem Leben
und Wirken, in tiefem Frieden mit sich selbst und dem ihm von
der Gottheit beschiedenen Geschick, den Schierlingsbecher, bis
zu seinem letzten Augenblick in Wesen und Worten derselbe,
der er im Leben war. So wird sein Sterben seine größte sittliche
Tat, unvergeßlich seinen Jüngern und Freunden, die davon
Zeuge sein durften. Erst der Tod des Sokrates – nicht nur, daß
er freiwillig dem Gesetz gehorchend, sondern die Art, *wie,* d. h.
die Haltung, mit der er starb – ist die Krönung seines unvergänglichen Lebens.

Sokrates selbst hat nichts „geschrieben". Bei einem Manne, der zeitlebens nur ein Sucher der Wahrheit und ein Menschenforscher und -prüfer im Verkehr von Seele zu Seele gewesen ist, durchaus begreiflich. Aber diese Tatsache ist zugleich der Grund, daß wir hier kurz von dem „Sokrates-Problem"[1] sprechen müssen, weil in der schon bald nach seinem Tode (und zu einem kleinen Teil vielleicht schon vor diesem) entstandenen „Sokratischen Literatur", die ihn als ihren Helden und Zeugen der Wahrheit zum Mittelpunkt hat, seine Person in ganz verschiedener Beleuchtung und Bedeutung erscheint. Es sind uns nämlich zwei sehr verschiedene „Sokratesbilder" überliefert[2]. In den Dialogen Platons, seines genialsten Jüngers und des größten Künstlers der griechischen Prosaliteratur, und in den Schriften Xenophons, vor allem in dessen Sokratischen Denkwürdigkeiten. Dazu kommen noch die Angaben des Aristoteles über die Bedeutung des Sokrates für die Geschichte der griechischen Philosophie. Hiernach haben von den modernen Forschern die einen in der Hauptsache Xenophon, die andern vor allem Platon, andere Xenophon, ergänzt und vertieft durch Platon (so Schleiermacher), wieder andere ausschließlich Aristoteles als maßgebende Quelle für ihre Auffassung von Sokrates' Persönlichkeit und Philosophie verwertet. Es darf jedoch heute als ausgemacht gelten, daß Xenophon, ein gänzlich unphilosophischer Kopf, der Sokrates' innerstes Wesen und wahre Bedeutung gar nicht begriffen hat und ihn daher im wesentlichen als trivialen, platten Moralphilister und dabei als teleologisch orientierten „Theologen" darstellt, als Quelle für Sokrates (von einzelnen äußeren Zügen abgesehen) so gut wie ganz ausscheidet, um so mehr, da es heute feststeht, daß er dem Kreise des Sokrates nur verhältnismäßig kurze Zeit angehört hat, während seines Prozesses und Todes fern im Aus-

[1] Vgl. jetzt insbes. Jaeger, Paideia II 63 ff., 73 ff. u. 113 ff.
[2] Der Sokrates der „Wolken" wie überhaupt der alten Komödie kommt – von Äußerlichkeiten abgesehen – für die Wiedergewinnung des echten Sokratesbildes nicht ernsthaft in Betracht.

lande gewesen ist und die Memorabilien (abgesehen von dem
Grundstock I 1 und 2) erst dreißig oder mehr Jahre nach Sokrates' Tode verfaßt hat. Daß dagegen die frühplatonischen
Dialoge nebst Apologie und Kriton, wenn sie auch das Bild
des Sokrates in künstlerischer Verklärung zeigen und diesen
keineswegs nur eigene Lehren vertreten lassen – eine Tatsache,
aus der weitere Probleme der Forschung entspringen – für
unsere Auffassung von Sokrates eine Quelle allerersten Ranges
sind, steht heute gleichfalls fest. Aber das kann uns nicht be-
rechtigen, wie es H. Maier in seinem bedeutenden, aber einseitigen Buch getan hat, die Zeugnisse des Aristoteles über
Sokrates den Dialektiker zu verwerfen und diesen vielmehr
ausschließlich als „ethischen Protreptiker" und überhaupt nicht
als Philosophen zu fassen. Diese Anschauung dürfte sich trotz
der Zustimmung von Wilamowitz nicht als haltbar erweisen.
Wie denn auch bereits eine Reihe namhafter Forscher (wie
Jaeger, Praechter, Joël und insbesondere Ernst Hoffmann)
demgegenüber betont haben, daß sich Aristoteles' Zeugnisse
weder entwerten noch gänzlich ausscheiden lassen[1], zumal es,
insbesondere nach Hoffmanns Untersuchung, ausgeschlossen erscheint, daß Aristoteles hier von Xenophons Memorabilien
abhängig ist; daß außerdem Aristoteles' Angaben von dem
Dialektiker Sokrates durch eben die frühplatonischen Dialoge
bestätigt werden, die derselbe verdiente Forscher, und gewiß
mit Recht, als Fundamentalquelle über Sokrates wertet: so vor
allem (außer der Apologie) durch den Protagoras, Laches,
Staat I, Lysis, Charmides und Euthyphron. Andrerseits zeigen
aber auch jene frühplatonischen Dialoge, wie z. B. der Protagoras und der Laches, daß Sokrates keineswegs ausschließlich
Dialektiker, auch durchaus kein reiner Theoretiker gewesen
ist, sondern eine Persönlichkeit, die zugleich durch ihr ganzes
„dämonisches" Wesen, durch Beispiel, persönliche Impulse und
Grundsätze, wie durch ihr ganzes ἦθος überhaupt, einen unaus-

---

[1] Vgl. jetzt auch Kranz, Die griechische Philosophie, S. 113 Anm. 2.

löschlichen, auf manche geradezu einzigartigen, sie zu einem ganz neuen Leben erweckenden Eindruck gemacht hat. *Denn in Wahrheit ist Sokrates durchaus beides, der praktische Begründer der Dialektik und ein schlechthin unvergleichlicher ethischer Protreptiker, d. h. ein Erwecker zu wahrhaft sittlichem Leben.* Ohne diesen zweiten Grundzug seines Wesens wäre seine wahrhaft phänomenale Einwirkung auf seine Jünger, vor allem aber auf einen Geist wie Platon, die zugleich die Entstehung einer ganzen „Sokratischen Literatur" zur Folge gehabt hat, gar nicht begreiflich[1].

Seitdem diese Zeilen geschrieben sind, ist im Jahre 1944 der zweite Band von WERNER JAEGERS monumentalem Werk *Paideia* erschienen, auf das ich gerade betr. des „Sokratischen Problems" hier nur nachdrücklich verweisen kann[2]. In engstem Zusammenhang mit meinen obigen Ausführungen möchte ich hier nur drei klassische Sätze Jaegers (S. 73 f.) zitieren: Sokrates ist *„der Mittelpunkt der Geschichte der Selbstformung des griechischen Menschen. Sokrates ist das mächtigste erzieherische Phänomen in der Geschichte des Abendlandes"*. Und (S. 75) *„Sokrates dringt vor zu dem sittlichen Kosmos in der Seele selbst."*

Andrerseits sei auf die ausgezeichnete Würdigung der überzeitlichen Bedeutung des Sokrates von Walther Kranz (Die griechische Philosophie, S. 137 unten) hingewiesen.

Sokrates der Philosoph

1. Der Dialektiker

Wie die Sophistik, steht auch Sokrates auf dem Boden der „Aufklärung": auch seine grundsätzliche Haltung gegenüber

[1] Es sei hier zum Schluß über das Sokrates-Problem und dessen moderne Lösungsversuche noch auf die ausgezeichnete, kritische Besprechung dieser Dinge durch *Karl Praechter* (Ueberweg I[12] S. 133 ff.) hingewiesen.

[2] S. 63 ff. einschl. der wichtigen Anmerkungen.

den herkömmlichen Anschauungen des griechischen Volkes ist
die der kritischen Reflexion, auch er übernimmt keine „Meinung" der Altvordern unbesehen. Und doch besteht ein tiefgreifender Unterschied zwischen dem Standpunkt des Sokrates
und dem der Sophisten. Während diese mit ihrer Skepsis alle
Erkenntnis und alle Sittlichkeit, überhaupt die innersten Grundlagen der griechischen Kultur in Staat und Gesellschaft in Frage
stellen, lebt Sokrates der felsenfesten Überzeugung, daß es eine
dem Menschen erfaßbare *absolute* Wahrheit geben muß, die
von dem Wähnen und Meinen des einzelnen Individuums
ebenso unabhängig ist wie von dem der Masse. Diese Wahrheit
oder vielmehr diese Wahrheiten sind erreichbar allein auf dem
Wege des *vernünftigen Denkens* (λογισμός); ihn gilt es daher
mit Umsicht und Folgerichtigkeit zu beschreiten. In der menschlichen Vernunft selbst (dem λόγος) liegen die Gesetze des
Denkens und damit die Möglichkeiten aller wahren Erkenntnis
verborgen. So entdeckt Sokrates in den Gesetzen der menschlichen Vernunft eine ganz neue Welt, die außerhalb des Bereiches der sinnlichen Wahrnehmung und der persönlichen
Ansichten der einzelnen Menschen liegt. Damit ist der Sensualismus und der Subjektivismus eines Protagoras wie überhaupt der Relativismus der Sophisten überwunden und die
Wissenschaft gerettet oder vielmehr zum erstenmal wirklich
begründet. Denn der Begriff des Wissens selbst wird hier zum
erstenmal fest fundiert. Während die früheren Denker – von
Parmenides abgesehen – in ihren Lehren subjektive Meinungen
und exakt beweisbare Behauptungen kaum jemals scharf unterschieden hatten, wird zum ersten Male von Sokrates der
grundsätzliche Unterschied zwischen Wissen (ἐπιστήμη) und
Meinen (δόξα) festgestellt: wirkliches Wissen ist allein das
begriffliche Wissen. Erst Sokrates entdeckt die für alle denkenden Menschen in gleicher Weise gültigen Begriffe und wird so
der Begründer der Wissenschaft vom Allgemeinen, der Logik.
Die Begriffe aber haben für Sokrates durchaus objektive

Wirklichkeit. So hat er in den Begriffen eine allgemein ver-
bindliche Norm des menschlichen Denkens gefunden, die, der
Willkür des einzelnen Subjekts entzogen, über sämtlichen
Individuen steht und doch in ihnen selbst lebendig ist.

Aber diese Begriffe, d. h. die einzelnen bestimmten Begriffe
(wie z. B. den der Gerechtigkeit) gilt es erst zu finden, denn
Sokrates wähnt nicht, die Wahrheit schon zu besitzen, sondern
er ist auf der ständigen Jagd nach ihr und, glaubt er wirklich
einmal eine Teilwahrheit gefunden zu haben, so gibt ihm diese
sofort ein neues Rätsel auf. Aus einer endlich gefundenen
Antwort entspringen immer neue Probleme. So ist Sokrates das
Urbild des rastlosen Wahrheitssuchers, im Gegensatz zu den
„Weisen" der Vergangenheit der erste „Philosoph" in des
Wortes eigentlichem Sinne, der, von der Existenz wie von der
Erkennbarkeit dieser Wahrheit in seinem Innersten überzeugt,
sich doch zugleich bewußt ist, daß der menschlichen Erkenntnis
Grenzen gesetzt sind und die Wahrheit nur allmählich, von
Stufe zu Stufe, auf den vielverschlungenen Pfaden des Denkens
gefunden werden kann.

Daher ist auch die Form seines Philosophierens eine gänzlich
andere als bei den Naturphilosophen und den Sophisten, die im
Ton des Propheten oder des Gesetzgebers ihre „Lehre" in
zusammenhängender Rede mit apodiktischer Gewißheit aufzu-
stellen pflegten. Weil er nichts als ein Sucher der Wahrheit ist,
so wendet er sich bei jeder ihm widerfahrenden Aporie um
Hilfe an seine Mitmenschen, um in Gemeinschaft mit ihnen
die Wahrheit zu finden: *in der Form des Gesprächs* (als
διαλεγόμενος), das er als ein unermüdlicher Frager bald mit
unerhörter Meisterschaft zielbewußt führen lernt, indem er
selber den Nichtwisser spielt, der im Grunde nur das eine
weiß, daß er nichts „weiß", der aber doch dabei von der
Beweiskraft vernunftmäßiger Gründe beim Aufsuchen der Begriffe und der aus diesen sich ergebenden Forderungen an das
Denken und Handeln des Menschen so fest überzeugt ist wie

wir von dem logischen Zwang eines mathematischen Beweises. Er weiß, daß jeder denkende Mensch sich durch die auch in seinem Bewußtsein waltenden logischen Gesetze gezwungen sieht, ihnen freiwillig, d. h. auf Grund eigener Überzeugung zuzustimmen.

In seinen Gesprächen aber übt Sokrates, gewöhnlich von irgendeiner zufälligen Tatsache des trivialen Alltagslebens ausgehend, eine ganz bestimmte „Methode"; hat er doch, wie er wohl scherzend sagt, von der Mutter die Kunst des Entbindens geerbt, indem er durch sein Verfahren die im Bewußtsein des Mitunterredners schlummernden Erkenntnisse ans Licht zu fördern weiß. Wie Aristoteles nachdrücklich sagt, ist es die Induktion und die Definition, die Sokrates, zum Zweck ihrer Verwendung in Syllogismen, planmäßig anwendet. Indem Sokrates' von einer allgemein anerkannten Wahrheit ausgeht und dabei den Begriff der Ausgangsvorstellung feststellt, sucht er in Gemeinschaft mit dem andern aus einer Reihe von konkreten Einzelfällen den ihnen allen gemeinsamen Begriff (τὸ ἐπὶ πᾶσι ταὐτόν: was in all den angeführten Fällen „dasselbe" ist) zu ergründen und in bestimmter sprachlicher Formulierung zu umgrenzen, zu definieren. Dabei wird seine Prüfung der jeweiligen Frage meist ganz von selbst auch zur Prüfung (ἐξέτασις) sowohl des eigenen wie des Standpunktes des andern, und nur zu oft stellt sich im Verlauf des Gespräches heraus, daß sich der andere, der sich im Besitz seiner „Weisheit" oder „Kunst" wunder was dünkte, in völliger Unklarheit über die Begriffe findet, die er – wie z. B. den der „Tugend" (ἀρετή) — täglich im Munde führt, ja, daß er (wie wir das sehr anschaulich in Platons Protagoras sehen) meist überhaupt von der Existenz der Probleme, die diese Begriffe oder doch seine tönenden Behauptungen darüber in sich bergen – wie die von der Einheit oder Vielheit der Tugend – keinerlei Ahnung hat, so daß sich das Gespräch mit innerer Notwendigkeit zu einer völligen Entlarvung (ἔλεγξις, eigentlich: Widerlegung) des berühmten Weisheitslehrers oder sonst eines hochmögenden Virtuosen durch den so bescheidenen Nichtwisser Sokrates entwickelt. Auf diesem Kontrast des scheinbar so simplen Fragers mit dem Weisheitsdünkel des zuerst so selbstbewußten anderen, dem es bei den bohrenden Fragen des Sokrates immer schwüler und schwüler zumute wird, beruht die Sokratische Ironie.

2. Begründer der Ethik

Aber diese unerhörte Kunst der Dialektik, wie sie Sokrates damals zum ersten Male auf dieser Erde übt, ist nicht nur ein geistreiches Spiel mit Gedanken und Worten. Sie hat inhaltlich ein einziges Zentrum, auf das all ihre Pfade hinstreben: *die Grundfragen der Sittlichkeit*. Denn diese Dialektik des Sokrates ist nur die Wegbereiterin seiner Ethik. Diese gilt es dem Sokrates, gegenüber den zersetzenden Argumenten der Sophistik, überhaupt der „Aufklärung", neu d. h. wissenschaftlich zu begründen. Und hier – darin, daß er diesen Versuch im vollen Bewußtsein seiner Tragweite mit wissenschaftlichen Argumenten methodisch unternommen hat – liegt der Grund, weshalb Sokrates in die Reihe der griechischen Philosophen nicht etwa nur der „ethischen Protreptiker" gehört, die in der Geschichte des menschlichen Denkens Epoche gemacht haben. So wird er zu dem Begründer einer autonomen Sittlichkeit, die er allein auf die Vernunft (λόγος) gründet. Dadurch wird die Moral von der ungeheuren Macht des Herkommens, insbesondere von der überlieferten Religion, zum ersten Male unabhängig und doch fester gegründet denn je. Denn auch hier sind es unerschütterliche Fundamentalüberzeugungen, die der „Nichtwisser" Sokrates im Grunde seines Bewußtseins birgt: der Glaube an eine absolute Moral, der Glaube daran, daß es ein absolutes Gut oder Böse gibt. Der ursophistische Gedanke, dem der tragische

Dichter einmal Ausdruck verleiht: „Was ist denn böse, wenn's
dem Täter nicht so scheint?" – diese Denkweise hat den Kern
des Sokratischen Standpunktes niemals erschüttert: d. h. sein
unmittelbares sittliches Bewußtsein, das bei ihm in stärkstem
Maße lebendig ist. Denn Sokrates unterscheidet – wie wohl
zuerst Ernst Hoffmann klar erkannt hat – in Wahrheit zwei
Arten von Wissen: die eine Art umfaßt die Grundeinsichten der
praktischen Vernunft, die andere bedeutet das abgeleitete
Einzelwissen der theoretischen. Jene enthält seine apriorischen
sittlichen Grundüberzeugungen – daß es ein objektives Gut und
Böse gibt, daß man das Gute tun muß, das Böse dagegen unter
keinen Umständen tun darf[1] – den Inhalt solcher apriorischen
Grundeinsichten „weiß" Sokrates, und zwar mit absoluter
innerer Gewißheit, auf Grund seines unmittelbaren sittlichen
Bewußtseins. So steht es ihm z. B. a priori absolut fest, daß der
Übeltäter bestraft werden muß[2] – eine Anschauung, aus der
sich nicht nur ergibt, daß für Sokrates überhaupt kein Zweifel
daran besteht, daß es ein absolutes Recht und Unrecht gibt,
sondern diese Anschauung des Sokrates enthält zugleich die
unbedingte Anerkennung des Sittengesetzes, das über allen
Individuen steht, von ihnen völlig unabhängig ist, und seine
apriorische Grundüberzeugung, daß diesem Sittengesetz durch
Bestrafung des Übeltäters unbedingt Genüge geschehen muß.
Dagegen kann die andere Art des Wissens – worin das Gute
im einzelnen Falle besteht –, nur auf dialektischem Wege gewonnen werden, freilich nur von dem, der bereits jene Grundeinsichten der praktischen Vernunft besitzt. Sokrates selbst
erklärt für seine Person noch nicht im Besitz dieses theoretischen Wissens zu sein, aber gewiß nicht, weil er daran zweifelt,
es zu erlangen, sondern weil er noch auf dem Wege ist, es zu
suchen. Er sucht aber mit solcher Beharrlichkeit, weil er weiß,
daß er finden wird. Denn er hat zum Teil schon gefunden.

[1] Vgl. Platons Kriton 48 E ff., Apologie 29 B.
[2] Platon, Euthyphron 8 B ff.

Aus diesem unmittelbaren sittlichen Bewußtsein des Sokrates entspringt ihm, da der Mensch täglich zwischen Gut und Böse zu wählen hat, der *Begriff der Pflicht,* der mitnichten erst durch die orientalisch beeinflußte Stoa in das griechische Denken gekommen ist, vielmehr deutlich schon im Bewußtsein des Sokrates seinen Ursprung hat. Das ergibt sich mit voller Gewißheit aus den Ausführungen in Platons Apologie[1], wo zwar dieser Begriff nicht dialektisch untersucht und definiert oder mit einem spezifischen Terminus des sprachlichen Ausdrucks versehen wird, aber er wird hier doch so klar und unzweideutig umschrieben und an dem Beispiel des jugendlichen Achill erläutert, der die Wahl hat zwischen einem langen, aber ruhmlosen Leben und einem frühen Tode für Ehre und Pflicht, und hieraus von Sokrates so klar die Folgerungen für die eigene Person gezogen, daß es über jeden Zweifel erhaben ist, daß in Sokrates zum erstenmal auf dieser Welt der *„kategorische Imperativ",* der Begriff der sittlichen Pflicht in des Wortes höchstem Sinne, d. h. im Sinne des Unbedingten klar bewußt und für sein ganzes Denken und Handeln entscheidend wirksam geworden ist. Wie die großen Ionier Anaximandros und Herakleitos das Naturgesetz entdecken, das im Makro- wie im Mikrokosmos unverbrüchlich waltet, so entdeckt der Athener Sokrates das Sittengesetz in der eigenen Seele als *die* Macht, der der Mensch unweigerlich, ohne nach rechts oder links zu blicken, unbekümmert um die Folgen, und sei es der Tod, gehorchen muß, wenn er nicht ein Elender werden will. Dies Sittengesetz aber besagt, daß es gilt, in allen Lagen des Lebens unbeirrt dem Logos (der Vernunft) zu folgen, der ihm bei vernünftiger Überlegung als der beste erscheint[2]. So offenbart sich auch hier der intellektualistische Charakter der sokratischen Ethik.

Wer diesem Logos stets zu folgen trachtet, der übt die Tugend. Denn diese, die vielberufene ἀρετή, beruht letztlich auf

[1] 28 B ff.
[2] Kriton 46 B.

einem *Wissen,* d. h. auf der richtigen Einsicht, wie umgekehrt
alle Schlechtigkeit aus ἀμαθία, dem Mangel an Einsicht entspringt, dem zufolge der Mensch die Dinge falsch wertet. Denn
wissentlich fehlt niemand; wählt doch niemand wissentlich, was
ihm schädlich ist. Wer die richtige Einsicht hat, der wird auch
richtig handeln. Das Zweite folgt ganz von selbst aus dem
Ersten. Ist doch das Gute das dem Menschen wahrhaft Nützliche, das der es klar erkennende Mensch unzweifelhaft wählen
wird. So ist die ganz natürliche Folge des tugendhaften, d. h.
des sittlichen Lebens die Glückseligkeit (εὐδαιμονία); der wahrhaft gute Mensch ist wahrhaft glücklich.

Wenn aber die Tugend auf einem Wissen beruht, so muß
sie auch lehrbar sein – es sei denn, daß jemand Mangel an
Intellekt hätte und daher solcher Belehrung nicht zugänglich
wäre –, lehrbar nicht etwa in dem Sinne, wie unserem Wissen
z. B. irgendwelche Tatsachen der Physik oder der Geschichte
übermittelt werden, sondern in dem Sinne, daß der andere sich
durch eigene Denkarbeit, die bei ihm ebenso wie bei andern
vernünftigen Menschen den Gesetzen der Vernunft, d. h. der
Logik unterliegt, die Voraussetzungen und Schlußfolgerungen
seines „Lehrers" zu eigen macht; also nach Art der mathematischen Belehrung eine Analogie, die aber Sokrates selbst noch
fern liegt.

Im Grunde kann aber diese Tugend, die auf der richtigen
Einsicht dessen beruht, was dem Menschen nützlich oder schädlich ist, was er daher zu tun oder zu lassen hat, nur eine einzige
sein, aus der die verschiedenen Einzeltugenden, je nach den
Gebieten ihrer Betätigung, wie die verschiedenen Zweige von
ein und demselben Stamme ausgehen. Unter diesen Tugenden
nehmen   einen   besonderen   Platz   die   Selbstbeherrschung
(σωφροσύνη[1]) und die Gerechtigkeit ein, deren Begriffe, wie die

---

[1] Über diese schwer im Deutschen durch *ein* Wort erschöpfend wieder-
zugebende Tugend vgl. insbes. Wilamowitz, Platon I 63 f.

der andern Tugenden, z. B. der Tapferkeit, Sokrates im Verein mit seinen Freunden eingehend erörtert hat.

Was aber ist gut, was dem Menschen wahrhaft nützlich? Sokrates' grundsätzliche Stellung gegenüber diesem Problem zeigt auch hier seine epochemachende Bedeutung in der Geschichte des griechischen Menschen. Gerade hier zeigt er sich als einen Umwerter aller herkömmlichen Werte: Schönheit und Reichtum, Macht und Ruhm, Körperkraft oder die Lust der Sinne – Dinge, die dem griechischen Volksbewußtsein als die begehrenswertesten erscheinen – gelten ihm nichts gegenüber *der Seele des Menschen;* denn den unvergleichlichen Wert der Seele gegenüber allen andern „Gütern" dieser Welt hat Sokrates als Erster erkannt[1]. Daher überragt die Sorge für das Heil der Seele an Wichtigkeit um ein Unendliches alle andern. Hieraus ergibt sich auch die fundamentale Bedeutung des Erziehungsproblems, denn die rechte Erziehung ist ja eine sachkundige, zielbewußte „Behandlung" der Seele (θεραπεία τῆς ψυχῆς). Bei diesem grundsätzlichen Standpunkt wird aber überhaupt das ganze Leben des Menschen zu einer sittlichen Aufgabe, zu einer stetigen Arbeit an dem eigenen Ich, das dem wahrhaft Guten ständig nachjagen soll. Wirkliche Güter aber und wirkliche Übel sind nur die seelischen. Tod, Verbannung, Krankheit und anderes sind in Wirklichkeit keine Übel, denn sie vermögen unserer Seele nichts anzuhaben. Schaden kann dem Menschen nur das Nichtvorhandensein oder der Verlust von Wissen, das ja die Grundlage aller Tugend ist.

Bei solcher Auffassung von den wahren Werten und Unwerten im menschlichen Dasein, die das wirkliche Glück des

[1] Vgl. zu diesem 1926 geschriebenen Satz jetzt die lichtvollen Ausführungen von Werner Jaeger, Paideia II, Berlin 1944, S. 88 ff. – Schon in dieser Erkenntnis des Sokrates, die von grundlegender Bedeutung für die gesamte Folgezeit geworden ist, liegt implicite die Umwertung aller herkömmlichen Werte und damit die Geburt einer *ganz neuen Ethik,* ja überhaupt erst die Begründung einer wirklichen Ethik; denn hier ist in der menschlichen *Seele* erst die *Norm* für alle Zeiten gefunden.

Einzelnen nicht von äußeren Zufälligkeiten, sondern von der
bewußten Gestaltung seines persönlichen inneren Lebens abhängig macht, erhebt sich um so dringender die Frage: Welche
Stellung nimmt der Individualist Sokrates gegenüber der bedeutendsten menschlichen Gemeinschaft, dem Staat, ein? Wie
faßt er das Verhältnis der Einzelnen gegenüber dem Staat auf?
Hier zeigt sich ein neuer Wesensunterschied zwischen Sokrates
und den Sophisten. Während diese sämtlich, dem eigenen Staat
entfremdet, in Athen, dem Brennpunkt der griechischen Bildung damals, als heimatentwurzelte Ausländer leben, daher
dem Staat an sich kalt, wenn nicht feindlich gegenüberstehen,
ist für Sokrates, den Athener, das Verhältnis ein völlig anderes.
Ihm ist der Staat nicht nur eine gegebene Größe, mit der
gerechnet werden muß, sondern er ist ihm – denn Staat und
Vaterland sind für den Athener eins – die größte und erhabenste menschliche Gemeinschaft, zu der er in einem tief-
innerlichen, ganz persönlichen Pietätsverhältnisse steht, der er
sich durch heiligste sittliche Bande verbunden und verpflichtet
fühlt, die allen anderen irdischen Beziehungen vorangehen. Daher muß man den Gesetzen des Staates in jedem Fall mehr
gehorchen als allen andern Geboten, selbst als denen von Vater
und Mutter. Solche Gesinnung hat Sokrates nicht nur als
Krieger und Bürger durch die Tat bewährt, sondern auch nach
und trotz seiner ungerechten Verurteilung zum Tode, dem
sich durch die Flucht zu entziehen er mit unbeugsamer Festig-
keit abgelehnt hat. Dem Staat, d. h. der bürgerlichen Gemeinschaft nach Kräften nützlich zu sein, ist daher für den Athener
selbstverständliche Pflicht, die nimmermehr durch Ableistung
des Heeresdienstes oder zeitweilige Ausübung politischer Ämter
in der Bürgerschaft erledigt ist. Denn der rechte Bürger soll
dem Vaterlande sein Leben lang dienen – mit einer Einschränkung freilich, die für den Individualisten Sokrates charakteristisch ist: gemäß seinen Fähigkeiten, d. h. seiner persönlichen
Veranlagung. Wie Sokrates selbst daher seinen eigenen Dienst

am Staat aufgefaßt hat, ergibt sich schon aus den Ausführungen, die ihn Platon in der Apologie[1] machen läßt: als ständige Arbeit am Seelenheil, d. h. an der sittlich-religiösen Erweckung und Erneuerung seiner Mitbürger. Der Staat und der Einzelne gehören unlöslich zusammen. Sokrates, dem Athener, ist es tief bewußt, daß das Wohl und Wehe des Einzelnen auf das engste mit dem seines Staates verbunden ist, daß der Einzelne das wahre Glück (die εὐδαιμονία) nur im Einklang mit dem Wohl der Gemeinschaft erlangen kann, daß daher sein oberster Gesichtspunkt, wenn anders er die wahre „Tugend" erlangen will, stets das Heil der Gesamtheit, des Vaterlandes, sein muß.

So ist auch hier die Stellung des Sokrates eine durchaus positive, den realen Tatsachen des geschichtlichen Lebens nicht nur äußerlich Rechnung tragende. Und doch ist sein Verhältnis zu seinem Staat ein anderes als das der andern Athener. Der athenische Staat war damals eine bereits in voller Selbstzersetzung begriffene, schon beinahe zur Ochlokratie gewordene Demokratie[2], in der die urteilslose, schon seit langem stark demoralisierte Masse nach Beseitigung der früher durch die Verfassung vorgesehenen Hemmungen in allen wichtigen Fragen unmittelbar den Ausschlag gab. Welch vernichtendes Urteil Sokrates über diese Masse fällte, mit welcher Klarheit er die Unmöglichkeit für den Gerechten erkannte, in dem von solcher Masse beherrschten Gemeinwesen politisch tätig zu sein, weiß jeder Leser von Platons Apologie und Kriton. Da ist es begreiflich, daß dieser kritische Denker nicht nur so unsinnige Einrichtungen verlacht, wie die Wahl der Beamten durch das Bohnenlos, sondern auch das Mehrheitsprinzip, das ihm hier in seiner bereits vollkommen hemmungslos gewordenen und damit den Staat zerstörenden Auswirkung auf Schritt und Tritt entgegentrat, durchaus verwarf. Damit setzte er sich ebenso in

[1] 30 E ff.
[2] Man vergleiche einmal die denkwürdige Darstellung in dem ausgezeichneten Buche von *Max Pohlenz:* „Staatsgedanke und Staatslehre der Griechen", Leipzig 1923, Kapitel IV: Der Niedergang der Polis.

Gegensatz zur Masse und ihren Machthabern wie dadurch, daß
er – ganz im Einklang mit seiner Neugründung des Wissens –
überall und zumal im Staat die Herrschaft der Sachverständigen
forderte, denn nur die Einsichtigen, die das nötige Wissen mit
der nötigen Intelligenz verbinden, sollen nach seiner Meinung
im Staat die Herrschenden sein. Dieser Gegensatz mußte freilich, folgerichtig zu Ende gedacht, zur Forderung eines wissenschaftlich vorgebildeten Beamtentums führen, wozu denn auch
Platon gekommen ist; eine Forderung, die, einmal erhoben,
den Konflikt mit den traditionellen Grundlagen des bestehen-
den griechischen Bürgerstaats, der Polis, unabwendbar herauf-
führen mußte.

Soweit ist das Interesse des Atheners Sokrates an seinem
heimischen Staat und damit an dem Staat überhaupt ohne
weiteres verständlich, auch wenn seine innerste Geistesrichtung
die Gefahr in sich birgt, die Neigung zu einer aktiven Beteili-
gung am politischen wie überhaupt am bürgerlichen Leben zu
ertöten. Daß Sokrates aber auch über die verschiedenen Ver-
fassungsformen reflektiert und mit anderen Erörterungen darüber angestellt hätte, wie noch heute von einzelnen Forschern
auf Grund von Xenophons Memorabilien angenommen wird,
ist nicht nur angesichts des Schweigens der frühplatonischen
Dialoge, sondern auch im Hinblick auf die tiefsten Motive des
Sokratischen Denkens überhaupt wenig wahrscheinlich.

Die neuere Forschung hat oft als den maßgebenden Zug im
Wesen des Sokrates den *Rationalismus* betrachtet, und noch
jüngst hat ein bekannter Historiker der antiken Philosophie
diesen Zug mit größtem Nachdruck herauszuarbeiten gesucht.
Aber so gewiß dieser Zug zu den wichtigsten Merkmalen des
athenischen Denkers gehört, so gewiß der „teleologische Theo-
loge" Sokrates, wie ihn Xenophon in den Memorabilien zeichnet, ein völlig falsches, unhistorisches Bild von ihm ist, so
gewiß läßt sich doch eine so komplizierte Persönlichkeit wie
Sokrates nicht auf eine so einfache Formel bringen. Und wer in

Sokrates ausschließlich den Rationalisten sieht, rückt sein Bild
in eine schiefe, d. h. einseitige Beleuchtung, denn es kommt
darüber das so bedeutsame „Positive" in dem Denken des
merkwürdigen Mannes nicht zu seinem Recht. Dies Positive
offenbart sich schon in seiner Stellung gegenüber dem Staat,
mehr noch tritt es in seinem Verhältnis zur Gottheit hervor.
Denn hier gewahren wir eine echte, tiefe Religiosität, so daß
auch hier eine Kluft das Denken des Sokrates von dem der
Sophisten scheidet. Auch die Götter des athenischen Staates
sind für Sokrates lebendige Mächte, denen er an den herkömmlichen Festen schlichten Sinnes opfert. Niemals hat er ihre
Existenz in Frage gestellt. Auch Träume und Orakel hält er mit
seinen Zeitgenossen für gottgesandte Weisungen, denen er
frommen Herzens folgt. Aber wenn er auch an der göttlichen
Inspiration der delphischen Priesterin keinerlei Zweifel hegt, so
offenbart doch auch seine Stellung zur Mantik den selbständigen, rationalen Denker; denn er schränkt ihren Gebrauch durchaus auf *die* Dinge ein, die menschlicher Einsicht verschlossen
sind. Was dagegen menschlichem Erkenntnisvermögen (γνώμη)
erfaßbar ist, das fällt außerhalb ihres Bereiches. Dadurch scheidet die Mantik für das wichtigste Lebensgebiet – in Fragen der
Sittlichkeit – vollkommen aus. Und ebenso scheidet sie aus, wo
für das Tun und Lassen des Menschen allein ein Fachwissen in
Frage kommt, wie in der Heilkunst, der Landwirtschaft, der
Nautik und anderen technischen Gebieten. Damit ist die Bedeutung des gesamten volkstümlichen Weissagungsglaubens für
Sokrates auf ein Minimum reduziert.

Daß es ihm gleichwohl durchaus Ernst mit seinem Glauben
an dem Menschen von der Gottheit gesandte Weisungen ist,
zeigt seine eigentümliche Auffassung von der sich oft in
seinem Innern bemerkbar machenden göttlichen Stimme (dem
δαιμόνιον), die ihn oft warnt, etwas zu sagen oder zu tun, zu
dem er gerade im Begriff steht. Hier faßt Sokrates ein ihm
eigenes, stark entwickeltes, instinktives Gefühl für das seiner

Natur Gemäße oder Nichtgemäße[1], das aus den Tiefen des
Unbewußten emporsteigt und sich keineswegs auf das Gebiet
der Sittlichkeit beschränkt, als ein gottgesandtes Zeichen auf,
ähnlich wie seine Zeitgenossen den Flug der Vögel oder
Donner und Blitz – charakteristisch für den frommen Sinn des
Mannes, aber für den Grundgehalt seines dialektischen, überhaupt seines ethischen Denkens von keinem Belang.

Weit wichtiger ist sein Verhältnis zum Göttlichen überhaupt.
Daß er den anthropomorphen Polytheismus innerlich überwunden hat, kann keinem Zweifel unterliegen. Die anthropomorphen Mythen einer rohen Vorzeit lehnt er durchaus ab,
denn er nimmt an ihrem Inhalt aus sittlichen und aus ästheti-
schen Gründen Anstoß. Doch die hehren Gestalten der griechischen Religion selbst tastet sein Denken nicht an, so sehr es auf
eine monotheistische Auffassung hinzudrängen scheint. Denn
Sokrates ist im Innersten davon überzeugt, daß im Weltgeschehen wie im Menschenschicksal eine höhere Vernunft waltet,
von der die unsrige ein Abbild ist. Daher auch sein felsenfester
Glaube an eine göttliche, d. h. an eine sittliche Weltordnung,
die hier – wenn man von der Logoslehre des Herakleitos
absieht – zum erstenmal auftetende Grundüberzeugung, daß
alles Geschehen in der Welt letzten Endes einen vernünftigen
Sinn hat. „Mir könnten wohl weder Meletos noch Anytos
Böses tun. Dazu sind sie gar nicht imstande. Denn ich kann
nicht glauben, daß es im Sinn einer sittlichen Weltordnung liegt
(θεμιτὸν εἶναι), daß der bessere Mann von dem schlechteren
Böses erleidet." „Dem guten Menschen widerfährt weder im
Leben noch nach dem Tode irgend ein Übel, und seine Person
vergessen die Götter nicht." Das ist gewiß nicht nur Platons,
sondern schon des historischen Sokrates Überzeugung, wie es
denn die Grundanschauung jeder echten Religiosität ist. So
glaubt Sokrates auch in tieferem Sinne an eine göttliche Fürsorge für die Menschen, wie er denn auch von der Einrichtung

---

[1] Ebenso urteilt Jaeger II 128.

des Weltganzen – durchaus im Einklang mit seinem übrigen
Denken – augenscheinlich eine teleologische Auffassung gehabt
hat, wenn man ihm auch die kindlichen Ausführungen in
Xenophons Memorabilien, die einen geradezu bornierten
anthropozentrischen Standpunkt verraten, gewiß nicht zuschreiben darf. Aber innerstes Vertrauen auf die göttliche Weisheit und Ergebung in das äußere Geschick, das sie dem Menschen sendet, ist offenbar ein wesentlicher Zug in dem Bilde des
echten Sokrates, wie auch manche religiöse Redewendungen
des Platonischen Sokrates (so in der Apologie und im Kriton)
ebenso wie sein Bestreben, in schwurartigen Beteuerungsformeln
den Namen der Gottheit zu meiden, auf den wirklichen Sokrates zurückgehen werden. Nach all diesem wird man gewiß der
platonischen Apologie auch darin glauben dürfen, daß Sokrates
seine ganze sittlich-seelsorgerische Tätigkeit an seinen Mitbürgern als seinen ihm von der Gottheit gewiesenen Beruf
aufgefaßt hat.

Denn bei dieser Tätigkeit steht seine Dialektik, deren Inhalt
ganz überwiegend ethische Probleme bilden, durchaus im Dienst
eines höheren Zweckes. Und hier entfaltet er seine stärkste, ja
einzigartige Wirkung im Verkehr von Person zu Person, d. h.
unter vier Augen; denn dieser Sokrates wendet sich nicht nur
als Logiker an den Verstand des andern, sondern als „ethischer
Protreptiker", d. h. hier soviel wie ein Seelsorger voll hohen,
heiligen Ernstes an seinen ganzen inneren Menschen. Wie weiß
er dem Jüngeren, der in jugendlich raschem Impuls ein Schüler
des Protagoras werden möchte, zum Bewußtsein zu bringen,
daß er sich bisher weder über den Zweck noch über die Tragweite seines Vorhabens klar ist, bei dem er sein Kostbarstes in
Gefahr bringt, seine Seele! Wie eindringlich versteht er, seinen
Mitbürgern klar zu machen das Eine, was nottut, was allein
Wert hat im Menschenleben, die Sorge um die Läuterung und
Veredelung ihrer Seele! Und so manchen, der mit Sokrates über
irgend einen Gegenstand des Alltags ins Gespräch geriet, bringt

er mit zielbewußter Kunst des Fragens schließlich dahin, ihm
über sich selbst Rechenschaft abzulegen, was für ein Leben er
jetzt führt, und was für eins er bisher geführt hat, um ihm dann
zu zeigen, worin er gefehlt hat, und worauf es vor allem ankommt. So wird denn mancher, wie der leidenschaftliche
Apollodor, der bis dahin gedankenlos in den Tag hineingelebt
hat, durch den Verkehr mit diesem wahren Erzieher – der
freilich selbst den Anspruch ablehnt, ein solcher zu sein – ein
völlig anderer, erst durch Sokrates zum wahren Leben erweckt.
Denn Sokrates weiß dem andern, sofern er eine empfängliche
Seele besitzt, seinen derzeitigen gewissenlosen Wandel in einer
Weise zum Bewußtsein zu bringen, daß dessen Seele in hellen
Aufruhr gegen sich selbst gerät, in krampfhafte Verzweiflung
und Zerknirschung über ihren jetzigen Zustand, voll Scham
und Reue über sich selbst. Aber dann weiß er auch wieder
aufzurichten und dem andern den rechten Weg zu weisen, um
so mehr, als bei ihm selbst Leben und Lehre völlig eins sind.
So übt er als ein sittlicher Erwecker auf manche, zumal unter
den Jüngeren, einen unauslöschlichen Eindruck aus, der freilich
seine Vollendung erst dann erreicht, als er in vollstem Einklang
mit den von ihm zeitlebens vertretenen Grundsätzen dem
Tode entgegengeht.

Angesichts der Eigenart unserer Quellen über Sokrates wird
unser Wissen von diesem außerordentlichen Mann stets kläg-
liches Stückwerk bleiben. Aber in den Grundzügen läßt sich
sein Wesen und Wirken – und was daran unvergänglich ist –
doch noch deutlich erkennen. Daß er in der Geschichte des
griechischen Denkens Epoche macht, hat verschiedene Gründe.
Gegenüber den Allerweltswissern, den Sophisten, steht der
„Nichtwisser" Sokrates, der sein ganzes Denken in ungeheurer
Konzentration auf eine einzige Aufgabe gerichtet hält: auf die
wissenschaftliche Grundlegung der Ethik und die Erweckung
dieser Ethik im Bewußtsein seiner Mitbürger, im Verkehr von

Mensch zu Mensch. Diese geniale Konzentration bedeutet zugleich seine grundsätzliche Abkehr von der Physik und den exakten Wissenschaften überhaupt. Aber trotz dieser echt attischen Konzentration seines Denkens auf ein einziges Gebiet, auf die wahren Aufgaben des Menschen in seinem Erkennen und seinem Handeln, hat Sokrates noch kein System geschaffen, sondern nur die Fundamente zu einem solchen gelegt. Denn er ist immer ein Sucher der Wahrheit geblieben. Von entscheidender Bedeutung aber ist es geworden, daß er ein für allemal die Ethik aus ihrer Verankerung in der Religion gelöst, sie autonom gemacht hat, indem er sie grundsätzlich auf den Logos fundiert, auf die in allen Menschen vorhandene, denselben unverbrüchlichen Gesetzen gehorchende Vernunft. Und mehr als das: in Sokrates selbst hat dieser Logos leibhafte Gestalt gewonnen, über alles Niedere in seiner Natur wie über alle ihm widerfahrenen äußeren Schickungen siegreich trimphiert.

Die Lebensanschauung des Sokrates bedeutet zugleich eine *mächtige Verinnerlichung des griechischen Menschen* und damit des europäischen Menschen überhaupt. Wer wie Sokrates den unvergleichlichen Wert der menschlichen Seele und die Wertlosigkeit der äußeren Güter erkannt hat und so zu einem Umwerter aller Werte geworden ist, der verlegt die höchsten Aufgaben des Menschen und damit sein wahres Glück in seine eigene Brust. Damit wird das äußere Geschehen für jeden von uns im tiefsten Grunde gleichgültig. Hängt doch vielmehr alles daran, daß wir unbeirrt dem folgen, was sich uns bei innerer Prüfung als das „Gerechte", als unsere unweigerliche Pflicht offenbart. Denn das wahre Glück hängt nicht ab von dem, was wir erleiden, sondern von dem, was wir tun, d. h. davon, wie wir sind und demgemäß handeln. Das Sittengesetz ist es, was Sokrates entdeckt, in seiner majestätischen Hoheit begriffen, zu klarem Ausdruck gebracht und selbst uns vorgelebt hat. Mit dieser Entdeckung der inneren Welt des Menschen und ihrer Versittlichung durch Sokrates beginnt eine neue Phase in der

Geschichte der Menschheit. Aber diese Entdeckung war nur
möglich dank seiner Fundamentalüberzeugung, daß es eine
objektive Wahrheit geben müsse, es ein absolutes „Gut" und
„Böse" gibt. Der Mut zu dieser persönlichen Überzeugung war
in der damaligen Zeit für einen auf dem Boden der Aufklärung
stehenden Menschen etwas Ungeheures. Er ist der tiefste
Grund seiner unsterblichen Leistung, geboren aus echt attischem
Geist, der bei aller Verarbeitung rationaler Elemente doch die
irrationalen Mächte unserer Seele, wie sie sich in den Tiefen des
Gefühls und Willens offenbaren, in intuitiver Ehrfurcht bestehen
läßt. Und noch ein anderes ist für Sokrates' Bedeutung in der
Geschichte der Ethik wichtig. Das ist seine „optimistische"
Auffassung von der menschlichen Natur: daß der Mensch in
sich selbst die Bedingungen zu seinem Glück trägt, weil er von
Natur gut ist und nur dem Logos in sich treu zu folgen braucht,
um die wahre Eudaimonia zu erlangen. „Optimistisch" ist auch
sein Glaube an eine dem innersten Sein und Geschehen aller
Dinge zugrunde liegende Vernunft.

Das Denken des Sokrates richtet sich durchaus auf das einzelne Individuum. Soziale Fragen in heutigem Sinne, wie die
nach dem Aufbau oder Ausbau der menschlichen Gesellschaft,
haben ihn trotz seiner einzigartigen Menschenliebe, die er sein
Leben lang im Dienst seiner athenischen Mitbürger betätigt
hat, niemals interessiert. Auch hier zeigt sich die eigentümliche
Kraft seiner Konzentration auf das Eine, was zunächst und vor
allem not tut. Und wer alles Glück oder Unglück in das Innere
des Menschen verlegt, für den ist mit dem äußeren Geschehen
auch die soziale Schichtung der Gesellschaft im Grunde gleichgültig. Denn auch *das* „Reich", zu dem Sokrates den Grund
gelegt hat, „ist nicht von dieser Welt". Und doch ist der Standpunkt des Sokrates – in anderem Sinne – ein durchaus dies-
seitiger: die Frage, ob es ein Fortleben unserer Person nach dem
Tode gibt oder nicht, verliert bei dem Standpunkt des Sokrates
ihre Bedeutung.

Entscheidend gewirkt aber auf die Seelen seiner edelsten
Jünger hat dieser wunderbare Mann doch erst durch sein Sterben, durch die sittliche Größe und Hoheit, die er hierbei bis
zum Leeren des Schierlingsbechers offenbart hat. Aber auch im
Leben muß seine Persönlichkeit von einem ganz eigenartigen
Zauber gewesen sein, trotz seiner scheinbar so nüchternen
Denkweise, trotz seiner garstigen äußeren Erscheinung. Denn
sein tiefer Ernst ist im persönlichen Umgang mit einem feinen
Humor und mit einer, so nur ihm eigenen, Ironie gemischt, sein
ganzes Wesen von einer zuversichtlichen, abgeklärten Heiterkeit
getragen, die uns die Hoheit und die Würde seiner Natur
menschlich näher bringen. Wie er denn beim Symposium unter
seinen ἑταῖροι, seinen geliebten athenischen Freunden, Tiefsinn
und Scherz in seiner Person in wundersamer Weise vereinigt.
Und auch seine Ethik hat bei allem Ernst, aller Strenge, wie
schon Zeller einmal treffend sagt, doch nichts Asketisches,
weil sie allem Menschlichen Rechnung trägt, daher selbst
wahrhaft menschlich ist. Denn sie unterdrückt und vergewaltigt
niemals die menschliche Natur, sondern leitet sie auf der
Grundlage der Vernunft zu ihrer wahren Bestimmung.

Die unvollkommenen Sokratiker

Unter den unvollkommenen oder einseitigen Sokratikern
versteht man die Gründer verschiedener kleiner Philosophenschulen, die je nach der Art ihrer Individualität eine einzelne
Seite des Sokratischen Denkens zur Grundlage ihrer Philosophie
machen und mit dieser andere Anschauungen (insbesondere
sophistische) verbinden. Man unterscheidet daher vier kleinere
Sokratische Schulen: die megarische, die elisch-eretrische, die
kynische und die kyrenaische.

Der Begründer der megarischen Schule ist EUKLEIDES VON
MEGARA, der das sokratische Element des sittlich Guten mit der

eleatischen Ontologie verbindet, indem er diesem Guten die Prädikate des parmenideischen „Seienden" (des ὄν) – unentstanden, unveränderlich, unvergänglich, einzig, allein wahrhaft seiend – beilegt und daher die Wirklichkeit von allem andern, so die des Werdens und Vergehens, der Bewegung usw., mit allen Mitteln der Dialektik bestreitet. Denn nach Eukleides existiert in Wahrheit nur das Gute, das er auch, je nach dem Zusammenhange, Einsicht, Vernunft, Gott nennt. Seine Schule hat sich in der Folge dann ganz nach der dialektisch-eristischen Seite entwickelt, ebenso wie die *elisch-eretrische,* die PHAIDON VON ELIS begründet, von der wir aber nur sehr wenig wissen. Von dem durch ANTISTHENES begründeten *Kynismus* und dem durch ARISTIPPOS VON KYRENE proklamierten *Hedonismus* wird später die Rede sein.

C. Platon

I. Platons Leben und Schriften

Quellen: Das wertvolle biographische Material in den Schriften von Platons Zeitgenossen und Schülern (Speusippos, Xenokrates, Herakleides, Hermodoros) war schon in der frühen Kaiserzeit fast ganz verloren. Nur noch einzelne Notizen sind daraus bei den Späteren (im Index academicus Herculanensis, bei Diogenes Laertius, Buch III, in den Schriften der Neuplatoniker u. a.) erhalten. Aber die *Hauptquelle* für Platons *inneres* Leben und Erleben *sind seine Werke selbst:* die Dialoge. Dazu die Briefe 6–8 (vor allem wichtig der siebente), deren Echtheit jetzt allgemein anerkannt ist. Umstritten ist noch der dritte, der für die zweite und dritte Reise eine ausgezeichnete Überlieferung benutzt, aber doch als unecht gelten muß (vgl. v. Wilamowitz, Platon I 638, II 279). Auch die übrigen Briefe sind unecht, enthalten aber zum Teil – so der fünfte, der auf einen verlore-

nen Brief von Platons Neffen Speusippos zurückgeht, sowie der
neunte und dreizehnte – wichtiges historisches Material. Dazu
kommt (für die zweite und dritte Reise) als hervorragende
Fundgrube Plutarchs Dion, in dem vielfach Primärquellen
benutzt sind.

Platon wurde im Jahre 427 v. Chr. als Sohn des Ariston und
der Periktione, die einer der ältesten und vornehmsten Adels-
familien des Landes entstammte, zu Athen geboren. Seine
Jugend fällt somit in die Zeit des peloponnesischen Krieges, die
seine Heimat noch auf dem Gipfel der Kultur der Perikleischen
Ära sah. Er empfängt die Erziehung der jungen Athener seines
Standes. Eine hervorragende Quelle der Bildung wird für ihn
die frühe Vertrautheit mit der großen Poesie seines Volkes
(Homer, Pindar, Tragödie und Komödie), aber auch mit der
zeitgenössischen rhetorischen Kunstprosa. Einem Grundzuge
seines Wesens entsprechend, hat er sich daher selbst zuerst als
Dichter versucht, Tragödien, Dithyramben und Epigramme verfaßt. Eine Reihe echter Epigramme sind uns erhalten. Sein
erster Lehrer in der Philosophie war Kratylos, durch den er mit
der Weltanschauung des Herakleitos bekannt wurde. Aber das
in seinem Leben epochemachende Ereignis ist seine Verbindung
mit SOKRATES, dem Platons geistiges Leben die wahre Erweckung und entscheidende Richtung verdankt. Nun gibt er der
Poesie den Abschied. Wenn er nach dem Bekanntwerden mit
Sokrates seine Tragödien verbrannt haben soll, so hat das zum
mindesten symbolische Wahrheit. Die Wirkung des Sokrates,
des Dialektikers wie des Ethikers, überhaupt der ganzen unteilbaren, dämonischen Persönlichkeit des Mannes, auf den jungen
Platon ist von so tiefgreifender, nachhaltiger Bedeutung geworden wie auf niemanden sonst. Sie zeigt sich auch äußerlich
in der Form des Platonischen Schrifttums, dem *Dialog*, der
ursprünglich eben der Darstellung dieses Sokrates gewidmet ist.
Acht Jahre lang (seit 407) hat Platon dem Kreise der Jünger
des wunderbaren Mannes angehört, da wird er durch dessen

13*

Hinrichtung in seinem Denken und Fühlen auf das tiefste erschüttert, zugleich aber auch erst dadurch der einzigartigen
Größe und Bedeutung seines Lehrers ganz bewußt und entschlossen, fortan im Sinne des verklärten Meisters zu leben und
zu wirken.

Nach Sokrates' Tode ist Platon zunächst mit einigen Freunden nach Megara gegangen, vermutlich aber schon nach einiger
Zeit in die Heimat zurückgekehrt, wie er denn wahrscheinlich
um 395/94 im attischen Heere als Reiter Kriegsdienste getan
hat. In Athen hat er in diesem Jahrzehnt (neben seiner schriftstellerischen Tätigkeit) wahrscheinlich schon einen kleineren
Kreis von Schülern um sich gesammelt. Aber das Leben, zumal
das politische in der Heimat, und die ernste Beschäftigung mit
der Philosophie lassen in ihm in der zweiten Hälfte der neunziger Jahre den Entschluß reifen, eine große Reise in das Aus-
land zu unternehmen, die er um das Jahr 390 antritt. Zuerst
fährt er nach Ägypten, dessen uralte stabile Kultur auf ihn
einen tiefen Eindruck macht, von da nach Kyrene, wo er durch
den Mathematiker Theodoros tief in die Geometrie eingeführt
wird, dann aber nach Unteritalien – vermutlich dem Hauptziel
seiner Reise – zu den Pythagoreern, mit denen er bedeutsame
Beziehungen anknüpft. Hier lernt er die pythagoreische Mathematik, insbesondere die Zahlenlehre kennen, aber auch den
Seelenglauben dieser Philosophen und die Organisation ihrer
wissenschaftlichen Arbeit in Form einer Kultgenossenschaft.
Von Unteritalien begibt er sich nach Syrakus an den Hof des
Tyrannen Dionysios I., der ihn, nach anfangs freundlicher Hal-
tung, an Bord eines Kriegsschiffes fortbringen und in Ägina als
Sklaven verkaufen läßt. Aus dieser Lage wird Platon durch das
Dazwischentreten des Annikeris von Kyrene, der ihn alsbald
loskauft, errettet und kann in die Heimat zurückkehren. Bald
nach der Rückkehr von dieser Auslandsreise, die ihn etwa drei
Jahre der Heimat ferngehalten hat, gründete Platon – um das
Jahr 387 – die *Akademie,* eine feste Vereinigung Gleichgesinn-

ter in der Form eines Kultverbandes mit eigenem Grundstück
vor den Toren der Stadt in einem dem altattischen Heros
Akademos heiligen Bezirk: zum Zweck gemeinsamer wissenschaftlicher Arbeit in Lehre und Forschung, deren Haupt er
bis zu seinem Tode (347 v. Chr.) gewesen ist, wenn er auch
seine Lehrtätigkeit noch zweimal durch folgenschwere Reisen
nach Sizilien (367/66 und 361/60) an den Hof Dionysios' II.
unterbrochen hat. Auf Platons drei sizilische Reisen hier näher
einzugehen, ist leider aus Raumgründen nicht möglich.

In dem Leben Platons, des Denkers und des Dichters, offenbart sich eine tiefe Tragik. Er, der Schöpfer des wahren Idealismus, von glühendem Verlangen beseelt, in die Geschicke seines
Vaterlandes, ja, in die der griechischen Welt überhaupt, nicht
nur als ein politischer Reformator, sondern als ein Neuschöpfer,
auf völlig anderer Grundlage des gesamten Lebens der menschlichen Gemeinschaft, einzugreifen, muß sich auf Grund bitterster
Erfahrungen nicht nur bescheiden, durch Lehre in dem welt-
entrückten Garten der Akademie und durch das – von ihm
selbst in seiner Unzulänglichkeit einst so scharf gebrandmarkte
– geschriebene Wort seinen Idealen zu dienen. Er scheitert auch
bei seinen Versuchen, auf die realen Verhältnisse, auf das
politische Leben der sizilischen Großmacht, bestimmend einzuwirken, in geradezu niederschmetternder Weise. Wenn ihm
schon die Aufnahme seiner Politeia im athenischen Publikum
schmerzliche Enttäuschungen brachte, so war doch erst der
furchtbare Mißerfolg des Sechzigjährigen auf seiner zweiten
sizilischen Reise (nach der Thronbesteigung Dionysios' II.) für
das Denken und Schaffen des einst so hochfliegenden Geistes
von katastrophaler Bedeutung. Die Werke, die er nach diesem
Erlebnis noch verfaßt, die sog. *„Altersdialoge"*, tragen nach
Form und Grundstimmung wie auch zum Teil im Inhalt ein
völlig anderes Gepräge als alle früheren. Hier zeigt sich wirklich
ein „Bruch" in der Entwicklungslinie von Platons innerem

Leben. Nach der zweiten dann noch der Mißerfolg des Sieben-
undsechzigjährigen auf der dritten Reise und sieben Jahre
später die Ermordung seines Freundes Dion, der einst in der
Blüte der Jugend das Herz des Philosophen zu rasender Liebe
entflammt hatte (ὦ ἐμὸν ἐκμήνος θυμὸν ἔρωτι Δίων!). So hat
eine Reihe schwerer und schwerster Schläge das Leben des
Denkers und Dichters, in dem niemals eine Frau eine Rolle
gespielt hat, in seinem letzten Drittel immer mehr verdüstert,
aber den Idealen seines Herzens, zu denen einst Sokrates den
Grund gelegt, und den Fundamentalerkenntnissen seines philosophischen Denkens – beide sind im Grunde bei ihm eins – ist
er bis an sein Ende treu geblieben.

Den Höhepunkt im Leben des Denkers Platon bedeutet seine
Entdeckung der *Ideenlehre* und ihre schöpferische Ausgestaltung und Entwicklung, wie wir sie in seinen Meisterwerken,
dem Phaidon, Symposion, dem Staat und dem Phaidros gewahren. In dieser Periode – zeitlich etwa durch die Jahre 384
und 374 umgrenzt – steht Platon auf der Höhe seines denkeri-
schen und künstlerischen Schaffens und, in engstem Zusammenhange hiermit, seines inneren Glückes.

Die Form von Platons Schriften – des Dialoges, der freilich
im Lauf eines mehr als fünfzigjährigen Schaffens mancherlei
Wandlungen erfährt – birgt für die Geschichte der griechischen
Philosophie mancherlei eigenartige, mit unseren Mitteln nicht
restlos zu lösende Probleme, nicht zuletzt das, ob und inwieweit der Autor durch diese oder jene Person seiner „Gespräche"
seine eigene Meinung oder die anderer – und wenn dieser,
welcher Philosophen – ausspricht. Ein zweites Problem bilden
die in vielen seiner Dialoge auftretenden „*Mythen*", wo statt
des strengen dialektischen Denkers ein Geist ganz anderer Art
in zusammenhängender pathetisch-feierlicher Rede das Wort
ergreift, an Punkten der Erörterung, d. h. der Spekulation, wo
diese an den Grenzen des dialektisch erreichbaren Erkennens
angelangt ist und dem Ahnen und Schauen des Dichters und

Propheten Platz macht, das aus den Urgründen seines Fühlens und Verlangens aufsteigt.

In der Erhaltung von Werken der antiken Literatur ist ein einzigartiges Glück die Tatsache, daß dank der die Jahrhunderte überdauernden treuen Überlieferung durch die Akademie sämtliche Dialoge Platons auf die Nachwelt gekommen sind. Aber das gewaltige Corpus der Platonischen Schriften birgt in sich die sog. *„Platonische Frage"*, die selbst wieder mehrere Einzelfragen umfaßt, insbesondere a) die nach der Echtheit der Dialoge, b) die nach ihrer zeitlichen Reihenfolge, c) die Frage, ob und inwieweit sich, auf Grund dieser ermittelten oder noch zu ermittelnden Reihenfolge, eine Entwicklung des Denkers und Künstlers und nicht zuletzt des Menschen Platon erkennen läßt. Diese seit Schleiermachers epochemachenden Arbeiten vielberufene „Platonische Frage" ist jetzt, nach heute z. T. fast unbegreiflich erscheinenden Verirrungen der Forschung noch in der zweiten Hälfte des 19. Jahrhunderts, wie v. Wilamowitz im Eingang seines monumentalen Werkes mit Genugtuung feststellen konnte, im großen und ganzen gelöst[1]. Über die Echtheit der Dialoge (bzw. die Ausscheidung der als unecht erkannten) ist heute unter den wirklichen Kennern des Platonischen Schrifttums keinerlei Meinungsverschiedenheit von Belang mehr. Und über ihre zeitliche Reihenfolge herrscht jetzt ebenfalls in allem Wesentlichen – das Wort „Wesentlich" muß freilich hierbei betont werden – Übereinstimmung. Es ist auf Grund inhaltlicher, stilkritischer und nicht zuletzt sprachstatistischer Untersuchungen der platonischen Schriften, vor allem von englischer und von deutscher Seite, in den letzten Jahrzehnten mit voller Sicherheit gelungen, die Dialoge in (sachlich, formal und zeitlich) *verschiedene Gruppen* zu ordnen, und „diese relative Chronologie wird durch Verbindung mit den vier Epochejahren, dem Tode des Sokrates und den drei Reisen, in eine absolute

---

[1] Vgl. auch Hans Leisegang: Die Platondeutung der Gegenwart. Karlsruhe 1929.

umgesetzt, die nur geringen Verschiebungen Raum läßt" (v. Wilamowitz, Platon I S. 7). Wir unterscheiden daher: I. die Gruppe
der *„Sokratischen Dialoge":* Ion, kleiner Hippias, Protagoras;
ferner (und sicher erst nach Sokrates' Tode verfaßt): Laches, der
Thrasymachos, d. h. die Grundlage des ersten Buches der
Politeia, sodann Lysis, Charmides und Euthyphron. Hierzu
kommen die Apologie und der Kriton, zwei Werke, die beide,
insbesondere die Apologie, schon eine sehr gereifte Kunst und
in der Grundstimmung (gegenüber der realen athenischen
Demokratie) mehrfach auffallende Anklänge an den Gorgias
zeigen. II. *Dialoge einer Übergangsperiode:* Gorgias (die „Ab-
sage an die Welt"), Menexenos (erst nach 387, also erst nach
der 1. Reise verfaßt); Kratylos und Euthydemos und (sicher erst
nach Gründung der Akademie) der Menon (in ihm das erste
wirkliche Auftauchen der Ideenlehre). III. *Die großen konstruk-
tiven Dialoge* (sog. „Hauptdialoge"): Phaidon, Symposion,
Staat, Phaidros. IV. *Die „Altersdialoge",* für die unter anderm
eine wesentlich stärkere Berücksichtigung der empirisch erfaßbaren Wirklichkeit charakteristisch ist: Parmenides, Theaitetos
(nach 369 verfaßt), dann (sicher erst nach der 2. Reise) Sophistes,
Politikos – diese beiden Dialoge sollten ihre Krönung in dem
ungeschrieben gebliebenen Philosophos finden, in dem Platon
erst sein letztes Wort in metaphysischer, erkenntnistheoretischer
und psychologischer Hinsicht sprechen wollte – und (nach der
3. Reise) Timaios, Kritias (der als 3. Stück hierzu geplante
Hermokrates blieb ungeschrieben), danach der Philebos, die
Briefe, von denen insbesondere die für Platons Biographie und
innere Entwicklung ungemein wichtigen Briefe 6, 7 und 8, wie
Wilamowitz bewiesen hat, unzweifelhaft echt sind, und vor
allem der siebente von singulärem Wert für unsere Erkenntnis
von Platons Metaphysik und Innenleben ist, und – unvollendet,
erst aus Platons Nachlaß durch seinen Schüler Philipp von Opus
herausgegeben – das gewaltige Werk seines hohen Alters, die
Gesetze.

Von den übrigen unter Platons Namen überlieferten Dialogen ist hinsichtlich der Echtheit umstritten nur noch der „größere Hippias". Alle andern sind sicher unecht.

II. Die platonische Philosophie

1. Erkenntnislehre und Metaphysik

Platon hat nicht wenige seiner Dialoge, ganz oder teilweise, der Auseinandersetzung mit Ansichten bedeutender Vorgänger oder Zeitgenossen gewidmet, besonders in seiner Altersperiode. Diese Seite seines Schrifttums, die naturgemäß wesentlich negativ-kritischen Charakter zeigt, ist „das notwendige Gegenstück zur positiven Darlegung der eigenen Lehre". Und gerade gegenüber dem Erkenntnisproblem war eine solche Auseinandersetzung für den Jünger des Sokrates, der eine neue Art des Wissens begründet hatte, nicht zu umgehen. War doch, vor allem durch den Subjektivismus des Protagoras, das Wissen selbst zum Problem geworden, und gerade in den Kreisen der Sokratiker stand es im Mittelpunkt der Erörterung. Hing doch letzten Endes davon alles ab, ob es überhaupt ein wirkliches „Wissen" (ἐπιστήμη) gab oder nicht – ein Wissen, das dem Wissenden selbst das Bewußtsein absoluter Gewißheit gibt und jeden Zweifel, jeden Irrtum ausschließt – und worin dies Wissen bestand. Platon hat diesem Problem den Theaitetos gewidmet, einen Dialog, von dem es heute feststeht, daß er erst nach dem Jahre 369 geschrieben ist, aber das in ihm behandelte Problem hat ihn zweifellos schon Jahrzehnte vorher beschäftigt, und seine Lösung stand ihm seit Beginn der Ausbildung der eigenen Lehre fest. Wir wissen nicht, wer das Wissen als Wahrnehmung (αἴσθησις) definiert hatte – vermutlich beruht diese Meinung auf älterer materialistischer Anschauung. Jedenfalls war es für Platon nicht schwer, diese Ansicht zu widerlegen:

sind doch unsere Sinne nur die Organe, durch die unsere Seele
die Dinge der sichtbaren Welt wahrnimmt, aber über das Sein
der Dinge, ihre Verschiedenheit oder Gleichheit, Ähnlichkeit
oder Unähnlichkeit, ihre Zahl, ob sie schön oder häßlich, gut
oder schlecht sind – über all dies sagen unsere Sinne selbst
nichts aus; darüber belehrt uns erst die vergleichende und
schließende Tätigkeit unserer Seele, denn erst sie vollzieht
solche Schlüsse (συλλογισμοί, vgl. Theait. 186 D) auf Grund
der verschiedenen Aussagen unserer Sinne, die ihrerseits also
die Wahrheit über ein Ding überhaupt nicht erfassen, also
auch kein Wissen haben können. Noch unmöglicher erscheint
die Gleichsetzung von Wissen und Wahrnehmung, wenn man
die Theorie eines zeitgenössischen Philosophen von der Entstehung unserer Sinneseindrücke annimmt. Denn gerade auf
Grund solches radikal heraklitisierenden Standpunktes vom
ewigen Fluß aller Dinge ergibt sich die Unmöglichkeit der
Gleichsetzung von Wahrnehmung und Wissen, das sich doch
stets nur auf ein Bleibendes, Unveränderliches beziehen kann.

Von grundlegender Bedeutung aber in der Untersuchung vom
Wesen des Wissens ist Platons Stellungnahme gegenüber dem
Subjektivismus des Protagoras, den er im Zusammenhange mit
der Widerlegung jener Definition einer scharfen Prüfung unter-
zieht. Kommt doch, wer das Wissen als Wahrnehmung erklärt,
auf den subjektivistischen Sensualismus des Protagoras hinaus
(Theait. 185 A). Dieser hatte im Zusammenhang mit seinem
Fundamentalsatz vom Menschen als Maß aller Dinge die
(subjektive) „Wahrheit" und somit Gleichberechtigung jeder
Meinung behauptet, damit zugleich die Möglichkeit des Irrtums
aufgehoben und jede absolute Wahrheit geleugnet (vgl. o.
S. 20 ff.). Daß, wenn jener Satz des Protagoras und damit sein
Subjektivismus zu Recht besteht, jede wirkliche Wissenschaft
unmöglich ist, liegt für den Jünger des Sokrates auf der Hand.
Daß aber – entgegen der These des Protagoras – nicht jede
Meinung der verschiedenen Individuen gleich „wahr" ist, er-

gibt sich schon aus der allgemeinen Anschauung des täglichen
Lebens: auf allen Gebieten menschlicher Betätigung unterscheiden wir Sachverständige und Laien. Und Protagoras selbst
unterscheidet ja „Weise" und „Unweise". Vor allem lehren die
Urteile der Menschen über künftigen Nutzen oder Schaden
einer Handlung, d. h. über deren voraussichtlichen Erfolg, indem durch die kommenden Ereignisse die „Meinungen" der
Einsichtigen bestätigt, die der Urteilslosen widerlegt werden,
daß der Sachkundige eine wahrere „Meinung" hat als die
andern. Und ist etwa in der strengen Wissenschaft, z. B. in der
Mathematik, die „Meinung" des Laien ebenso „wahr" wie die
des Fachmanns? Übrigens widerlegt – den Satz des Protagoras
einmal zugegeben – dieser im Grunde sich selbst: da Protagoras
selbst, ihm entsprechend, anerkennt, daß auch die Ansichten
der ihm Entgegengesetztes meinenden Menschen „wahr" sind,
sind also auch die Meinungen derer „wahr", die jenen Satz für
falsch halten. Denn wenn – wie jener Satz will – jede Meinung
ihre subjektive und nur ihre subjektive Berechtigung hat, so gilt
dies auch von der Meinung des Protagoras selbst, die dieser
Satz ausdrückt. Der Subjektivismus des Protagoras ist also
unhaltbar und hebt sich selbst auf.

In *einem* Punkte freilich stimmt Platon diesem Subjektivismus
zu: hinsichtlich der Sinneswahrnehmung (αἴσθησις). Diese – und
damit die sinnlichen Qualitäten der Dinge – hat allerdings nur
subjektive Gültigkeit, da sie für jedes Subjekt mehr oder weniger verschieden ist. Ja, die Sinneseindrücke sind für ein und
dasselbe Individuum, je nach seiner leiblich-seelischen Disposition, auch in bezug auf dieselbe Sache, veränderlich und somit
verschieden. Eine wirkliche Erkenntnis, also objektive Wahrheit,
kann es daher von den Sinnendingen überhaupt nicht geben, da
diese, ebenso wie unsere körperlichen Organe, in ständiger
Veränderung begriffen sind. *Wissen* dagegen kann es nur von
wirklich Seiendem geben, das ewig, ungeworden, unveränderlich ist. Solche Erkenntnis kann durch die Sinne überhaupt

nicht gewonnen werden, sondern nur durch die Seele, auf dem
Wege des reinen, vom Körper möglichst losgelösten Denkens.
Denken (Erkennen) und Wahrnehmen haben also durchaus verschiedene Objekte und erfolgen durch ganz verschiedene Faktoren; jenes durch die edelste Kraft unserer Seele, dies durch die
vergänglichen Organe des menschlichen Leibes. So ist der Satz
des Protagoras, dem dieser fundamentale Bedeutung für die
menschliche Erkenntnis überhaupt gegeben hatte, „auf das Gebiet seiner Gültigkeit" eingeschränkt, wie Bonitz treffend feststellt, und die Autonomie der Vernunfterkenntnis auf das
nachdrücklichste gewahrt, eine Tat von entscheidender Bedeutung für die ganze weitere Entwicklung der griechischen Philosophie, zu der unzweifelhaft kein anderer als Sokrates den
Grund gelegt hat. Daß Platon dem Protagoras hinsichtlich unserer Sinnenerkenntnis zu große Zugeständnisse (betr. deren nur
subjektiver Geltung) gemacht hat, ist demgegenüber in diesem
Zusammenhange völlig belanglos.

Worin aber besteht das wahre Wissen, und wie ist es möglich?
Ist es überhaupt möglich? Es ist durch die neuere Forschung
erwiesen, daß Platon in dem Jahrzehnt nach Sokrates' Tode
gegenüber dem Erkenntnisproblem eine schwere Krise durchgemacht hat, die ihn zeitweilig an der Möglichkeit des Erkennens überhaupt verzweifeln ließ. Da sind es besonders zwei
Faktoren gewesen, die ihm die Gewißheit gegeben haben, daß
ein solches Wissen für den Menschen wirklich möglich ist: vor
allem die mathematische Erkenntnis – die bekannte Partie im
Menon gibt davon die erste bedeutsame Probe – und dann die
sittlichen Begriffe, das Sittengesetz, deren unmittelbare Evidenz
er durch Sokrates' Sterben und seitdem immer aufs neue in
sich erlebt hat. Wesentlich mitgewirkt hat dann bei Ausbildung
seiner Lehre auch die pythagoreische Mystik. In dem Ringen
um die Lösung des Erkenntnisproblems wird Platon zur Entwicklung der für seine ganze Philosophie grundlegenden Lehre
getrieben.

a) Die Ideenlehre

Die Ideenlehre ist das Zentraldogma der gesamten platonischen Philosophie. Sie bildet den eigentlichen Inhalt seiner Erkenntnistheorie und Metaphysik, ist aber auch für seine Logik und Psychologie, seine Ethik und Staatslehre wie auch für seine Naturphilosophie von entscheidender Bedeutung. Diese Lehre hat sich erst ganz allmählich in dem Geist des Denkers entwickelt. In den Jugenddialogen ist sie (abgesehen von unbewußten Keimen und Ansätzen in der Untersuchung der ethischen Begriffe, wie z. B. im Protagoras 349 B, Euthyphron 5 D, 6 DE, 11 A) noch nicht vorhanden; aber es ist doch, wie vor allem v. Arnims tiefdringende Untersuchungen gezeigt haben, für die Entstehung der Ideenlehre eine Grundtendenz des frühplatonischen Denkens, wie es eben die Jugenddialoge offenbaren, von entscheidender Bedeutung: das sich durch diese „wie ein roter Faden" hindurchziehende Suchen des jungen Platon nach einer *höchsten Wissenschaft,* die, von allen andern τέχναι unabhängig, ihnen beherrschend gegenüberstehend, als ihren Gegenstand das für den Menschen wahrhaft Wertvolle, d. h. *das absolute Gute* (und sein Gegenteil) hat, auf dessen Erkenntnis das Heil des Einzelnen wie der Gemeinschaft beruht. Freilich erst im Kratylos (insbes. 389 A B) liegt, wie v. Wilamowitz II S. 185 f. gezeigt hat, die unmittelbare Vorstufe für die Gestaltung der Ideenlehre vor. Und wirklich taucht sie erst (wenn auch vorerst nur indirekt) im Menon auf, dann mit voller Klarheit und Gewißheit im Symposion und Phaidon. In diesen Dialogen wie in den anderen großen Werken der Blütezeit, in der Politeia und im Phaidros, ist sie das Zentrum und der Höhepunkt der ganzen platonischen Spekulation. Aber auch noch in den Altersschriften ist sie, wenn auch ihre beherrschende Stellung, vor allem gegenüber den rein logischen Problemen, zeitweilig zurücktritt, die Grundvoraussetzung des platonischen Denkens. Denn gerade in der Altersperiode Platons

tritt insbesondere das Streben des Denkers hervor, die Ideenlehre zur Erklärung der Erscheinungswelt immer stärker zu
verwerten. Aber auch in seinen späten Werken bleibt Platons
Auffassung von den Ideen, als durchaus transzendenten unveränderlichen Wesenheiten, dieselbe wie in den „Hauptdialogen".
Es muß aber, um etwaigen Mißverständnissen der Leser vor-
zubeugen, ein wichtiger Satz von Walther Kranz beachtet
werden (Griechische Philosophie 154), den man dort in seinem
Zusammenhang nachlesen möge: *„Es gibt daher eine Platonische Ideenlehre nicht als geschlossenes System, sondern nur als
Grenzrichtung seines Forschens."*

Wirkliches Wissen ist nur das begriffliche Wissen; dieser
Satz war die Grundlage des sokratischen Denkens gewesen.
Aber woher stammt dieses Wissen? Aus den Wahrnehmungen
allein kann es niemals entspringen; sie bieten höchstens den
Anlaß, niemals den zureichenden Grund. Wie könnte sich in
uns z. B. der Begriff der Gleichheit aus der Wahrnehmung entwickeln? Wir sehen doch niemals zwei einander ganz gleiche
Gegenstände, und außerdem immer doch nur sichtbare Gegenstände – mögen sie uns vielleicht auch einmal gleich erscheinen –, nie aber die Gleichheit selbst. Und wie erklärt sich denn
die wirklich verblüffende Tatsache, daß jemand, der, wie der
Sklave des Menon, niemals zuvor im Leben von mathematischen Dingen etwas gehört hat, von Sokrates darüber methodisch befragt, Einsichten entwickelt, die er nie zuvor in diesem
Leben „gelernt" hat? Und gerade die *mathematischen* Erkenntnisse, die für jeden Denkfähigen von solcher *Evidenz* sind, daß
jeder Zweifel an ihnen absolut ausgeschlossen ist, so daß von
irgendwelchem subjektiven „Meinen" bzw. „anders Meinen"
gar keine Rede sein kann – wie ist ihr Ursprung, der – so
dachte wenigstens Platon – unabhängig von *jeder* sinnlichen
Erfahrung ist, zu erklären? Und wie das Gesetz der Kausalität?

Für Platon, der mit der gesamten Antike von dem noch nichts
weiß, was die neuere Philosophie seit Kant als die „schöpferi-

sche Energie des Bewußtseins" betrachtet, gibt es auf diese
Aporie nur die *eine* Antwort: die menschliche Seele muß diese
Erkenntnisse, ebenso wie die Begriffe, wie den der Gleichheit,
aber auch den des Guten, der Gerechtigkeit usw., schon *vor*
diesem Leben d. h. in einem vorweltlichen Dasein empfangen
haben. Diese Erkenntnisse sind also, um einen Ausdruck der
modernen Philosophie (seit Kant) zu gebrauchen, *„apriorisch"*[1],
d. h. nach Platons Überzeugung schon vorher, *vor diesem
unseren Leben,* da, d. h. in unserer Seele bereits – uns unbewußt – enthalten. Ein vorweltliches Dasein der Seele hatte die
orphisch-pythagoreische Mystik schon seit langem gelehrt. Noch
Empedokles hatte es im Ton des Propheten mit leuchtenden
Farben geschildert (vgl. S. 116 ff.). Und wir dürfen es heute als
sicher betrachten, daß diese Lehre Platon schon auf seiner
ersten Reise durch die unteritalischen Pythagoreer bekannt geworden ist und tiefen Eindruck auf ihn gemacht hat. Das beweist schon die berühmte Partie im „Menon". Und so leuchtet
ihm angesichts jener Aporie eines Tages die für sein ganzes
Denken entscheidende Lösung des Erkenntnisproblems auf: da
die Seele alles wirkliche Wissen schon vor diesem Leben
empfangen haben muß, so kann dies Wissen wie überhaupt
alle Erkenntnis (μάθησις) nur eine *„Wiedererinnerung"*
(ἀνάμνησις) sein an das, was die Seele in ihrem vorzeitlichen
Dasein „geschaut", aber seit ihrem Eintritt in den Leib größtenteils wieder vergessen hat. Erweckt aber wird diese in uns
schlummernde Wiedererinnerung dann, wenn wir Gegenstände
sehen, die eine gewisse Ähnlichkeit (oder auch Unähnlichkeit)
mit einer der einst geschauten „Gestalten" (εἴδη, ἰδέαι) besitzen. Jenes einst empfangene Wissen war in uns also noch
latent vorhanden, bis es eines Tages durch eine Reihe von
Wahrnehmungen, die in unserer Seele die Tätigkeit des Ver-
gleichens, Kombinierens und Schließens, kurz, des „Zusammen-

---

[1] Vgl. den sehr lehrreichen Artikel *„a priori"* in *Eislers* Wörterbuch der
philosophischen Begriffe.

schauens" auslösten, wieder zum Bewußtsein erweckt wurde.
So wird in unserer Seele beim Anblick einer schönen Gestalt
die „Erinnerung" an das einst geschaute Urschöne wach und
erfüllt uns mit unüberwindlicher Sehnsucht nach dem ewigen
Urbild, und diese Sehnsucht treibt uns als ein „göttlicher Wahnsinn" mit dämonischer Gewalt, das Schöne, Gerechte, Gute
unsererseits in einer schönen Seele zu erzeugen und mit ihr
gemeinsam „aufzuziehen" oder sonstwie in dieser Welt als
wahrhaftige „Tugend" leibhaft ihm nachzubilden. Hier liegt
der Ursprung des wahren Eros, der „Platonischen Liebe", die
nichts anderes ist als das Verlangen der Seele nach dem Ewigen,
der Trieb des Philosophen nach der wahren Erkenntnis der
einst geschauten Wesenheiten im Reiche der wahrhaften Wirklichkeit, und in unlöslichem Zusammenhang hiermit das Verlangen, sie in diesem Leben nach Möglichkeit nachzubilden,
d. h. zu verwirklichen. Mit glühenden Farben hat der Dichterphilosoph, dessen eigene Seele von tiefster Sehnsucht nach dem
Ewigen erfüllt ist, unzweifelhaft auf Grund eigensten inneren
Erlebens, diesen erotischen Zustand der Seele im Symposion
und im Phaidros gemalt, wie er auch im Gewande des Mythus
die Schau der ewigen Wesenheiten „am überhimmlischen Ort"
durch die Seele in ihrem vorweltlichen Dasein, als sie im Zuge
der Götter und Dämonen an der Fahrt um das Himmelsgewölbe teilnahm, in einer Weise geschildert hat, wie es nur
der ganz große Dichter und Denker vermag.

Erfaßbar sind diese ewigen „Gestalten" nur dem reinen, von
den Hemmungen des Körpers möglichst losgelösten Denken.
Sind sie doch ohne jede sinnliche Qualität, überhaupt völlig
transzendent. Aber dies Denken, in seinen ersten Anfängen
angeregt durch die Wahrnehmungen, vor allem durch den
Gesichtssinn, der überhaupt von allen der vornehmste ist, kann
die Erinnerung an die einst geschauten Wesenheiten nur dann
klar und scharf herausarbeiten, wenn es in langer Übung durch
die *Dialektik* geschult ist. Denn Aufgabe dieser vornehmsten

Wissenschaft ist es, die Begriffe aufzusuchen, klar zu unterscheiden und ihre Beziehungen untereinander festzustellen.
Denn nur die Dialektik vermag das in der sichtbaren Welt
vielfach Zerstreute in *eine* Gestalt (εἰς μίαν ἰδέαν) zusammen-
zuschauen und eine jede von der andern scharf abzugrenzen,
wie sie auch umgekehrt die Begriffe „gliederweise ihrer Natur
gemäß" zu zerlegen versteht (Phaidros 265 C ff.). Sie ist die
Königin aller Wissenschaften; denn während die andern alle,
auch die Mathematik, stets von einer unbeweisbaren Grundvoraussetzung (ὑπόθεσις) ausgehen, steigt sie im Denken zum
voraussetzungslosen Urgrund (ἀνυπόθετος ἀρχή, vgl. S. 220)
empor, und von ihm ausgehend, untersucht sie das Wesen der
Begriffe.

Entsprechend seiner grundsätzlichen Unterscheidung von
Wahrnehmung und Wissen unterscheidet Platon auf das schärfste zwei Gattungen der Erkenntnis von einander: Vernunfterkenntnis (γνώμη, νόησις) und „Meinung" (δόξα), sie sind
zwei grundverschiedene „Vermögen" (δυνάμεις) der Seele. Daher erstrecken sich beide auf ganz verschiedene Gebiete: die
Vernunfterkenntnis auf das Wesen des Seienden (die οὐσία),
die „Meinung", die das Ergebnis unserer Sinneswahrnehmungen
ist, auf das in der Mitte zwischen Sein und Nichtsein Liegende,
d. h. auf diese sichtbare Welt des unablässigen Wechsels (sie
steht daher zwischen Wissen und Nichtwissen in der Mitte).
Wie aber die „Meinung" zwei verschiedene Arten hat: das
Wähnen (εἰκασία), das sich auf die Schatten- und Spiegelbilder
der sichtbaren Dinge, und das Glauben (πίστις), das sich auf
diese selbst erstreckt, so hat auch die Vernunfterkenntnis zwei
verschiedene Grade und Gebiete: die Verstandeserkenntnis
(διάνοια), die sich auf die mathematischen Dinge bezieht, steht,
da sie stets von „Voraussetzungen" (ὑποθέσεις) ausgeht und der
sinnlich wahrnehmbaren Zeichnung als Hilfsmittel bedarf, tiefer
als die reine Wissenschaft (ἐπιστήμη), die Dialektik, deren
Ausgangspunkt „voraussetzungslos" ist (vgl. S. 221) und die

keiner sinnlichen Hilfsmittel bedarf. So entsprechen den verschiedenen Gattungen der Erkenntnis auch verschiedene Grade
der Wirklichkeit. Absolute Wirklichkeit haben nur die Urbilder
der Dinge, die „Ideen". Nur von ihnen gibt es wahrhafte
Wissenschaft.

Im Bereich der Meinung macht Platon – ursprünglich in
anderem (politisch-ethischen) Zusammenhange, auf Grund von
Erfahrungstatsachen aus dem bürgerlichen Leben und der Geschichte – noch eine bemerkenswerte Unterscheidung: von der
Masse der mehr oder weniger falschen Meinungen unterscheidet
er die „wahre" (ἀληθής δόξα). Diese beruht nicht auf wirklichem Wissen, das ja nur die Dialektik verleihen kann, sondern
auf gottgegebener, d. h. angeborener Begabung (θείᾳ μοίρᾳ oder
φύσει). Diese „wahre Meinung" faßt Platon später – nach einer
Stelle im Mythus des Phaidros (253 D) zu schließen – als eine
Betätigung des „mutartigen" Seelenteils auf. Vom Wissen, das
nur die Vernunft zu erwerben vermag, ist sie dadurch verschieden, daß sie über den ursächlichen Zusammenhang der
Dinge keine Rechenschaft zu geben vermag. Gleichwohl kann
sie im praktischen Leben im einzelnen Falle dieselbe Bedeutung
haben wie die wirkliche Einsicht (φρόνησις). Auch kann auf
dialektischem Wege aus der „wahren Meinung" die „Wiedererinnerung" geweckt werden, so daß dann wirkliches Wissen
(ἐπιστήμη) aus ihr entsteht. Aber ohne solche dialektische
Läuterung und Vertiefung bietet sie keinerlei Gewähr des
Erfolges für die Zukunft, da ihr Besitzer, ähnlich jenem Sklaven
des Menon, unter Umständen groben Irrtümern verfällt. Da
diese „wahre Meinung" in Platons Tugendlehre von einer gewissen Bedeutung ist, wird noch davon zu sprechen sein.

b) Ontologie

Nach Platons Anschauung ist dies der Kardinalunterschied
zwischen den Gegenständen des Wahrnehmens und denen des

Wissens: jene sind im ständigen Wandel begriffen, diese dagegen absolut unveränderlich. Und sie sind völlig unabhängig
von unserer Willkür. Wir müssen sie aus Gründen der Vernunft
als vorhanden anerkennen, ob wir wollen oder nicht. Gerade
die mathematischen, insbesondere geometrischen Formen, deren
Studium Platon sich seit seiner ersten Reise dauernd gewidmet
hat, können das zeigen. Sie sind auch nicht nur unkörperlich,
sondern auch von der Körperwelt durchaus unbeeinflußt, existieren jenseits dieser, sind ihrem Inhalt wie ihrer Form nach
durchaus übersinnlicher Natur. Aber sie sind nicht etwa bloß
ein Erzeugnis unserer Gedanken[1], sondern, wie sie in unserem
Bewußtsein unabhängig von unserm Wahrnehmen und Wollen
vorhanden sind und immer dieselben bleiben, so offenbaren sie
sich eben diesem Bewußtsein als absolut wirklich. Und – hier
erkennen wir die Folgerung aus der Lehre von der Präexistenz
und der Anámnēsis – sie waren längst vorhanden, ehe wir
durch die leibliche Geburt in diese Zeitlichkeit eintraten. Sie
waren eben von jeher vorhanden, werden immer vorhanden
sein, sind also ewig. Das, was *wir* heute als die „Begriffe"
bezeichnen, sind also nach Platons Grundüberzeugung durchaus
für sich bestehende, jenseits aller Körperlichkeit liegende, vom
menschlichen Denken völlig unabhängige, also von allem
andern völlig losgelöste, ewige *Wesenheiten*. Sie allein sind
– im Gegensatz zu der uns ständig trügerischen Schein vor-
spiegelnden Sinnenwelt – das *Seiende* (τὸ ὄν), d. h. sie allein
sind wirklich. Ja, die Wirklichkeit (das *Sein*) erscheint Platon so
sehr als ihr wesentlichstes Merkmal, daß er sie weit öfter als
„*Ideen*" (εἴδη, ἰδέαι, eigentlich: Gestalten, Formen) einfach „das
Seiende", „das Seiende selbst" oder „das wahrhaft Seiende"
(τὸ ὄντως ὄν) oder auch „die Dinge selbst" nennt (so das
Schöne selbst, das Gute selbst u. a.).

Es muß aber hier, wenn auch in gebotener Kürze, zur Entstehung und Bedeutung von Platons Ideenlehre ein Wort auf Grund

[1] Vgl. Mitte S. 223.

der neueren Platonforschung gesagt werden, indem wir dabei
ganz besonders auf Jaegers Ausführungen (Paideia II 232 ff.) verweisen, die auf den *grundlegenden Erkenntnissen von Julius
Stenzel*[1] beruhen. Durch Stenzels Entdeckung – denn von einer
solchen, die aus tiefgründigster Forschung entsprungen ist, muß
man hier sprechen – ist die Auffassung des Aristoteles, der die
meisten Platonforscher bis dahin gefolgt waren, ein für allemal
als falsch erwiesen und damit erledigt. Aristoteles hatte nämlich
die Ideen Platons einfach als „Hypostasierungen" (Verding-
lichungen) der „Begriffe" des Sokrates aufgefaßt und als eine
unnötige Verdoppelung des „Allgemeinbegriffs" getadelt. In
Wahrheit ist Platons Denken einen ganz anderen Weg gegangen, nämlich von der *Idee des Guten* aus (des „Vollkommenen",
wie Kranz erläutert). Denn diese ist schon im Gorgias der alles
beherrschende Angelpunkt von Platons Denken. Ihre absolute
Wirklichkeit, ihr allein wahrhaftes „Sein" (das ὄντως ὄν), ist die
Fundamentalkonzeption auch seines logischen Denkens. Für
Platon ist „das logisch Allgemeine und das ontologisch Reale
absolut eins. Die Frage: Was ist die Areté? zielt unmittelbar
auf die οὐσία, auf ihr Wesen und wahres Sein, und das ist eben
die Idee. Erst in den späteren Dialogen wird das Verhältnis der
Idee zu der Vielheit der Erscheinungen ... für ihn zum Problem,
und es tauchen logische Schwierigkeiten auf, die ihm in der
ursprünglichen Fassung der Idee noch nicht bewußt waren"
(Jaeger II 233).

Es ist also in Platons Grundkonzeption der Idee das Ontologische, d. h. das absolut wirkliche (metaphysische) *Sein,* durchaus das Primäre, d. h. in dem Sinne, wie Jaeger formuliert:
„Der logische Begriff (das Allgemeine) ist bei ihm noch ganz in
die Idee eingehüllt; er ist ein Akt der „Synopsis" (des Zusam-
menschauens) der gemeinsamen Züge in einer Vielheit der

---

[1] Julius Stenzel: Studien zur Entwicklung der platonischen Dialektik,
Breslau 1917.

Erscheinungen" (des ἐπὶ πᾶσι ταὐτόν), „die unter eine und dieselbe Idee fallen".

Rein geistige Dinge als völlig für sich bestehend (αὐτὸ ἐφ' αὐτοῦ, αὐτὸ καθ' αὐτό), losgelöst von aller Körperwelt und von dem Bereich des Menschen – diese verwegene Anschauung findet sich schon bei einzelnen vorsokratischen Denkern, und zwar bei solchen, die Platon nachweislich genau gekannt hat. Wir brauchen uns nur der Lehren der Pythagoreer von den Zahlen sowie der des Anaxagoras vom Geist (νοῦς) zu erinnern, der unvermischt mit allem andern, allein, selbst für sich selbst besteht und eben Geist (d. h. durchaus unkörperliche, reine Denkkraft) ist. So ist denn Platon, weit über diese Ansätze hinausgehend, der Entdecker der immateriellen Welt geworden, der eigentliche Begründer des echten Idealismus, der nur den Ideen absolute Wirklichkeit zuerkennt[1].

Gegenüber der unsichtbaren Welt des wahrhaft Wirklichen, der ewig unveränderlichen Wesenheiten, die nur dem reinen Denken erfaßbar ist, steht in der Mitte zwischen Sein und Nichtsein die in ständigem Wandel begriffene sichtbare Welt der Erscheinung, des Werdens und Vergehens, von der es infolge der ewig wechselnden und oft Gegensätzliches aussagenden Sinneswahrnehmung (αἴσθησις) nur ein unsicheres Meinen (δόξα), aber kein Wissen geben kann. Diesen Gegensatz der zwei Welten und der zwei Erkenntnisweisen hat Platon mit besonderer Vorliebe immer wieder auf das stärkste statuiert. Ist doch diese „Zweiwelten-Lehre" der Angelpunkt seines ganzen Systems, das Urcharakteristikum seiner ganzen Philosophie. So ist Platon in erkenntnistheoretischer wie in metaphysischer Hinsicht durchaus Dualist, wie er das auch in anthropologischer Hinsicht ist[2]. Wie tief dieser Gegensatz der zwei Welten ihm bewußt ist, welch fundamentale Bedeutung er für die mensch-

---

[1] „Mit vollem Recht hat die Geschichte der Philosophie in der Lehre vom Sein Platons größte Tat gefunden." Kranz, Griech. Philosophie, S. 158.
[2] Vgl. S. 226 ff.

liche Seele hat, das hat er, zugleich der große Dichter seiner
eigenen Metaphysik, in unvergeßlicher Weise im „Staat" zu
Beginn des siebenten Buches in seinem „Höhlengleichnis"
dargestellt, das naturgemäß zugleich den Gegensatz der metaphysischen und der sinnlichen Erkenntnis ergreifend zum Bewußtsein bringt.

Aus dem Fundamentalunterschied der beiden Welten folgt
ihre ebenso verschiedene Wertung durch den Philosophen. Ist
doch die Erkenntnis der Ideen das für den Freund der Weisheit
allein Wertvolle; sind sie doch das höchste und letzte Ziel alles
menschlichen Strebens und Handelns, sofern es diesen Fundamentalunterschied einmal begriffen hat. Diese geradezu religiös
anmutende Wertung erklärt sich zugleich mit daraus, daß es ja
die sittlichen Begriffe (die Idee der Tugend, der Gerechtigkeit,
des Guten, des Schönen usw.) sind, die für Platon wie für
Sokrates im Mittelpunkt des dialektischen Interesses stehen.
Daneben hat die spezifisch platonische Wertung der mathematischen Begriffe ihre Ursache einmal in der von ihm statuierten
propädeutischen Bedeutung der Mathematik für den Jünger der
Dialektik und dann, wie wir sehen werden, in der vermitteln-
den Bedeutung der mathematischen Formen zwischen Ideen
und Erscheinungswelt. Es ist hiernach wohl begreiflich, daß die
Ideen auch für das Gefühlsleben Platons, zumal auf der Höhe
seines Schaffens, von einzigartiger Bedeutung sind, daß der
Dichter Platon sie in geradezu enthusiastischer Weise, im Ton
erhabenster, feierlicher Prophetie, zumal in den Mythen, in
geradezu verzückten Worten schildert, wie im Symposion, so
im Phaidros und auch im Staat. Kein Wunder, daß ihn da dem
irdischen Leben gegenüber manchmal die Stimmung der Weltflucht überkommt; verweilt doch der wahre Philosoph mit
seinem Denken nach Möglichkeit stets in der Welt der ewigen
Wesenheiten, während er mit vollem Bewußtsein der sichtbaren
Welt abgewandt und entfremdet ist; ist er doch über sie, die
ihn als linkisch, ja, als Narren verlacht, innerlich hoch erhaben.

Sein tiefster Sinn gilt allein den ewigen, göttlichen Gestalten. In ihre Schau versunken, sucht er sein eigenes Wesen ihnen möglichst nachzubilden und sie – hier zeigt sich das soziale Motiv des platonischen Denkens, das seiner Weltflucht die Waage hält –, falls die Voraussetzungen dazu gegeben sind, in der menschlichen Gesellschaft, soweit möglich, zu verwirklichen.

c) Die Ideen und die Erscheinungswelt

Die Kluft zwischen beiden Welten erscheint zunächst unüberbrückbar. Wie ist dann aber das Verhältnis zwischen der Ideen- und der Erscheinungswelt zu denken, wenn anders das Werden aus dem Sein erklärt werden soll? Als Platon den Phaidon (96 A ff.) schrieb, hatte er schon lange über das Problem der letzten Ursache der Erscheinungen gesonnen, denn gerade gegenüber diesem Grundproblem erschienen ihm die Lösungsversuche der früheren Denker durchaus untauglich: Anaxagoras, der den so glücklichen Einfall gehabt hatte, den denkenden Geist als Weltprinzip zu setzen, hatte in der Ausführung seines Gedankens alsbald sein Prinzip vergessen und des weiteren nur physikalisch-mechanische Ursachen angenommen. Doch es ist ja überhaupt die ganze bisherige Naturphilosophie auf dem Irrwege, da sie für das Entstehen nur Kausalgründe, aber keine *Zweckursachen* kennt. Eine Lösung dieses Problems ist nach Platons Ansicht nur von der Ideenlehre zu erwarten – das wird im „Phaidon" klar ausgesprochen und zugleich die Richtung unzweideutig gekennzeichnet, in der sich nach Platons Auffassung der Lösungsversuch bewegen muß. Wenn die Sinnendinge, die doch sämtlich eine relative Ähnlichkeit mit den Ideen haben, das, was sie sind – ihre Eigenschaften und Zustände –, nur den Ideen als letzter Ursache verdanken, wie ist dieser ursächliche Zusammenhang aufzufassen? Nach Platons Erklärung (von der es hier dahin-

gestellt bleiben mag, ob sie durch die pythagoreische Auffassung vom Verhältnis der Zahlen zu den sichtbaren Dingen
beeinflußt ist) haben die Sinnendinge an der oder den – denn
ein Ding kann an mehreren Ideen teilhaben, wie andrerseits
die einzelnen Ideen, die ja unteilbare Einheiten sind, sich in
der Erscheinungswelt in einer Vielheit von Fällen offenbaren[1]
– betreffenden Ideen „Anteil" (μέθεξις). So ist der Schnee weiß,
weil er an der Idee des Weißen Anteil hat. Daher haben sie
auch ihre Benennungen, d. h. ihre Prädikate nach den Ideen, an
denen sie teilhaben; oder er läßt die Idee in dem ihr zugehöri-
gen Sinnending gegenwärtig sein (παρουσία), ein Gegenwärtig-
sein, das natürlich nur als transzendent verstanden werden
kann, wie die Gegenwart des wirklichen Menschen in seinem
Portrait, des Urbildes im Abbild. Aber diese Wendungen sind
im Grunde doch nur tautologische Formeln, die den ursächlichen Zusammenhang nicht befriedigend erklären. Wenn aber
die Ideen, absolut unveränderlich, daher selbst unbewegt, un-
tätig, durchaus transzendent, gleichwohl die Ursache der Sinnendinge sein sollten, so ließen sie sich nur unter *einer* Voraussetzung als solche begreifen: wenn man sie eben als Zweckursachen auffaßte. Auf diesem Wege war es zugleich möglich,
für die sittliche und für die natürliche Welt ein und dieselbe
Ursache anzunehmen: als Norm für das Streben und Handeln
des Menschen, als Gesetz für die Vorgänge im Naturleben.
Wenn das Erstere für den Menschen, dessen Seele zur Erkenntnis der Ideen befähigt ist und, im Fall der echten (dialektischen)
Bildung, von tiefstem Verlangen nach ihnen erfüllt wird, ohne
weiteres verständlich ist, so hat das beim Naturgeschehen seine
Schwierigkeiten. Wie soll im Tier und in der Pflanze oder gar
in der unbeseelten Natur die – durchaus transzendente – Idee
als Gesetz wirksam sein, wo sie von keinem dieser Naturdinge
erkannt werden kann? Hier hat Platon zunächst keinen andern

---

[1] Die Idee ist das dem vielen Gleichnamigen in der Sinnenwelt Gemeinsame (übersinnlicher Natur); Politeia X 596 A.

Ausweg gesehen als (analog den geistigen Vorgängen in der menschlichen Seele) auch in der vernunftlosen und in der unbeseelten Natur ein unbewußtes Verlangen und Streben (ὄρεξις) anzunehmen, der oder den Ideen ähnlich zu werden. In diesem Sinne ist Sokrates' Rede auf den Eros im Symposion zu verstehen. Im übrigen ist hier auf Platons spätere Naturphilosophie zu verweisen[1]. Daß sich aber Platon der Schwierigkeiten, die seine Erklärung des Verhältnisses der Ideen zur Erscheinungswelt in sich barg, durchaus bewußt gewesen ist, zeigt schon seine Berücksichtigung gewisser Einwürfe gegen sie in den Dialogen Parmenides und Sophistes.

Andere Schwierigkeiten lagen in der Abgrenzung des Ideenreiches und in der Frage nach dem Verhältnis der Ideen zueinander. Vor allem: gibt es etwa von allen Gattungen und Arten der Sinnendinge Ideen? Auch vom Schmutz und vom Haar, wie im Parmenides gefragt wird? In Wahrheit hat Platon die Frage nach der Abgrenzung der Ideenwelt unbestimmt gelassen. Doch hat er solche Folgerungen wie die im Parmenides durchaus abgelehnt (Vgl. Kranz 155 f.). Er hat des weiteren auch Ideen der vier „Elemente", die doch nach seiner Darlegung im Timaios keine wirklichen Elemente sind, andererseits gar Ideen von Erzeugnissen der menschlichen Hand (von sog. Artefakten, z. B. die Idee des Bettes) angenommen und, in Konsequenz seiner Dialektik, selbst Ideen von Verhältnisbegriffen. So ist von einer durchgehenden Klassifikation der Ideen noch ebensowenig die Rede wie von der systematischen Begründung einer Kategorienlehre, wenngleich als Hauptgruppen die Ideen der Sinnendinge, der mathematischen Größen, der ethischen Begriffe und die einiger Kategorien (wie des Seins und des Werdens) erscheinen. (Nach Aristoteles soll Platon in der letzten Periode seines Denkens verschiedene Arten von Ideen, wie die von „Artefakten", von verneinenden und von bloßen Verhältnisbegriffen, aufgegeben haben.)

[1] Vgl. S. 272 ff.

Ein anderes Problem bot die Frage nach dem Verhältnis der
Ideen zueinander. Diese hat Platon in dem Dialoge Sophistes
wenigstens grundsätzlich zu beantworten gesucht. Da ihm die
Ideen zugleich Gattungsbegriffe (γένη) sind, faßt er dies Verhältnis als ein rein logisches auf, wie denn im Sophistes die
logische Seite der Ideen der maßgebende Gesichtspunkt ist. Es
kann daher allein die Wissenschaft der Dialektik darüber Aus-
kunft geben, welche Begriffe (Ideen) miteinander in Gemeinschaft stehen und welche nicht. *Daß* eine solche Gemeinschaft
besteht, erweist sich als eine Denknotwendigkeit, weil sonst
überhaupt nur identische Urteile möglich wären, was jede
Erörterung und jede Wissenschaft unmöglich machen würde.
Aber es können nur gewisse Begriffe miteinander in Verbindung
treten, nicht etwa jeder mit jedem. Doch nur der Dialektiker
weiß, daß sich ein Hauptbegriff über viele Einzelbegriffe erstreckt, die jeder für sich gesondert bestehen – so durchdringt
der Begriff der Verschiedenheit (des Andersseins als die andern)
das ganze Reich der Begriffe –, und daß viele Begriffe, die von
einander verschieden sind, von einem einzigen übergeordneten
Begriff umschlossen werden, und ebenso, daß ein einziger
Begriff, durch viele hindurchgehend, in *einem* Punkt sie alle
verbindet, wie auch, daß viele in jeder Hinsicht für sich gesondert bestehen (Sophistes 253 D).

Platon hat jedoch nur diese allgemeinen Grundsätze der
Ordnung des Ideenreiches aufgestellt, nicht etwa ein vollständi-
ges System der „Gemeinschaft der Gattungsbegriffe". Denn er
hat weder ein System der Logik errichtet noch deren Terminologie begründet[1]. Nur einige besonders wichtige Begriffe hat er
in ihrem Verhältnis zueinander näher untersucht, so das
Seiende und das Nichtseiende, Ruhe und Bewegung, Einerlei-
heit und Verschiedenheit. Hierbei faßt er, für die Geschichte der
antiken Logik epochemachend, das Nichtseiende im Gegensatz

---

[1] Erst Aristoteles verdanken wir beides, der hier eben der Schule des
greisen Lehrers die entscheidenden Anregungen verdankt.

zu Parmenides nicht als den kontradiktorischen Gegensatz zum
Seienden (als das überhaupt nicht Existierende), sondern nur als
das vom Seienden, d. h. vom so und so Seienden *Verschiedene*
(als das „Andere") auf und kommt, so zugleich das vielum-
strittene Prädikationsproblem lösend – wie es möglich ist, daß
ein Ding an vielen Ideen zugleich Anteil hat, d. h. daß wir ein
und demselben Dinge vielerlei Eigenschaften zuschreiben – zu
dem Ergebnis, daß in jedem Begriff Seiendes und Nichtseiendes
vereinigt ist (Musterbeispiel: der Begriff des Bildes). Insofern
ein Begriff *ist,* hat er am Seienden teil, aber zugleich ist er
dadurch, daß er so und so, d. h. ein inhaltlich bestimmter ist,
verschieden von allen andern, hat also am Nichtseienden teil,
das ja gleich dem Verschiedenen ist. Es haben daher alle
Begriffe sowohl an dem des Seienden wie an dem des Nichtseienden Anteil, nur in verschiedener Beziehung. Die Grundanschauung Platons von der „Teilnahme" (μέθεξις) an Ideen,
hier der Ideen an anderen Ideen, bestimmt also die Form der
Lösung auch dieses Problems.

Das Problem des Systems der Ideenwelt hat Platon ebenso
wie das ihres Verhältnisses zum Reich der Erscheinung in
seinem Alter dauernd beschäftigt, auch dann noch, als er der
pythagoreischen Spekulation immer mehr Eingang in sein Denken gewährt hatte. Das kann schon die merkwürdige dialektische Partie im Philebos (c. 5–9) zeigen, wo offenbar der
Gedanke zugrunde liegt, das Reich der Ideen nach den pythagoreischen Prinzipien des Unbegrenzten und des Begrenzenden
auf Grund bestimmter Zahlenverhältnisse – also nach mathematischen Prinzipien – zu klassifizieren und demgemäß möglichst
erschöpfend zu gliedern.

In Wahrheit haben beide Probleme keine befriedigende, das
erstere – die Ordnung des Ideenreiches – nur eine ganz frag-
mentarische Antwort gefunden. So könnte es fast erscheinen, als
ob dem Reich der Ideen der ausreichende innere Zusammen-
halt, das wirklich einigende Band fehlte. Wenn dies trotzdem

nicht der Fall ist, hat das seinen Grund darin, daß Platon, wenn
er auch das Reich der Ideen nicht als ein durchgehendes logisch
gegliedertes System im einzelnen hat nachweisen können, es
doch als eine von einem höchsten Zweck regierte Welt aufgefaßt, d. h. durch ein teleologisches Prinzip fest geeint hat
durch

d) die Idee des Guten

Diese ist die Summe aller Zweckursachen, der absolute Weltzweck, aber auch der letzte und tiefste Weltgrund. Wie die
Sonne die Ursache nicht nur des Sehvermögens – das Auge das
„sonnenhafte Organ" – und des Lichtes ist, das erst die Sicht-
barkeit der Sinnendinge ermöglicht, sondern auch die Ursache
ihres Entstehens und Wachsens (d. h. alles Lebens in der sichtbaren Welt), so ist *die Idee des Guten,* d. h. das absolute Gute,
die Ursache nicht nur der Erkenntnisfähigkeit (des νοῦς) des
Menschen und der Erkennbarkeit der Ideen, sondern auch die
Ursache ihres Seins. Ist sie doch die Ursache der Erkenntnis
ebensogut wie der Wahrheit selbst, etwas anderes und Höheres
als beide. Denn sie selbst ist nicht das Sein, sondern „jenseits
des Seins", denn sie ist – und sie allein – der schöpferische
Urgrund von allem überhaupt, von der Welt des Werdens wie
der des ewigen Seins. Während die anderen Ideen in unserem
Bewußtsein auf letzten Endes unbeweisbaren Voraussetzungen
(ὑποθέσεις) beruhen, also im menschlichen Denken hinsichtlich
ihres Erkanntwerdens bedingt sind, ist die Idee des Guten der
„voraussetzungslose (d. h. ohne weitere Ableitung absolut denk-
notwendige) Urgrund" (die ἀνυπόθετος ἀρχή) allen Seins und
allen Erkennens, (also das Unbedingte, Absolute) – eine Anschauung, die Platon schon an einer Stelle des Phaidon klar
angedeutet, aber erst in der Politeia ausgeführt hat. Wenn er
aber dies absolute Gute, gewissermaßen mythisch-menschlich,

öfter einfach als „Gott" bezeichnet, so tut er dies augenscheinlich, weil allein die Idee des Guten das schöpferische (dynamische) Urprinzip ist; aber man muß sich hüten, diese quasi
mythische und Platons persönlichem religiösem Empfinden
natürliche Ausdrucksweise als seine philosophische Lehrmei-
nung anzusehen; abgesehen davon, daß es sich hier ja gar nicht
um etwas handelt, was er glaubt dialektisch beweisen zu können: die Gottheit kann, wenigstens für den Griechen, ja nur
beseelt und persönlich gedacht werden, während der Idee des
Guten die Merkmale der Persönlichkeit gerade fehlen, schon
deshalb, weil sie durchaus überpersönlich ist. Liegt doch im
Begriff der Persönlichkeit zugleich das Moment der Bedingtheit
und der Begrenztheit. Und doch ist sie nach Platon der alle
vernünftigen Zwecke enthaltende Urgrund.

Erst durch die Idee des Guten erhält das Reich der ewigen
Wesenheiten sein beherrschendes Zentrum und damit seinen
einheitlichen Charakter, wenn auch von keiner einzelnen Idee
eine direkte Brücke logischer oder teleologischer Art zu der des
Guten führt. Da aber die Idee des Guten das Allerallgemeinste
ist, so kann ihr begrifflicher Inhalt – der des absoluten Guten –
nicht näher bestimmt werden als daß sie eben der höchste und
letzte Weltzweck, der Zweck aller Zwecke ist. Daß aber dies
absolute Gute für Platon mit dem absoluten Schönen identisch
(nur von einer andern Seite aus gesehen) ist, kann man schon
aus Sokrates' Erosrede im Symposion (210 E f.) ersehen.

Wie die Idee des Guten über alle andern nicht nur dem
Grade, sondern auch dem Wesen nach erhaben ist – denn sie
allein ist schöpferische Kraft und jenseits alles Seins –, so ist
auch ihre Erkenntnis von seiten des Menschen wesensanderer
Art als die der übrigen Ideen. Zwar ist auch zur Erlangung
dieser höchsten Erkenntnis langjährige dialektische Denkarbeit
nötig, aber dieser höchste Preis kann nicht allein durch mensch-
liches Bemühen errungen werden. Nur wenigen „göttlichen
Naturen" wird diese Erkenntnis zuteil, unerwartet, plötzlich als

eine überwältigende Erleuchtung vom Erhabensten und Herr-
lichsten aufzuckend, was dem Menschen beschieden sein kann.
Wohl bereitet zu ihr die Wissenschaft den Weg, aber ob dieser
an das heißersehnte Ziel führt, steht nicht in menschlicher
Macht, und wenn es einmal der Fall ist, erscheint es fast wie
eine Gnade, wenn auch der Grieche diesen Begriff nicht kennt.
Unberechenbar, ob und wem sie zuteil wird. Diese letzte und
höchste Erkenntnis, ohne die alles andere Wissen keinen Wert
hat – denn auch die Gerechtigkeit und die andern Tugenden
erhalten erst durch sie ihren Wert – ist in Wahrheit eine trotz
aller Vorstufen doch schließlich unvermittelt – man möchte
sagen: blitzartig – aufleuchtende Intuition, die überrationaler,
d. h. religiöser Natur ist. Hier offenbart sich uns Platons
eigenstes tiefstes inneres Erleben und zugleich seine tiefste
Weisheit: daß über das Höchste und Letzte, dem sterblichen
Menschen Unaussprechliche, das er nur ahnend „schauen" kann,
nicht die reine Wissenschaft das letzte Wort hat, sondern der
Glaube, die Religion. Wohl bereitet die Wissenschaft den allein
zum Ziel führenden Weg, aber das letzte Wort spricht sie nicht.

   Noch zu Platons Lebzeiten ist die Ideenlehre, zum Teil wohl
schon aus dem Kreise der Akademie selbst, scharf angegriffen
worden. Vor allem barg seine Erklärung des Verhältnisses der
Ideen zur Erscheinungswelt große Schwierigkeiten, so seine
Lehre von der „Teilnahme" der Sinnendinge an den Ideen. Es
ist damals sogar schon – wir wissen leider nicht, von wem –
behauptet worden, daß die Ideen nur Gebilde unseres Denkens,
d. h. nichts als Begriffe in unserem Bewußtsein, nicht aber für
sich bestehende ewige Wesenheiten seien; eine Behauptung, die
Platon bei der Grundrichtung seines Denkens so unmöglich
vorkam, daß er sie nur einer ganz kurzen, wenn auch auf
Argumente gestützten Ablehnung gewürdigt hat (Parmenides
132 B, Timaios 51 C D). Andere Einwände haben ihm ernstlich
zu denken gegeben, wie der erste Teil des Parmenides und eine
Partie des Sophistes zeigen, aber an dem Kern seiner Anschau-

ung – von der absoluten Wirklichkeit, der absoluten Transzendenz der Ideen – hat er zeitlebens unbeirrt festgehalten, wenn auch ernsthaft und wiederholt versucht, ihr Verhältnis zur Erscheinungswelt begreiflicher zu machen. Nach einer Stelle des Sophistes (248 E f.) wird jetzt meist angenommen, daß er hierbei, unter dem Druck der gegnerischen Kritik, in seiner Altersperiode zu der Annahme gedrängt sei, daß die einzelnen Ideen beseelt und in Bewegung (κίνησις) begriffen seien und ihrerseits Vernunfterkenntnis besäßen. Aber hier liegen m. E. nur Gedanken gegnerischer Kritik, nicht Platons eigene Meinung vor. Und was sollte man sich denn auch unter „Bewegung" der Ideen vorstellen, wo Bewegung doch nur im Raume statt hat, während die Ideen jenseits von Raum und Zeit sind? Die Ideen bleiben also für Platon ausschließlich (absolut unbewegte) Erkenntnisobjekte, sind ihm niemals zugleich Erkenntnissubjekte geworden.

Nur aus Aristoteles wissen wir, daß Platon in seiner allerletzten Periode, unter dem Einfluß der pythagoreischen Spekulation, die Ideen mit bestimmten Zahlen (nicht den mathematischen, sondern den „Idealzahlen") identifizieren und alle aus der Ur-Eins ableiten wollte. Von dieser letzten Phase seines Denkens, die in den Dialogen selbst (abgesehen von gewissen Vorstufen dazu im Timaios und Philebos) nirgends vorkommt und uns eigentlich nur in ihrer allgemeinen Tendenz deutlich ist, kann hier abgesehen werden. Aristoteles' eigene Kritik der Ideenlehre werden wir später kennen lernen.

Wie schon im Altertum ist Sinn und Bedeutung der platonischen Ideen bis in die jüngste Gegenwart hinein vielfach scharf umstritten und mancherlei schweren Mißdeutungen ausgesetzt gewesen: so wollte die Spätantike (die Neuplatoniker) die Ideen als die Gedanken Gottes auffassen, während man in den letzten zwei Menschenaltern hier und da auf Grund einer – wie heute allgemein anerkannt ist – völlig mißverstandenen Stelle des Sophistes (247 E) die Ideen zugleich als Kräfte auffaßte,

ihnen also dynamische Bedeutung beilegte. Das kann nun als
abgetan gelten. Weit verhängnisvoller ist die Auffassung PAUL
NATORPS (zumal in der 1. Auflage seines Buches[1]) – wie überhaupt die der sog. *Marburger Schule* – geworden, der den Ideen
ausschließlich logische Bedeutung zuerkannte, sie ausschließlich
als „Denksetzungen" des menschlichen Geistes auffaßte (d. h.
diese Auffassung der Ideen als die Platons behauptete), da sie
„nicht Dinge, sondern Methoden" seien, ihnen also jede metaphysische (ontologische) Bedeutung absprach und die teleologische ignorierte. Gegen diese radikale Verkennung der wirklichen platonischen Anschauung sei hier nur kurz auf die durchaus treffenden Ausführungen von KARL PRAECHTER (S. 263 ff.
der 12. Auflage des Ueberweg) und auf die gewichtigen Worte
eines Philosophen wie MAX SCHELER[2] nachdrücklich hingewiesen. Daß jüngst ein im übrigen verdienter Forscher die
platonischen Ideen als die Idealzahlen gedeutet hat, ist ebenfalls ein schweres Mißverständnis. Zu den bedeutendsten
neueren Arbeiten über die Ideen gehören die von JULIUS
STENZEL und die Ausführungen von ERNST HOFFMANN[3].

Platon hat in seiner Ideenlehre die bedeutendsten Elemente
der ganzen bisherigen Entwicklung der griechischen Philosophie
wahrhaft schöpferisch zu einer ganz neuen, höheren Einheit
gestaltet und so die erste wirkliche Erkenntnislehre und Metaphysik des Abendlandes geschaffen. Die „Flußlehre" des Herakleitos wurde zur Grundlage seiner Wahrnehmungstheorie und
Auffassung von der Sinnenwelt überhaupt; die Seinslehre der
Eleaten, die Nüslehre des Anaxagoras, die pythagoreische
Zahlenspekulation und die sokratische Begriffsphilosophie und

[1] Während er in dem „metakritischen Anhang" der 2. Auflage seine
Auffassung aufgegeben bzw. stark modifiziert hat.
[2] Max Scheler: Die deutsche Philosophie der Gegenwart, in: Deutsches
Leben der Gegenwart, hrsg. von Philipp Witkop, Berlin 1922, S. 163 f.
[3] Ernst Hoffmann: Zur Definition der platonischen Idee, im Anhang zur
5. Auflage von Zellers Philosophie der Griechen II 1 S. 1086 ff., sowie die
Arbeiten von E. *Hoffmann* und *Nicolai Hartmann* sowie *Jaeger,* Paideia II
230 ff. u. W. *Kranz,* Griech. Philosophie 159 ff.

diese nicht zuletzt – sie alle bilden als Elemente zu der Entstehung seiner Erkenntnislehre und Metaphysik wesentliche
Bestandteile. Von der Begriffsphilosophie seines Lehrers war er
ausgegangen, und es leuchtet ohne weiteres ein, daß gerade er,
der in den „Sokratischen Dialogen" mit der Untersuchung
einzelner (ethischer) Begriffe begann, er, dem die Frage nach
dem Wissen, d. h. nach dem Wesen und den Bedingungen der
Erkenntnis, zum Grundproblem seiner Dialektik wurde, er, der
die Begriffe dann später als *die* Formen auffaßte, vermittels
derer wir die Ideen erkennen, zur Entwicklung auch der *Logik*
recht eigentlich den Grund gelegt hat, auf dem sein großer
Schüler Aristoteles sein gewaltiges Gebäude errichten sollte. Es
wird daher im zweiten Teil dieses Grundrisses darauf des
näheren zurückzukommen sein. Dort wird dann auch von den
zahlreichen logischen Trugschlüssen (Paralogismen) – über die
Windelband (Platon S. 71) ein noch heute sehr beherzigens-
wertes Wort gesprochen hat – und gewissen logischen Grund-
irrtümern Platons ebenso wie von seinen Aporien auf diesem
Gebiet (z. B. gegenüber den Beziehungsbegriffen) kurz die
Rede sein.

2. Die Seelenlehre

Neben der Ideenlehre ist die von der Seele das Haupt- und
Kernstück der platonischen Philosophie. Beide Gedankenkom-
plexe hat er unlöslich miteinander verschmolzen. Dabei werden
Grundlehren bestimmter religiöser Sekten von der Psyche
wissenschaftlich zu begründen versucht oder als wissenschaftliche Tatsachen verwertet.

Die historischen Elemente von Platons Seelenlehre, soweit
diese religiösen Charakter hat, stammen aus der orphisch-
pythagoreischen Mystik. Aber durchaus original ist die Art, wie
er diese mit den Ergebnissen seines philosophischen Denkens,

d. h. mit der Ideenlehre, zu einer höheren Einheit verbindet.
Charakteristisch ist hierbei der eigentümliche Doppelcharakter
des platonischen Seelenbegriffs, in dem sich zwei ganz verschiedene ältere Anschauungen vom Wesen der Seele mischen:
die von der Seele als Lebensprinzip und damit zugleich als
Prinzip der Bewegung, auf der andern Seite der mystische
Seelenbegriff, der unser ganz persönliches „Ich" bedeutet. Hieraus erklärt sich, daß Platons Seelenlehre über den Bereich der
eigentlichen Psychologie weit hinaus und tief in das Gebiet
seiner Ethik und Religiosität übergreift, daß sich hier philosophische Überzeugung, tiefstes Glauben und Hoffen, traumhaftes
Ahnen und Schauen des Dichters und Propheten zu einem
wunderbaren Ganzen verbinden, das noch heute dem Leser
seiner Dialoge einen unauslöschlichen Eindruck macht.

Die Grundgedanken von der Herkunft und den Schicksalen
der Seele in dieser und jener Welt hat Platon aus der altgriechischen Mystik übernommen, die wir schon bei Empedokles
kennen gelernt haben: die menschliche Seele ist göttlichen
Ursprungs, zufolge einer Schuld (so im Phaidros) oder nach
einem Weltgesetz (so im Timaios) aus der andern Welt in einen
sterblichen Leib herniedergefahren, von dem sie durch den Tod
wieder befreit, je nach dem Spruch des Totengerichts, das Lohn
oder Strafe gemäß ihrem Erdenwandel über sie verhängt, eine
lange Wanderung durch vielerlei Leiber von Menschen und
Tieren durchmachen muß. Ob sie jemals hiervon erlöst wird,
hängt von ihrem eigenen Verhalten in diesem Leben ab. So weit
geht Platon allen Ernstes mit der Mystik. Nun aber macht er
die entscheidende Wendung in seiner Auffassung von den
beiden Grundfähigkeiten der Seele, die übrigens an sich ganz
der des Anaxagoras vom „Geist" entspricht: von ihrem Erkenntnisvermögen und ihrer Fähigkeit, von sich aus Dinge der
sichtbaren Welt zu bewegen. Aber das überragend Wichtige
ist ihr Erkenntnisvermögen. Denn eben diesem verdankt die
Seele des Menschen ihre einzigartige Würde vor allem Leben-

digen und Nichtlebendigen. Allein durch ihre Erkenntnisfähigkeit vermag die Seele in Beziehung zu dem Ewigen zu treten,
zum allein wahrhaft Seienden, den Ideen.

Aber die Seele hat eine eigentümliche Mittelstellung zwischen
den beiden Welten: selbst göttlichen Ursprungs, den Ideen verwandt, ist sie doch selbst keine Idee, sondern ihnen nur von
allem auf der Welt am ähnlichsten; während aber diese, ewig
unwandelbar, ewig unnahbar, der übersinnlichen Welt angehören, ist die Seele, wenn auch jedesmal nur auf kurze Zeit, in
einen vergänglichen Leib niedergefahren, der das schwerste
Hemmnis ihrer göttlichen Natur, ja, geradezu ihr „Grab" ist.
Denn er verstrickt sie dauernd in seine mannigfachen Begierden
und Nöte, verdunkelt ihre Erinnerung an die einst geschaute
Herrlichkeit des ewigen Seins und läßt sie, in tausendfache
Schuld und Verwirrung hineingerissen, nur zu oft ihre hohe
Herkunft und wahre Bestimmung vergessen, falls nicht, von
außen geweckt, die Sehnsucht nach dem Ewigen, nach ihrer
wahren Heimat als der echte Eros in ihr aufspringt und sie ihre
eigentliche Aufgabe erkennen läßt, die sich aus ihrem göttlichen
Ursprung und ihrer Fesselung an diesen elenden Leib von selbst
ergibt: sich von den Trieben und Lüsten dieses Körpers möglichst freizumachen und zu „reinigen", dem Leibe und dieser
Sinnenwelt möglichst abzusterben, sich von dem Irdischen
gänzlich ab- und dem Ewigen mit allen Kräften zuzuwenden,
durch immer tiefere Versenkung in das wahrhaft Seiende. Denn
auf diese „Umwendung der Seele", die Platon in dem Höhlengleichnis in ihrer entscheidenden Bedeutung so überwältigend
zum Bewußtsein bringt – auf sie kommt alles an. Alles andere
auf der Welt ist demgegenüber belanglos. Denn das Göttliche
erkennen heißt für die gottentsprossene Seele nichts anderes als
selbst göttlich werden. Die Erkenntnis des Ewigen durch sie
bedeutet ihre eigene Vergöttlichung (ὁμοίωσις θεῷ). Der Weg
der wahren Erkenntnis aber ist der der Dialektik, die darum
die Königin der Wissenschaften ist. Das Schöne, Gute, Gerechte

erkennen heißt aber für Platon wie für Sokrates: selber schön,
gut und gerecht werden und so dem Göttlichen nach Möglichkeit nahe kommen. Ganz tut das freilich nur derjenige, welcher
die Idee des Guten zu erkennen vermag. So ist die Erkenntnis
des Ewigen, die höchste Wissenschaft, für Platon zugleich tiefste
Religion; die Sorge für das Heil der Seele, das auf jener
Erkenntnis beruht, die alle andern verdunkelnde. Und nur der
Philosoph, d. h. der echte Freund der Weisheit, der ganz in das
Suchen des Ewigen versunken ist, darf hoffen, daß seine Seele
dereinst, aus dem Kreislauf des Werdens befreit, für immer zu
ihrem Sterne zurückkehrt.

Solche Gedanken bergen in sich den Drang zur Abkehr von
dieser Welt, zu Weltflucht und Weltverneinung, wie sie der
Sokrates des Phaidon so ergreifend predigt, aber das sozial-
ethische und ästhetische Motiv in Platons Denken hat es bewirkt, daß solche Weltflucht nicht der endgültige Standpunkt
des Philosophen geworden ist.

So hat Platon aus den Träumen westgriechischer Mystik ein
unendlich Höheres, Bedeutsameres geschaffen: an Stelle der
rituellen „Reinheit" der orphischen Sekte hat er als das wahre
Ziel des Menschenlebens die „Reinigung" (κάθαρσις) der denkenden Seele von allen Schlacken des Leibes und der Sinnlichkeit zwecks Erkenntnis des Ewigen gesetzt, zu der sie ihrer
wahren Natur nach bestimmt ist. Und – das hat einmal Windelband treffend hervorgehoben – er hat „der Lehre vom Geschick
der Seele das Prinzip der sittlichen Verantwortung und Ver-
geltung zugeführt". Ein Prinzip, so dürfen wir hinzufügen, das
im Grunde schon sokratisch ist. Den Wert und die Bestimmung
der menschlichen Seele hat Platon, der Denker, der Dichter und
der Prophet, von den frühsten Werken seiner Jugend an vom
Protagoras bis zu dem seines hohen Alters, den Gesetzen, in den
verschiedensten Zusammenhängen, aber stets erfüllt von heilig-
stem Ernst, mit unvergleichlicher Kunst und tiefstem Enthusias-

mus und daher mit überwältigender Überzeugungskraft zur
Geltung gebracht.

Von fundamentaler Bedeutung ist daher seine Lehre von der
Unsterblichkeit der Seele, denn eben diese ist ein Eckstein seiner
gesamten Weltanschauung. Daß er sich dessen selbst klar bewußt gewesen ist, ergibt sich schon daraus, daß er es, vor allem
im Phaidon, unternommen hat, diese aus der orphisch-pythagoreischen Mystik übernommene Überzeugung wissenschaftlich,
d. h. mit allen Mitteln der Dialektik zu beweisen. Zur Würdigung seiner Beweise ist zweierlei von Bedeutung: auch hier
kreuzen sich in Platons Seelenbegriff zwei ganz verschiedene
Anschauungen von der Seele. Die auf uraltem Volksglauben
ruhende, von den ionischen Denkern übernommene Auffasung
von der Seele als Lebensprinzip (und damit der Bewegung) und
der mystische Seelenbegriff, der das ganz persönliche „Ich"
meint. Zweitens aber: alle drei Beweise des Phaidon gründen
sich in der Hauptsache, wie zuerst Bonitz erwiesen hat, auf die
Ideenlehre; sie stehen und fallen mit dieser, wie Platon selbst
betont. Diese Beweise können hier nur in äußerster Kürze
skizziert werden:

I. Alle Erkenntnis ist nur „Wiedererinnerung" an die einst
geschauten Ideen. Hieraus ergibt sich die Präexistenz der Seele.
Dann muß es aber auch – gemäß dem Weltgesetz der ab-
wechselnden Entstehung der gegensätzlichen Zustände ausein-
ander – eine Postexistenz geben: wenn „Leben" (auf Erden) die
Existenz in der Vereinigung von Seele und Leib, „Tod" dagegen
das Getrenntsein beider bedeutet, dann muß dem Dasein der
Seele vor dem leiblichen Leben ein nach diesem Leben folgender Zustand entsprechen, und ebenso der geistige Inhalt der
Postexistenz dem der Präexistenz: das ungetrübte Schauen des
wahrhaft Seienden.

II. Die Erkenntnis der Ideen durch die Seele beweist die Verwandtschaft dieser mit jenen. Kann doch nur Gleiches (oder
Verwandtes) von Gleichem (Verwandtem) erkannt werden. Da

die Seele also dem Ewigen, nur durch das Denken Erfaßbaren,
am ähnlichsten ist, ist auch sie unvergänglich.

III. Durch die „Teilnahme" an den Ideen sind die Dinge das,
was und wie sie sind. Nun kann aber ein Ding nicht an zwei
einander (kontradiktorisch) entgegengesetzten Ideen Anteil
haben. Es kann also kein Ding Eigenschaften oder Zustände
besitzen, die einer seiner wesentlichen Eigenschaften (in derselben Beziehung) entgegengesetzt sind. Nun hat aber die Seele
an der Idee des Lebens teil, denn was beseelt ist, ist lebendig.
Sie kann daher nicht auch an der entgegengesetzten Idee des
Todes teilhaben.

So ist in Platons Denken der Satz von der Unsterblichkeit der
Seele mit der Ideenlehre auf das engste verbunden. Beide be-
dingen sich gegenseitig. Oder, wie es Schleiermacher sehr
glücklich formuliert hat: „So ist denn die Ewigkeit der Seele die
Möglichkeit alles wahren Erkennens, und wiederum die Wirklichkeit des Erkennens der Grund, aus dem am sichersten und
leichtesten die Ewigkeit der Seele eingesehen wird." Denn, wie
Erwin Rohde treffend sagt, „in ihrer Fähigkeit das Ewige zu
erkennen, trägt die Seele die sicherste Gewähr in sich, selbst
ewig zu sein".

Im Phaidon hat Platon seine unvergleichliche Schilderung des
sterbenden Sokrates mit den Beweisen der Unsterblichkeit zu
einer höheren Einheit verbunden, aber der rein wissenschaftliche Gehalt dieses unsterblichen Dialoges sind die drei Beweise.
Platon hat aber auch später noch andere Beweise dafür gegeben.
So in der Politeia X 608 D ff.: Jedes Ding kann nur durch den
ihm eigentümlichen Feind zugrunde gerichtet werden oder
überhaupt nicht. Nun ist aber der der Seele eigentümliche Feind
die sittliche Schlechtigkeit. Diese kann freilich die Seele schädi-
gen, aber niemals sie vernichten. Denn sittliche Schlechtigkeit
ist niemals die (unmittelbare) Todesursache. Und daß der Tod
der der Seele eigentümliche Feind nicht ist, sieht man auch
daraus, daß das Sterben des Menschen niemals eine Verschlech-

terung seines sittlichen Zustandes im Gefolge hat. Wenn die
Seele aber durch den ihr eigentümlichen Feind (die Schlechtig-
keit) nicht vernichtet wird, kann sie auch durch kein anderes
Ding, also auch durch den Tod nicht, vernichtet werden.

Ganz anderer Art ist der Beweis im Phaidros (245 C ff.), der
sich nicht auf moralphilosophischen, sondern – unter Verwer-
tung von Gedanken des Alkmaion von Kroton – auf rein
naturphilosophische Erwägungen gründet: Nur was sich selbst
bewegt – und das tut nur die Seele –, kann der Urgrund (die
ἀρχή) aller Bewegung sein. Der Urgrund aber ist unentstanden.
Dies liegt in seinem Begriff. Er ist aber auch unvergänglich.
Denn wenn der Urgrund zugrunde ginge, könnte er nie wieder
entstehen, aber auch nichts anderes aus ihm, so daß alles Leben
zugrunde gehen müßte.

Wir sehen, daß Platon in verschiedenen Zeiten seines Denker-
lebens von den verschiedensten Standpunkten aus die Unsterblichkeit zu erweisen versucht hat, eben weil sie für sein gesamtes
Denken von grundlegender Bedeutung ist.

a) Empirische Psychologie

Gegenüber der beherrschenden Stellung der mystisch-spekula-
tiven Seelenlehre Platons wirkt seine Entdeckung gewisser
Grundtatsachen der empirischen Psychologie fast wie eine Überraschung; und es hat einen besonderen Reiz zu sehen, wie er
die Ergebnisse der beiden so verschiedenen Denkweisen in
Einklang zu bringen sucht. Schon in der vorsokratischen Philosophie zeigt sich vereinzelt und ihrer Bedeutung noch unbewußt
die Unterscheidung verschiedener seelischer Kräfte. Aber von
der naiven Differenzierung einer rationalen und einer irrationalen Seelenkraft, wie wir sie z. B. bei Herakleitos[1] finden, bis zur
grundsätzlichen Lehre von mehreren Seelenteilen ist ein weiter

[1] Fr. 85.

Weg, der erst zu einem Ziel führen konnte, als die menschliche
Seele in den Mittelpunkt der Spekulation getreten war. Auf eine
Zweiteilung in einen vernünftigen und einen vernunftlosen Teil
hätte Platon schon durch das Verhältnis der Seele zu den Ideen
einerseits und durch die am Tage liegende Bedeutung der mit
dem Körper gegebenen Sinnlichkeit andererseits geführt werden
können. Aber nicht nur im Gorgias, sondern noch im Phaidon
zeigt sich, trotzdem es noch immer von einzelnen Forschern
bestritten wird, von solcher Seelenteilung keinerlei Spur[1]. Begierden und Lüste werden hier ausschließlich dem Körper, im
Gegensatz zu der durchaus einheitlich gedachten Seele, zugeschrieben. Auf die bewußte Unterscheidung verschiedener, d. h.
„dreier Teile" der Seele, die zuerst in der Politeia[2] auftritt, ist
Platon – hierin dürfte Max Pohlenz gegenüber andern Forschern
Recht behalten – erst durch die Analogie zwischen dem Idealstaat (mit seinen drei Ständen) und dem menschlichen Individuum geführt worden.

Platon unterscheidet hier einen denkenden Teil (das
λογιστικόν, gelegentlich auch νοῦς genannt) von zwei andern
Betätigungsweisen (εἴδη: eigentlich „Formen, Gestalten") der
Seele: dem Willen, wie man mit gewissen Vorbehalten das
Wort θυμός (bzw. θυμοειδές) hier übersetzen darf, und dem
„begehrenden Teil" (ἐπιθυμητικόν). Die Bedeutung dieser Entdeckung erscheint in um so hellerem Licht, als er es unternimmt, die Berechtigung dieser Dreiteilung wissenschaftlich zu
erweisen, und zwar aus Tatsachen der empirischen Psychologie,
zum guten Teil hierbei auf Grund psychologischer Selbstbeob-
achtung. Klar wird von ihm das Problem formuliert: vollziehen
wir unsere verschiedenen Geistestätigkeiten – Denken, Wollen,
Begehren – durch ein und dieselbe Grundkraft oder durch drei
verschiedene Einzelkräfte unserer Seele? Um diese Frage zu
entscheiden, stellt Sokrates vorher als Grundvoraussetzung

[1] Vgl. insbes. 78 C ff. u. 80 B und damit Politeia X 611 B–612 A.
[2] IV 435 C ff., vorbereitet schon 431 A, 432 A.

(ὑπόθεσις) für die Beweisführung fest: ein und dieselbe Person oder Sache kann nicht in derselben Beziehung und in bezug auf dasselbe Objekt gleichzeitig Entgegengesetztes tun oder leiden. Sollte sich dies gleichwohl (scheinbar) für unser Seelenleben ergeben, so würde daraus eben nur folgen, daß unsere verschiedenen seelischen Tätigkeiten ihren Ursprung nicht in ein und derselben einheitlichen Seele, sondern in ganz verschiedenen Teilen dieser haben. Nun beobachten wir, daß Menschen, die heftig Durst empfinden, trotzdem nicht trinken. Es wirkt also in ihrer Seele ihrem Begehren eine andere Macht entgegen. Diese hindernde Tendenz beruht offenbar auf vernünftigem Denken (λογισμός), das also eine zweite Grundkraft unserer Seele ist. Wir müssen daher einen denkenden (λογιστικόν) und einen vernunftlosen (ἀλόγιστον) Teil der Seele unterscheiden, der sich in heftigem Begehren als Folge von Qualen und krankhaften Zuständen äußert. Von diesem „Begehrenden" (ἐπιθυμη τικόν) ist aber auch der Wille (θυμός) zu unterscheiden, wie schon die Geschichte jenes Leontios lehren kann, der sich einst auf dem Wege vom Piräus zur Stadt trotz seines anfänglichen Widerstrebens getrieben fühlte, die dort liegenden Leichen der Hingerichteten näher zu betrachten. Oft erleben wir aber auch, daß der Wille der Vernunft, wenn diese mit der Begierde im Kampf liegt, zu Hilfe eilt und zum Siege verhilft. Und wenn der Wille eines Menschen durch erlittenes Unrecht empört ist, dann ruht dieser, allem unerfüllten Begehren (wie Hunger, Durst u. a.) zum Trotz, nicht eher, als bis er sein Ziel erreicht hat oder tot auf dem Platz bleibt – es sei denn, daß er von der Vernunft, wie ein guter Hund von seinem Herrn vorher zurückgerufen wird. Wille und „Begehrendes" sind daher ebenfalls zwei verschiedene Kräfte. Der Wille unterscheidet sich aber auch von der Vernunft, wie schon das Verhalten kleiner Kinder zeigt, die bereits bald nach der Geburt einen Willen, aber noch keinerlei Vernunft bekunden. Ähnliches können wir an Tieren beobachten.

Platons drei „Teile" (μέρη) der Seele haben bekanntlich
– trotzdem er sie gelegentlich „Kräfte" (δυνάμεις) nennt –, mit
den „Seelenvermögen" einer modernen Psychologie (Fühlen,
Vorstellen, Wollen) nur eine entfernte Ähnlichkeit. So umfaßt
der „begehrende Teil" (ἐπιθυμητικόν) ausschließlich das
menschlich-tierische Triebleben, während in dem „Mut" (θυμός)
der Affekt des Zorns, wie überhaupt der moralischen Ent-
rüstung vom reinen Willen noch ebenso ungeschieden ist wie
vom Gefühl[1]. Andererseits birgt, wie schon Siebeck treffend
bemerkt hat, ein jeder der drei platonischen Seelenteile ein
ihm eigentümliches Vorstellen, Fühlen und Streben, aber das
wird noch nicht klar herausgearbeitet, wie auch das Verhältnis
der Seelenteile zu den drei Erkenntnisarten (αἴσθησις, δόξα,
ἐπιστήμη), wenigstens teilweise, noch ungeklärt bleibt. Man
darf eben nicht übersehen, daß bei Platon das psychologische
Interesse ständig von dem ethischen durchkreuzt, bzw. über-
wuchert wird. Denn maßgebend ist ihm letzten Endes auch hier
der ethische Gesichtspunkt: als wahrhaft wertvoll gilt ihm nur
der denkende Seelenteil, die Vernunft, die zum Herrschen über
die beiden andern bestimmt ist, von denen das „Begehrende"
geradezu als schlecht und der Wille nur unter gewissen Bedingungen – wenn er der Vernunft im Kampfe gegen das
„Begehrende" zu Hilfe kommt – als gut erachtet wird. Die
Frage nach den Voraussetzungen des rechten Einvernehmens
der drei Seelenteile, das durch die richtige Mischung der
musischen und der gymnastischen Erziehung bewirkt wird,
interessiert ihn daher weit mehr als die rein psychologische
exakte Forschung. Dies Überwiegen des ethischen Interesses
hat ihm daher auch noch nicht das Problem zum Bewußtsein
kommen lassen, wie denn mit der Annahme von „Teilen" der
Seele deren Einheitlichkeit vereinbar ist.

---

[1] Das Gefühl wird in der antiken Psychologie in seinem wesentlichen
Charakter überhaupt noch nicht klar von den andern seelischen Funktionen
unterschieden.

Dagegen mußte sich Platon ein anderes aus der Dreiteilung
der Seele entspringendes Problem ganz von selbst aufdrängen.
Wie verträgt sich diese mit dem Dogma von ihrer Unsterblichkeit? Auf diese Frage hat Platon schon im letzten Buch der
Politeia (c. 11) die allein mögliche Antwort gegeben, indem er
dem Einwand begegnet, der angesichts seiner Dreiteilung gegen
die Unsterblichkeit – auf Grund seines im Phaidon für diese
verwerteten Argumentes (die Seele ein μονοειδές, also ein
σύνθετον) – erhoben werden konnte: ihrem innersten Wesen
nach (τῇ ἀληθεστάτῃ φύσει), das sich nur im reinen Denken
offenbart, ist die Seele göttlicher Natur. Erst durch die Gemeinschaft mit dem Körper sind ihr – ähnlich, wie die ursprüngliche
Gestalt des Meergottes Glaukos infolge seines Lebens in den
Meerestiefen durch vielerlei Muscheln und Tange, die sich an
sie angesetzt haben, schmählich entstellt ist – die ihr wahres
Wesen fast unkenntlich machenden Triebe und Begierden
angewachsen, die nach der Befreiung von den Fesseln des
Leibes wieder von ihr abfallen werden. Zu voller Klarheit
bringt diese Lösung des Problems freilich erst der Timaios, wo
nur der denkende Teil als unsterblich, die beiden andern
dagegen als erst durch den Eintritt der denkenden Seele in den
Körper dieser zugesellt und daher mit dem leiblichen Tode
wieder vergehend erklärt werden. Hier im Timaios werden
dann auch die einzelnen Seelenteile in sehr charakteristischer
Weise in ganz verschiedenen Gegenden des Körpers lokalisiert:
das Denkvermögen hat seinen Sitz im Gehirn – wir erinnern
uns der fundamentalen Entdeckung des Alkmaion[1] –, der Wille
im Herzen, wobei die Adern die Rolle der noch unbekannten
Nerven spielen; das „Begehrende" in der Nähe der Leber.
Während aber im Menschen alle drei Seelenteile vereint sind
und die Denkkraft sein ihn vor allen Wesen auszeichnendes
Merkmal bildet, haben die Tiere nur die beiden niederen
Seelenkräfte und die Pflanzen nur den „begehrenden Teil".

[1] S. 47 ff.

Eine Schwierigkeit scheint hier nur das Gleichnis im Phaidros zu bieten, das, wie Hans v. Arnim erwiesen hat, die in der Politeia (insbes. IV 15) entwickelte Dreiteilung der Seele voraussetzt. Denn hier sind die beiden niederen Seelenteile, die von dem Dichter der Metaphysik in jenen beiden Rossen in so unvergleichlicher Weise versinnbildlicht werden, mit ihrem Lenker, der Vernunft, schon im vorweltlichen Dasein zu einer, wenn auch keineswegs widerspruchslosen Einheit verbunden, und auch nach dem leiblichen Tode bleibt diese Vereinigung bestehen. Aber schon Siebeck hat betont, daß bei dem mythischen Charakter dieser Schilderung, die schon in ihren Grundvoraussetzungen latente Widersprüche birgt, kein Schluß auf Platons dogmatische Überzeugung gezogen werden darf. In Wahrheit ist in dem Gleichnis die Annahme der vorweltlichen Existenz der niederen Seelenteile nicht dialektisch, sondern allein durch Platons Seelenmystik begründet, die eine Erklärung für den Fall der unsterblichen Seele in die Leiblichkeit ebenso fordert wie für ihre weiteren Einkörperungen nach dem irdischen Dasein. Die Konsequenzen aus der dialektisch begründeten und aus der mystischen Seelenlehre bleiben eben unausgeglichen miteinander. Denn wenn nur der denkende Teil der Seele unsterblich ist, also mit dem leiblichen Tode die niederen Seelenkräfte vergehen, wie kann dann die Seele trotzdem noch sinnliche Regungen an sich haben und durch diese gar in der Wahl ihres neuen Lebensloses entscheidend beeinflußt werden?

Seine Entdeckung der drei Seelenteile hat Platon auch für seine Auffassung vom Menschengeschlecht als Ganzem fruchtbar gemacht. Wie die drei Stände seines Staates, durch die Herrschaft je einer dieser Seelenkräfte über die beiden andern, schon von Hause aus ihren besonderen geistig-seelischen Charakter haben, so gibt es, je nachdem, welcher Teil in den Menschen der herrschende ist und somit die Grundrichtung ihres Wesens bestimmt, überhaupt drei Grundtypen der menschlichen Natur: Wissensdurstige (φιλομαθεῖς), Ehrgeizige (φιλότιμοι, φιλόνικοι)

und Erwerbsliebende (φιλοχρήματοι), von denen die Freunde
der Sinnenlust (φιλήδονοι) nur eine besondere Art bilden. Aus
demselben Grunde gibt es drei große Völkertypen: denn in
Skythen und Thrakern wie überhaupt in den Nordvölkern
herrscht über die anderen Seelenteile der Wille (das θυμοειδές);
sie sind daher vor allem ehrliebend, daher ihr Kampfesmut;
dagegen sind Ägypter und Phöniker vor allem erwerbslustig,
während sich die Hellenen durch Liebe zur Wissenschaft vor
den andern Völkern auszeichnen.

Die Bedeutung der Dreiteilung der Seele für die abschließende
Form der platonischen Tugendlehre wird bei der Ethik be-
leuchtet werden.

Platons Entdeckung der drei verschiedenen Seelenkräfte ist
für die gesamte antike Psychologie mehr oder weniger maßgebend geworden. Wie Aristoteles hat auch die Stoa seine
grundlegende Unterscheidung eines denkenden (vernünftigen)
und eines vernunftlosen Seelenteils übernommen, der seinerseits wieder in Wille und Begierde geteilt ist. Vor allem hat der
große Stoiker Poseidonios, von platonischem Denken selbst auf
das tiefste beeinflußt, sie in bedeutsamer Weise weiter entwickelt.

Auch auf Teilgebieten der empirischen Psychologie hat Platon
bedeutende Entdeckungen gemacht oder doch die Lösung
wichtiger psychologischer Probleme mit Erfolg in Angriff genommen, so hinsichtlich der Ursprünge und der verschiedenen
Gattungen der Lust (ἡδονή) und andrerseits der Entstehung
des Irrtums. Doch verbietet der Raum hierauf näher einzugehen.

3. Ethik und Staatslehre

a) Ethik des Individuums

Platons Ethik steht in seiner ersten Periode ganz unter dem
Einfluß des Sokrates; manchen Grundanschauungen des Mei-

sters ist er zeitlebens treu geblieben. Auch Platons wissenschaftliches Interesse gilt zunächst hauptsächlich der Untersuchung
ethischer Begriffe; wie Sokrates' ist auch Platons Standpunkt
hierbei bis tief in seine zweite Periode hinein durchaus intellektualistisch. Auch Platon meint, daß wer das Gute „weiß", auch
gut ist und gut handelt, daß daher niemand freiwillig unrecht
tut, sondern nur aus Unwissenheit. Vor allem aber teilt er mit
Sokrates die Überzeugung, daß die Sorge des Menschen für das
Heil seiner Seele die wichtigste von allen ist. Und wenn schon
Sokrates auf Grund dieser Überzeugung mit gewaltigem Ernst
die Fragen der Sittlichkeit angefaßt hatte, im Bewußtsein einer
hohen Verantwortung, so ist bei Platon dieser Ernst noch
vertieft und gesteigert zu einem ungeheuren inneren Pathos, das
alle Hemmnisse dieser Welt überwindet. Dieser Ernst trägt
noch weit stärker als bei Sokrates einen tief religiösen Charakter, denn Denker und Prophet sind auch hier in ihm eins. Daß
aber Platons Denken von Hause aus in seinem tiefsten Grunde
ethisch orientiert ist, ergibt sich aus den Jugenddialogen auch
deshalb, weil in diesen das Suchen nach einer höchsten Wissenschaft, deren Gegenstand die wahrhaften Werte sind, wie ein
Leitmotiv immer wieder durchklingt.

Die Ethik des gereiften Platon ist natürlich von der Ideenlehre untrennbar. Wirkliche Tugend beruht auf wirklichem
Wissen, wirkliches Wissen aber ist allein das von den Ideen.
Entscheidend für den sittlichen Wert oder Unwert des Menschen ist daher die Frage, ob seine Seele die Umwendung nach
der Welt der Ideen vollzieht oder nicht. Das Höhlengleichnis
hat auch für die platonische Ehtik grundlegende Bedeutung. So
hat auch hier das Denken Platons, das die Wendung des Menschen auf das Übersinnliche, Ewige fordert, die Gedankensphäre
des Lehrers weit hinter sich gelassen; aber auch in anderer
Beziehung wird der Kreis der Sokratischen Probleme durch den
Jünger gewaltig erweitert: sein ganzes ethisches Denken ist auf
das Leben in und mit der menschlichen Gemeinschaft einge-

stellt, ist also von Grund aus sozial orientiert, wie schon eine
Stelle des Gorgias zeigen kann[1].

Solche Erweiterung des Problemkreises zeigt sich auch in
anderer Hinsicht. Schon bei Sokrates ist die Grundlegung einer
Umwertung aller Werte deutlich erkennbar. Aber erst durch
Platon wird diese in den systematischen Zusammenhang einer
das ganze menschliche Leben umfassenden Anschauung gestellt.
Als er (zwischen 394 und 390) den Gorgias schrieb, war ihm,
der damals etwa in der Mitte der Dreißig stand, völlig klar
geworden, daß im Grunde nur zwei Lebensideale möglich und
wirksam sind: eins, dessen letztes Ziel die Lust, und eins, dessen
oberster Zweck das Gute, d. h. das sittlich Gute (das ἀγαθόν)
ist. Er war zu der Einsicht gekommen, daß alle Künste und
Fertigkeiten, überhaupt alle Beschäftigungen der Menschen,
entweder das eine oder das andere erstreben; das „Angenehme"
(d. h. die Lust) ist das Ziel der Afterkünste, die auf Grund von
Empirie und Routine ihren Zweck zu erreichen suchen, ohne
sich über dessen Wesen und die Ursachen der Vorgänge, die zu
ihm führen, klar zu werden. Zu diesen Afterkünsten gehört
insbesondere die Rhetorik, die nur zu überreden, aber nicht zu
überzeugen, d. h. wirklich zu belehren vermag, daher auch für
die Bildung der Jugend, der sie nur den Schein eines Guten als
Ergebnis ihrer Reden bietet, durchaus untauglich ist. Die
echten Künste und Wissenschaften dagegen – das Wort τέχνη
bedeutet im Griechischen beides –, die den ursächlichen Zusammenhang der Dinge und Erscheinungen ergründen und
danach ihr Verfahren zur Erreichung des von ihnen klar erkannten Zieles einrichten, erstreben nur das wirklich Gute der
von ihnen behandelten Menschen. Wie es zwischen diesen
beiden Gruppen allen menschlichen Treibens keine Vermittlung
gibt, so auch nicht zwischen den beiden Lebensidealen. Für eins
von beiden muß sich der Mensch entscheiden – eine Alternative,
die schon, wenn auch nicht mit der psychologischen Tiefe und

[1] 507 E. f.

dem leidenschaftlichen Ernst eines Platon, der Sophist Prodikos
in seinem Herakles am Scheidewege aufgestellt hatte.

Es war aber Platon durch seine Erlebnisse seit Sokrates' Tode
mit überwältigender Klarheit zum Bewußtsein gekommen, daß
die große Masse seiner athenischen Landsleute und vor allem
ihre Führer, die „Redner", d. h. die praktischen Politiker, bewußt oder unbewußt als höchstes Lebensziel nicht das Gute,
sondern das „Angenehme" betrachteten und, wenn auch nur im
stillen, denjenigen glücklich priesen, der dieser Lust möglichst
ungehemmt frönen könne. Das freilich war nicht möglich, ohne
sich selbst oder anderen unrecht zu tun. Aber beneidenswert der
Mann, der solches Unrecht, in schrankenlosem Ausleben seiner
selbst, ungestraft ausüben durfte, wie ein Archelaos von Make-
donien. Das ist der von Kallikles im Gorgias mit rücksichtsloser
Offenheit entwickelte Standpunkt. Aber so dachten unzweifelhaft damals wie heute ungezählte Tausende. Doch der Jünger
des Sokrates wußte aus den Urgründen seines sittlichen Bewußtseins heraus, daß unrecht tun unter allen Umständen tausend-
mal schlimmer ist als unrecht leiden, daß der Übel größtes die
Schuld, aber das Leben nicht der Güter höchstes ist und ein
Leben des Genusses schon gar nicht. Dann kann auch nicht
derjenige, dessen Lebensinhalt und -ziel die Lust ist, glückselig
sein, er, der mit sich selbst und seinen Mitmenschen dauernd in
Widerstreit ist. Nein, der Ungerechte, mag er auch im Besitz
von Reichtum und Macht, Ehre und Genuß sein, ist unter allen
Umständen unglückselig, aber noch viel unglücklicher ist er
dann, wenn ihn nicht die Strafe für sein Treiben ereilt. Denn
dann verharrt er im Bösen, weil ihm dann nicht durch die
Strafe die Möglichkeit zur Besserung geboten wird. Wahrhaft
glückselig (εὐδαίμων) kann vielmehr nur derjenige sein, der im
Besitz der „Gerechtigkeit" und damit der andern Tugenden,
überhaupt im Besitz des „Guten" ist. Nur ihm, der stets das
Unrechte flieht und dem Guten nachjagt, wird die Glückseligkeit

zuteil, mag ihm auch durch die Wirrnisse des äußeren Erlebens noch so Widriges zuteil werden.

Platon ist sich – das beweisen schon mehrere Stellen im Gorgias – klar bewußt gewesen, daß er mit solchen Anschauungen von der Eudämonie des Menschen der Masse seiner Mitbürger etwas Unerhörtes, Grundstürzendes verkündete, aber seine tiefsten seelischen Erfahrungen und Erlebnisse hatten ihn gelehrt, daß er auf dem allein richtigen Wege war. Er hat diese Gedanken, von der Unseligkeit des angeblich allmächtigen Tyrannen, dem Seelenfrieden des noch so sehr durch äußere Pein gemarterten Gerechten, dann später in der Politeia weit ausholend zu einer geschlossenen, überwältigenden Beweisführung gestaltet. Was aber ist das Gute, das für den Menschen der Endzweck allen Handelns sein muß? Worin besteht es? Auch hierüber hatte der Gorgias, unzweifelhaft im Anschluß an pythagoreische Lehren, schon eine Antwort, wenn auch noch ziemlich unbestimmter Natur, gegeben: sicher war der Mensch gut, der im Besitz der „Tugend" (ἀρετή) war; denn gut kann nur eine Seele sein, in der eine bestimmte Ordnung und Harmonie waltet, daher Selbstbeherrschung (Sophrosyne) und die andern Tugenden wohnen. Als Platon diese Gedanken aussprach, hatte er die Welt der Ideen und das Vorhandensein verschiedener Seelenteile noch nicht entdeckt, auf die er später seine Tugendlehre, den psychologischen Grundtatsachen Rechnung tragend, neu gründen sollte. Denn auch Platons Auffassung von der Tugend und von den einzelnen Tugenden hat im Lauf seines langen Lebens eine wesentliche Wandlung durchgemacht und erst durch seine Lehre von den Seelenteilen ihr festes Fundament und ihre endgültige Formulierung erhalten. Aber jener, ursprünglich wohl pythagoreischen Grundauffassung vom tugendhaften Zustande der Seele, d. h. vom Wesen der Tugend überhaupt, ist er stets treu geblieben, und gerade in den Dialogen seines Alters hat er sie weiter entwickelt: jene echte Harmonie der Seele scheint ihm nun nur

möglich, wenn sie der Mensch in Einklang mit den Bewegungen
des Weltalls bringt. Denn an den Bewegungen und Erscheinungen des Sternenhimmels sieht er nun das Urbild allen Maßes
und aller Harmonie.

Im Mittelpunkt der ethischen Probleme steht auch für Platon
lange Zeit die Frage nach dem Wesen der *Tugend*. Tugend
kann es offenbar ihrer Natur nach nur *eine* geben: das Wissen
des Guten; aber je nach dem Gebiet, auf das sich dies Wissen
und das ihm entsprechende Handeln richtet, benennen wir sie
mit verschiedenen Namen. Daher besitzt, wer eine der Grund-
tugenden hat, auch die andern. In der vielumstrittenen Frage
aber, ob die Tugend lehrbar sei oder nicht, ist Platon, nach
manchen Zweifeln und endgültig wohl erst, nachdem er seine
Erkenntnislehre gefunden hatte, zu der Überzeugung gekommen, daß sie lehrbar sei. Nur muß sie durch den rechten Lehrer
(wie Sokrates einer war) gelehrt werden.

Wichtig ist in der platonischen Tugendlehre die grundsätzliche Unterscheidung der wahren und der gewöhnlichen Tugend,
wie wir sie zuerst im Menon, mit aller Schärfe dann im Phaidon
(insbes. c. 13) und auch später noch oft finden, eine Unterscheidung, zu der den Denker insbesondere die Taten der
großen athenischen Staatsmänner wie überhaupt hervorragende
Leistungen von Männern des bürgerlichen Lebens veranlaßt
hatten, nachdem er zuvor im Gorgias ihnen so gar nicht gerecht
geworden war. Während die wahre Tugend, die nur der Philosoph besitzt, auf der Erkenntnis der Ideen (des Schönen, Guten,
Gerechten usw.) beruht, beruht die gewöhnliche auf der „richtigen Meinung", ein Begriff, der uns schon in der Erkenntnislehre begegnet ist[1]. Daher versteht der Philosoph unter Tapferkeit, Mäßigung und Gerechtigkeit etwas ganz anderes als die
gewöhnlichen Menschen. Diese Unterscheidung von zwei grund-
verschiedenen Arten der Tugend ist zugleich für die Entwicklung des platonischen Denkens bedeutsam: hier zeigt sich die

[1] S. 210.

erste Abschwächung seines streng intellektualistischen Standpunktes gegenüber den ethischen Grundbegriffen. Eine weitere
Abschwächung dieses Intellektualismus sehen wir in seiner
Auffassung von den vier Kardinaltugenden, wie er sie auf Grund
seiner Entdeckung dreier verschiedener Seelenteile in der Politeia entwickelt: besteht doch nun die Gerechtigkeit darin, daß
(nach dem Muster der drei Stände im Staat) jeder der drei
Seelenteile „das Seine tut", d. h. keiner von ihnen sein Ressort
überschreitet: indem die Vernunft herrscht, während sich ihr
die beiden niederen Seelenteile freiwillig fügen. Eine Definition,
die bekanntlich die Beziehung des einzelnen zu den Mitmenschen, die doch die Voraussetzung für die Ausübung von
Gerechtigkeit ist, völlig vermissen läßt und sich wohl nur aus
der Übertragung der Definition der Gerechtigkeit des Staates
auf die des einzelnen erklärt. Freilich, wenn Platon dann die
Sophrosyne (Mäßigung, Selbstbeherrschung) als die Eintracht
der Seelenteile untereinander erklärt, in dem sich die beiden
niederen von der Vernunft willig beherrschen lassen, so ist der
Begriff kaum noch von dem der Gerechtigkeit (infolge deren
verfehlter Definition) zu unterscheiden. Am deutlichsten scheint
den allmählich immer weiter greifenden Verzicht auf die rein
intellektualistische Bestimmung der Tugend der allmähliche
Wandel in Platons Auffassung vom Wesen der Tapferkeit
(ἀνδρεία) zu zeigen, wie wir ihn vom Protagoras bis zu den
Gesetzen verfolgen können. Vor allem ist die Bestimmung der
Tapferkeit in der Politeia gegenüber der rein intellektualistischen des Protagoras, wonach sie das Wissen des (wirklich)
Furchtbaren und Nichtfurchtbaren ist, wesentlich modifiziert auf
Grund einer vertieften Psychologie, die auch das Triebleben
des Menschen berücksichtigt und vor allem dem Willensmoment als einem durchaus wesentlichen Merkmal der Tapferkeit Rechnung trägt, jedoch unter Aufrechterhaltung ihrer er-
kenntnismäßigen Grundlage. Aber es darf hierbei nicht übersehen werden, daß schon im Laches, wo die Definition des

Protagoras einer Nachprüfung unterzogen wird, die Tapferkeit
als eine auf Einsicht beruhende Standhaftigkeit (καρτερία) bestimmt wird, die sich nicht nur im Kriege, überhaupt nicht nur
in äußerer Gefahr, sondern vor allem und zuerst in den inneren
Kämpfen des Menschen gegen seine eigenen Lüste und Affekte
betätigt, da sie auf dem Wissen von dem für den Menschen
wahrhaft Nützlichen (Guten) und wahrhaft Schädlichen (Schlechten) beruht. Wodurch sie dann freilich mit der Tugend überhaupt identisch zu werden droht, auch von der Sophrosyne
begrifflich kaum noch zu scheiden ist, da ihre spezifische
Differenz von den andern Tugenden nicht ausdrücklich festgestellt wird. In der letzten Periode seines Denkens hat Platon
dann das intellektuelle Merkmal der Tapferkeit völlig aufgegeben: in den Gesetzen erkennt er, in direktem Widerspruch zu
dem einst im Laches Ausgeführten, auch Raubtieren und selbst
Kindern Tapferkeit zu. Denn die Tapferkeit, heißt es hier, beruht auf Naturanlage, ohne daß dazu Vernunft nötig ist. Hierzu
stimmt, daß er sie schon im Timaios dem „mutartigen" Seelenteil zugeschrieben hatte. Da ist es kein Wunder, wenn er ihr
dann unter den vier Kardinaltugenden ausdrücklich die letzte
Stelle anweist.

Schon bei Sokrates haben wir den Begriff der *Pflicht* kennengelernt, den wir unzweifelhaft auch für Platons Denken als
gegeben voraussetzen dürfen, wenn er ihn auch noch nicht
dialektisch untersucht hat. Ebenso wichtig ist es, daß Platon auf
Grund der Autonomie der Vernunft die *Willensfreiheit* des
Menschen nachdrücklich behauptet, nicht nur für unsere irdische
Existenz, sondern auch im vorweltlichen Dasein bei der Wahl
eines Lebensloses durch die Seele. Platon hat daher an der
Verantwortlichkeit des Menschen für sein Tun und Lassen
stets festgehalten. Der Staat aber muß, wenn auch schon in der
Schlechtigkeit und der mit ihr unweigerlich verbundenen inneren Unseligkeit des Täters die größte Strafe für diesen liegt,
doch auch seinerseits den Frevler zur Rechenschaft ziehen, um

des Frevlers wie um der Allgemeinheit willen; nicht, um ihn
„büßen" zu lassen (Verwerfung der Vergeltungstheorie), sondern zur Besserung des Täters und zur Abschreckung der
andern. Daher müssen auch die „unheilbaren" Verbrecher
– daß es solche gibt, erkennt auch Platon wiederholt an –
schwere Pein leiden. Die gleichen Zwecke verfolgt das Strafgericht nach dem Tode, das keineswegs nur ein Glanzstück der
platonischen Mythologie ist, sondern auf vollkommen ernster
Überzeugung des Denkers beruht.

Die *spätere Entwicklung von Platons Ethik,* wie sie besonders
die Altersdialoge zeigen, weist manche bedeutsame Veränderungen auf, da Platon jetzt weit mehr als früher den Wirklich-
keiten des geistig-sittlichen Lebens Rechnung trägt. Der reine
Intellektualismus wird immer mehr überwunden. So faßt er
jetzt die Schlechtigkeit (unter deutlicher Berücksichtigung der
Dreiteilung der Seele) als einen Widerstreit der verschiedenen
Seelenkräfte mit den Trieben und Affekten sowohl wie untereinander auf[1]. Von besonderem Interesse ist hierbei die Ände-
rung seiner Ansicht von den Ursachen der Schlechtigkeit: jetzt
hält er nicht nur Mangel an Einsicht dafür (ἀμαθία), sondern
auch innere Hemmungslosigkeit (ἀκράτεια)[2], die er jenem
Mangel scharf gegenüberstellt, oder geradezu Krankheit der
Seele[3]. Tiefer noch dringt die Erkenntnis, die er im Timaios
(c. 41) entwickelt: freiwillig ist niemand schlecht – an diesem
Satz des Sokrates hält er auch jetzt noch fest –; schlecht wird
man nur durch gewisse krankhafte Zustände des Körpers
(Überfülle an Sperma, schlechte Säfte) und durch mangelhafte
Erziehung. Auch schlechte politische Verhältnisse und Mangel
an den rechten Bildungseinflüssen demgegenüber wirken hierbei
mit. Der Körper als ernster Faktor im seelisch-sittlichen Leben
wird jetzt überhaupt weit stärker als früher berücksichtigt

[1] Sophistes 228 B.
[2] Gesetze V 734 B.
[3] Sophistes 228 C ff.

(nicht einfach als Hindernis der Erkenntnis verdammt wie im
Phaidon) und im Zusammenhang hiermit das Triebleben des
Menschen, wie wir das auch im neunten Buche der Politeia zu
unserer Überraschung sehen, wo Platon „notwendige", d. h.
durch den Naturzwang gegebene und „nicht notwendige" Begierden und Lüste und unter den nicht notwendigen die Gruppe
der verbrecherischen unterscheidet und einen erstaunlichen
psychologischen Tiefblick in seiner Schilderung der Entstehung
des tyrannischen Menschen verrät.

Auch in Platons Auffassung von der Lust (ἡδονή) vollzieht
sich allmählich eine gewisse Wandlung. Wir haben vorhin gesehen, wie scharf er im Gorgias das „Gute" von dem „Angenehmen" unterschied und als oberstes Ziel des menschlichen
Lebens allein das Gute anerkannte. Eine grundsätzliche Differenzierung der verschiedenen Lustgefühle begegnet uns zuerst
in der Politeia, wo auch die schärfste Verwerfung der sinnlichen
Lust hervortritt, zumal der erotischen, da diese ihrer Natur nach
maßlos ist und dem Menschen jede Vernunft und Selbstbeherrschung raubt. Hier werden auch schon die verschiedenen
Lustarten der einzelnen Seelenteile unterschieden und die Lust
des erkennenden Teils als die weitaus höchste von allen gewertet[1], ja, auch aus metaphysischen Gründen als die allein
wahrhaft wertvolle erachtet. Auch der Begriff der „reinen" Lust
taucht hier zum erstenmal auf, d. h. solcher, denen eine Unlust
weder voraufgeht noch nachfolgt, noch ihnen gleichzeitig beigemischt ist – eine Unterscheidung, die dann im Philebos eine
wesentliche Rolle spielt. Aber auch die „reinen" Lüste sind für
den Philosophen niemals das Ziel seiner Handlungen, sondern
nur deren ungewollte, sich von selbst einstellende Begleit-
erscheinung. Daß aber Platon später dieser reinen Lust doch
einen gewissen Wert zuerkennt und nicht mehr ausschließlich
die Erkenntnis als wertvoll erachtet, zeigt insbesondere das
Ergebnis des Philebos, wonach das wahre Leben dasjenige ist,

[1] IX 583 A.

das in der rechten Mischung aus dem reinen Denken – gemeint
ist natürlich das ganz der Ideenwelt zugewandte Denken – und
aus der „reinen" Lust besteht, wobei freilich die wissenschaftliche Erkenntnis an dieser Mischung einen weit größeren Anteil
hat als selbst die „reine" Lust. Daß das Leben der „maßvollen"
und „einsichtigen" Menschen weit reicher an Lust als das der
zügellosen Masse, d. h. daß es in Wirklichkeit allein im Besitz
von „wahrer" Lust ist, und daher nur der wirklich Tugendhafte
ein glückseliges Leben führt, beweist Platon noch in den Gesetzen (V 732 W ff.). Von der Eudämonie des Menschen ist also
seine Auffassung die gleiche geblieben, wie er sie in der Politeia
und schon im Gorgias vertreten hatte.

Auch die Güterlehre zeigt eine stärkere Berücksichtigung der
Wirklichkeit als früher, wie dies schon die Gütertafel am
Schluß des Philebos ergibt, wo an erster Stelle bezeichnender-
weise das Maß und das Maßvolle, an dritter Vernunft und
Erkenntnis, an der vierten aber Wissenschaften, Künste und
„richtige Meinungen" erscheinen (wodurch auch den Leistungen
von Nichtphilosophen ein positiver Wert zugeschrieben wird),
während die „reinen Lüste" den fünften Platz erhalten. Näher
kommt dem wirklichen Leben noch die Scheidung in menschliche und göttliche, d. h. relative und absolute Güter in den
Gesetzen (I 631 B C), wo zu der ersteren Gruppe Gesundheit,
Kraft, Schönheit und Reichtum (dieser jedoch nur im Verein
mit der erforderlichen Einsicht), zu der anderen Erkenntnis,
Selbstbeherrschung (Sophrosyne), Gerechtigkeit und Tapferkeit
gerechnet werden, wobei die von Platon mit Bedacht gewählte
Reihenfolge beachtenswert ist.

b) Der Staat

Wie uns das Bekenntnis im siebenten Briefe lehrt, ist Platon
schon als Jüngling von dem glühenden Wunsch beseelt gewesen,

dereinst selber in die Geschicke seines Vaterlandes Athen
handelnd einzugreifen. Aber die Geschichte der eigenen Zeit
und des eigenen Lebens und nicht zuletzt der Prozeß des
Sokrates hatten ihn gelehrt, daß für ihn keine Gelegenheit und
kein Platz zu solchem Handeln in der Heimat sei. Schon verhältnismäßig früh, sicher vor dem Ende der neunziger Jahre,
als er den Gorgias schrieb, hat er sich, auch hier unter dem
folgenschweren Einfluß der sokratischen Ethik, die für sein
politisches, ja überhaupt sein ganzes Denken charakteristische
Auffassung gebildet, daß nur derjenige ein wirklicher Staatsmann sei, der als höchstes und einziges Ziel habe, seine Mitbürger besser zu machen, d. h. der dauernd auf ihre sittliche
Erziehung und Förderung hinarbeite. An diesem Maßstab
gemessen, hatte er selbst die Heroen der athenischen Demokratie, einen Themistokles und einen Perikles, als unzureichend
befunden, ja, für das gerade Gegenteil eines wirklichen Staatsmannes erklärt. Denn auch sie hatten – so urteilte er – doch im
Grunde nur den Schein eines Guten (das „Angenehme"), nicht
aber das wirkliche Heil des athenischen Volkes erstrebt, es
nicht besser gemacht, sondern in noch weit schlechterem Zustande hinterlassen als sie es überkommen hatten. So zeigt
schon der Gorgias eine gänzlich neuartige Anschauung vom
politischen Leben überhaupt, das ausschließlich unter dem
sittlichen Gesichtspunkt als dem allein maßgebenden betrachtet
wird. Denn schon hier wird Platons Grundideal deutlich erkennbar, daß der Staat als höchste, ja einzige Aufgabe die
sittliche Förderung seiner Bürger hat. Zwei Jahrzehnte sollten
vergehen, ehe Platon diese Ideen zu einem großen Bau gestaltet
und mit den Grundgedanken seiner Metaphysik unlöslich verbunden hatte. Erst die Politeia, die nach den Ergebnissen der
neueren Forschung um das Jahr 374 erschienen ist, gibt diesen
Aufbau in imponierender Größe und Geschlossenheit.

In dem Staat, den Platon für den besten hält, ist das Prinzip
der Arbeitsteilung bewußt durchgeführt und zugleich der

Grundsatz, daß jeder Bürger den Beruf ausübt, für den ihn
seine natürliche Veranlagung (φύσις) am meisten geeignet erscheinen läßt. Die Bevölkerung dieses Staats gliedert sich in
drei Stände: die Gewerbetreibenden (Demiurgen), die Wächter
und die aus diesen hervorgehenden Regenten. Weitaus die
größte Masse der Bürger gehört zu den Gewerbetreibenden
(Handwerkern, Kaufleuten, Landwirten usw.); sie sind der
„Nährstand" im eigentlichen Sinne. Aber nicht ihnen gilt
Platons Interesse. Denn maßgebend für den ganzen Staat ist der
Stand der „Wächter", der das Gemeinwesen vor äußeren Fein-
den zu schützen und vor inneren Erschütterungen zu bewahren
hat. Die Ergänzung und Ausbildung dieses Standes ist daher
von entscheidender Bedeutung.

Über die Grundsätze der Erziehung, zumal der sittlichen
Charakterbildung, haben wohl am frühsten die Pythagoreer
Unteritaliens nachgedacht, aber erst in dem Athen der Aufklärung tritt – im letzten Drittel des 5. Jahrhunderts v. Chr. –
das Erziehungsproblem in den Brennpunkt der wissenschaftlichen Diskussion der Kreise, in denen sich die Sophisten und
Sokrates begegnen. Aber erst Platon ist es, der den Grundsatz
der allgemeinen zwangsweisen Erziehung durch den Staat und
allein für den Staat aufgestellt und – in der Theorie – mit
wunderbarer Konsequenz durchgeführt hat. Ist er doch selbst
von dem felsenfesten Glauben an die Macht, ja, an die entscheidende Bedeutung der Erziehung durchdrungen. Er weiß,
daß auch die genialsten Naturen, die eine verkehrte Erziehung
erhalten, zu Frevlern größten Stils werden können (Alkibiades).
Von der rechten Erziehung hängt daher alles ab. Sie ist es, die
den Geist bestimmt, der die Bürger erfüllen muß, und allein auf
diesen Geist, diese Gesinnung, kommt es an.

Platon entwirft daher in seiner Politeia (II 17–III 18) eine
ebenso ausführliche wie tiefgreifende Erziehungslehre für den
Stand, aus dem dereinst die Philosophen-Regenten hervorgehen
werden. Das Ziel dieser Erziehung ist ethisch-religiöser und

sozialer Natur. Sie will ganz bestimmte Tugenden in den
künftigen Wächtern entwickeln, ihrem Charakter ein ganz
bestimmtes Gepräge geben, eine durch und durch soziale
Gesinnung in höchster Potenz.

Wer aber ein rechter Wächter des Staates werden will – von
wesentlicher Bedeutung ist hierbei, daß der Wächter- zugleich
der Kriegerstand zum Schutz des Staates nach außen wie nach
innen ist –, der bedarf einer doppelten Erziehung, der musischen, die vor allem auf den Erkenntnistrieb, und der gymnastischen, die auf den Willen (das θυμοειδές) einwirkt. Gegenstand der geistigen Bildung der athenischen Jugend waren
damals in erster Linie die „Mythen", d. h. Sage und Dichtung,
wie sie vor allem die Epen Homers und Hesiods für die
griechische Nation maß- und richtunggebend gestaltet hatten.
Aber diese „Mythen", die durch den Zauber der Poesie unsere
Phantasie immer aufs neue in ihren Bann zwingen, bedürfen,
wenn anders sie der musischen Bildung dienen sollen, der
schärfsten Sichtung. Eine strenge Auswahl ist nötig, denn sie
enthalten, zumal von den Göttern, meist Falsches und, was
schlimmer ist, nur allzu vieles, an dem unser sittliches Empfinden den schwersten Anstoß nimmt. Es sind daher alle „Mythen"
zu verwerfen, die von den Göttern Unwürdiges erzählen –
welchen Eindruck müßten Mythen von Kämpfen der Himmlischen gegeneinander oder von Göttern, die, wie selbst Zeus
einmal, zu Sklaven ihrer sinnlichen Begierde werden, auf die
jugendliche Seele machen! Wir müssen daher die Dichter zwingen, nur Gutes von den Göttern zu dichten, denn daß die
künftigen Wächter vom Wesen der Gottheit die rechte Vorstellung erhalten, ist von entscheidender Bedeutung. Sie müssen
daher schon früh begreifen, daß die Gottheit gut und Urheber
nur des Guten, daß sie unwandelbar und ohne jeden Trug, daß
sie durchaus wahrhaft, überhaupt daß sie in jeder Hinsicht
vollkommen ist. Auf Grund einer einschneidenden Kritik der
Mythen, aus denen alles Anthropomorphe und sittlich irgend-

wie Schädliche auszuscheiden ist, ergibt sich daher, gerade im
Hinblick auf den Wächterstand, nicht nur die Verbannung
Homers und des Dramas aus dem Staat, sondern auch die
Forderung, daß die Regierung des Staates dauernd die Werke
der zeitgenössischen Dichter und ebenso die der bildenden
Künste wie auch die der Musik (in engerem, dem heutigen
Sinne des Wortes) und die der Metrik beaufsichtigt, alles Bös-
artige, Zuchtlose, Unanständige aus ihnen ausmerzt und Dichter
wie Künstler zwingt, nur solche Werke zu schaffen, die im
Einklang mit einer strengen Sittlichkeit und einer geläuterten
Religiosität stehen. Hier zeigt sich zum erstenmal in der Kultur-
geschichte des Abendlandes der Gedanke einer staatlichen
„Zensur", sogar „Präventivzensur" aller Erzeugnisse von Kunst
und Wissenschaft. Dieser Grundsatz ist im Interesse der Wächter unerläßlich: würde der Staat Dichtern und Künstlern im
Schaffen und Veröffentlichen ihrer Werke freie Hand lassen,
dann würden die Wächter, ihren Geist an schlechten „Bildern"
nährend, indem sie täglich unbewußt von vielerlei giftigen
Blumen pflückten, in ihrer Seele unvermerkt ein furchtbares
Übel heranreifen lassen. Die Mythen dürfen aber nicht nur
keinerlei Schädliches enthalten. Sie müssen positiv so beschaffen
sein, daß sie zur Erweckung und Förderung gerade *der* Tugenden taugen, die der Wächterstand, um seine hohe Aufgabe
erfüllen zu können, unbedingt nötig hat, zumal die der Tapferkeit (ανδρεία) – daher sind alle Mythen vom Hades, die Furcht
vor dem Tode erwecken könnten, zu verwerfen – und der
Besonnenheit (Sophrosyne), der Selbstbeherrschung (ἐγκράτεια),
der Ausdauer (καρτερία, ihr Vorbild Odysseus) und andrerseits
der Einigkeit der Bürger untereinander und der Wahrhaftigkeit.
Denn zu lügen ist auch für gewöhnliche Menschen durchaus
verwerflich. Nur den Philosophen-Regenten ist in besonderen
Fällen – aus Gründen der Staatsraison – die Notlüge gestattet.
   Zu der musischen Erziehung gehört auch die Bildung in
Musik und Rhythmik, deren Einfluß auf den Charakter Platon

außerordentlich hoch einschätzt. Auch sie wird ganz in den
Dienst der ethischen Erziehung gestellt. Daher ist die weich-
liche, in Gefühlen hemmungslos schwelgende, sentimentale oder
melancholische lydische und ionische Musik zu verwerfen, dagegen die dorische und phrygische zu pflegen, d. h. es wird die
heroische Musik in Rücksicht auf Leben und Gesinnung der
Krieger als Symbol der Mannhaftigkeit durchaus bevorzugt wie
andrerseits ihr gegenüber die friedliche, maßvolle als Sinnbild
edler Selbstbeherrschung und Mäßigung. Und ebenso muß die
Rhythmik – sei es im Tanz oder der Poesie – dazu dienen, den
Sinn für schönes Gleichmaß und edlen Anstand (εὐσχημοσύνη)
zu wecken. Aber zum Wesen des wahrhaft musisch Gebildeten
– und das soll der künftige Wächter werden – gehört noch ein
weit Bedeutsameres: er muß lernen, die *Ideen* der Selbstbeherrschung, der Tapferkeit und der andern Tugenden in ihrer
Urgestalt wie in ihren irdischen Abbildern zu erkennen, weil er
erst dann wahrhaft richtig urteilen und handeln kann. Das aber
ist nur auf dem Wege langer dialektischer Schulung möglich.

Die musische Bildung findet ihre notwendige Ergänzung in
der gymnastischen Erziehung, deren wahrer Zweck nicht so sehr
die Steigerung der Körperkräfte als vielmehr die Stählung des
Willens ist. Neben der Jagd dienen hierzu vor allem die Leibesübungen und Wettkämpfe in der Palästra. Jeder der beiden
Erziehungsgänge ist für den künftigen Wächter des Staates
unentbehrlich. Denn Platon ist sich der Gefahren einseitiger
musischer Bildung ebenso klar bewußt wie solcher der ausschließlich gymnastischen Erziehung. Hat die erstere Verweich-
lichung, so hat die letztere Verrohung und Abkehr von aller
Wissenschaft und Geistesbildung im Gefolge. Es ist daher eine
möglichst vollkommene Ausbildung auf beiden Gebieten für
den Wächter wie auch für den künftigen Philosophen-Regenten
unerläßlich, gerade weil sie die Tugenden der Tapferkeit und
der Selbstbeherrschung und der wissenschaftlichen Einsicht in
sich vereinen müssen. Denn erst das einträchtige Zusammen-

wirken der musischen und gymnastischen Bildung auf den Willen und das Denkvermögen vermag den Einklang der beiden Seelenkräfte herzustellen. Die Erkenntniskraft wird ernährt und gestählt durch Dichtung und Wissenschaft, der Wille aber durch Musik und Rhythmus gemildert und gezähmt. Denn nur durch eine möglichst schöne „Mischung" des musischen und des gymnastischen Prinzips kann der Mensch zu möglichst vollkommener Bildung und Harmonie seines eigenen Wesens gelangen.

So stellt Platon den gesamten Bereich der geistigen und physischen Bildung des Wächterstandes mit vollendeter Meisterschaft in den Dienst einer einzigen Idee: des Wohls der Gesamtheit, des Organismus, den der Grieche „Polis", wir „Staat" nennen.

Die Machtfülle, die im Wächterstand vereint ist, scheint eine ernste Gefahr in sich zu bergen: daß sie aus treuen Hütern zu „Wölfen" der ihnen anvertrauten Herde, d. h. infolge ihrer kriegerischen Erziehung und Organisation zu Despoten der übrigen Bevölkerung werden könnten. Aber der Entwicklung dieser Gefahr wirkt schon die musische Erziehung der Wächter dauernd entgegen. Nicht umsonst haben sie als Krönung dieser das Reich der Ideen und somit auch die hohen Tugenden der Selbstbescheidung und der Gerechtigkeit kennengelernt. In derselben Richtung wirken andere einschneidende Bestimmungen. Damit sich im Wächterstand keinerlei Eigeninteressen entwickeln, seine Mitglieder vielmehr stets nur das Wohl der Gesamtheit als den allein maßgebenden Gesichtspunkt für all ihr Denken und Handeln betrachten, dürfen sie selbst keinerlei Privateigentum besitzen, und ihre Behausungen – sie wohnen als Krieger in einem Lager zusammen und haben gemeinsame Mahlzeiten auf Kosten des dritten Standes (der Gewerbetreibenden) – müssen jederzeit jedem Bürger zugänglich sein. Wer gegen diese Grundsätze verstößt, scheidet aus dem Wächterstande aus und tritt in den der Bauern und Handwerker (der Demiurgen) über.

Nun bilden aber die Männer nur die eine Hälfte des Wächterstandes. Welche Aufgabe haben die Frauen? Zur Lösung dieser Frage gibt uns eine Analogie aus dem Tierreich einen Wink. An dem Schutz einer Herde beteiligen sich weibliche Wächterhunde ebensogut wie männliche, wenn auch die weiblichen schwächer sind. Steht es mit der Naturanlage des weiblichen Geschlechts bei den Menschen ähnlich? Oder sind beide Geschlechter verschieden veranlagt, so daß sie verschiedene Aufgaben haben? In der Untersuchung dieses bis auf den heutigen Tag umstrittenen Problems kommt Platon, in bewußter Analogie zu dem Sachverhalt im Tierreich, zu dem Ergebnis, daß der einzige wesentliche Unterschied zwischen Mann und Weib der ist, daß der Mann erzeugt, während die Frau gebiert, daß aber im übrigen beide Geschlechter keinerlei verschiedene Veranlagung von Belang besitzen, nur, daß die Frauen in körperlicher Hinsicht das schwächere Geschlecht sind. Ist dies Ergebnis richtig – und Platon hält es für unbedingt richtig –, dann folgt daraus, daß die Frauen für genau dieselben Berufe wie die Männer befähigt sind, auch für die Verwaltung von Staatsämtern, selbst der höchsten, und ebenso für den Kriegsdienst. Dann fordert aber das Interesse des Staates, daß die für das Wächteramt befähigten Frauen – nur ein Bruchteil aller Frauen besitzt freilich die erforderliche Begabung hierfür, aber auch von den Männern ist ja nur eine Auslese für den Wächterstand geeignet – zu genau denselben Aufgaben und Pflichten wie die Männer herangezogen werden. Hieraus ergibt sich die Forderung, daß die für das Wächteramt geeigneten Mädchen genau in derselben Weise erzogen werden wie die Knaben und Jünglinge, daß sie also an der musischen wie an der gymnastischen Bildung genau denselben Anteil nehmen, natürlich mit ihnen gemeinsam. Sie werden daher in der Palästra ebenso nackt wie Knaben und Männer und mitten unter ihnen turnen,

ringen und laufen – man wird sich daran gewöhnen –, ebenso
reiten und fechten lernen wie die Männer und, wenn es gilt, mit
ihnen in den Krieg ziehen. So fordert Platon auf Grund der
vermeintlich gleichen Veranlagung beider Geschlechter auch für
das Weib gleiche Rechte und Pflichten. Und die Erfüllung dieser
Forderung ist seines Erachtens nicht nur möglich, sondern auch
für das Staatsganze das denkbar Beste. Denn nur so werden alle
begabten Naturen völlig in den Dienst der Gesamtheit gestellt.

Das Staatswohl erfordert aber noch ganz andere Maßnahmen.
Wie das Privateigentum muß auch die Ehe vollständig aufgehoben und an ihrer Statt allgemeine Weiber- und Kindergemeinschaft im Wächterstande eingeführt werden: der Gesetzgeber, d. h. die Staatsregierung, wählt für die einzelnen Männer
ihnen möglichst gleichgeartete Frauen aus und gesellt sie zu
ihnen. Dann werden sie durch die völlige Lebensgemeinschaft
miteinander und durch den Zwang des Naturtriebes zur ge-
schlechtlichen Vereinigung gedrängt werden. Doch ist hierbei
eine regellose Paarung von seiten der Regierung auf das
strengste verpönt. Diese richtet vielmehr nach Möglichkeit
„heilige Hochzeiten" ein, die nach den Prinzipien der Rassenbiologie, wie wir sie bei unseren Haustieren zur Veredelung
der Zucht befolgen, geregelt werden: durch besondere Maßnahmen bei der Auslosung von seiten der Regierung, der hierbei auch Trug und Täuschung – zum Nutzen der Beherrschten –
gestattet ist, werden die geistig und leiblich tüchtigsten Männer
mit den tüchtigsten Frauen zur Paarung zusammengegeben, wie
andrerseits die minderwertigen mit den minderwertigen. Auch
soll Jünglingen, die sich im Kriege oder anderweitig besonders
hervortun, als Belohnung neben andern Auszeichnungen häufi-
gerer Verkehr mit entsprechend veranlagten Frauen gestattet
werden, damit auch unter solchem Vorwande möglichst viele
Kinder von tüchtigen Vätern erzeugt werden. Aber nur die
Kinder der Besten sollen aufgezogen werden, die der andern
nicht, „wenn anders die Herde möglichst vollkommen sein

soll". Damit aber dem Staat nur die denkbar besten Kinder
geboren werden und so die Bürger immer höherer Vervollkommnung zugeführt werden, dürfen Paarungen nur zwischen
solchen Männern und Frauen stattfinden, die in der Vollkraft
(ἀκμή) stehen, d. h. von Männern im Alter von 25 bis 55, von
Frauen von 20 bis 40 Jahren, aber auch diese Paarungen dürfen
nur mit Wissen und Wollen der Regierung erfolgen.

Die Kinder, die solchen „heiligen Hochzeiten" entstammen,
werden gleich nach der Geburt den Müttern genommen und,
sofern sie von tüchtigen Eltern erzeugt und wohl entwickelt zur
Welt gekommen sind, in einem besonderen Gehege von einer
eigenen Behörde, die sowohl aus Männern wie aus Frauen
besteht, aufgezogen, während die Kinder minderwertiger Eltern
und ebenso verkrüppelte Abkömmlinge der andern an einem
geheimen Ort beseitigt werden. Bei den als lebensfähig be-
fundenen aber ist auf das strengste darauf zu achten, daß weder
ihre Väter noch ihre Mütter sie kennen. Alle Kinder aber, die
der gleichen Generation angehören, nennen sich Brüder und
Schwestern, dagegen die Männer und Frauen, die ihnen eine
Generation an Jahren voraus sind, Väter und Mütter.

Was veranlaßt einen Denker wie Platon zu solch befremd-
lichen Forderungen? Wenn anders das größte Übel für einen
Staat ist, wenn er in „Klassen" oder Parteien zerspalten oder
zerrissen ist, so ist es für ihn der größte Segen, wenn er, so fest
wie möglich zusammengefügt, ein einheitliches Ganzes bildet.
Das festeste Band aber, das alle Bürger umschlingt, ist die
Gemeinschaft an Freude und Schmerz: wenn nämlich möglichst alle Bürger sich über dieselben Ereignisse freuen oder
betrüben, wenn sie möglichst alle wie ein einziger lebendiger
Organismus empfinden, der durch die Verletzung auch nur
eines seiner Glieder in seiner Gesamtheit in Mitleidenschaft
gezogen wird. Das aber kann nur dann erreicht werden, *wenn
die Entstehung irgendwelcher Sonderinteressen schon im Keime
erstickt wird.* Quelle von Sonderinteressen wie von jeder Art

Eigennutz der Bürger ist aber das Privateigentum einerseits, die Ehe und die aus ihr sich entwickelnde Familie andrerseits. Für Platons Forderung der „kommunistischen" Verfassung des Wächterstandes, dessen Mitglieder nichts als ihren Körper zu eigen besitzen, wie er selbst einmal sagt, ist der maßgebende Gesichtspunkt deutlich die Absicht, dadurch die möglichst absolute innere Einheit seines Staates zu erreichen, indem er durch Beseitigung aller Sonderinteressen (und durch entsprechende Erziehung der Bürger) das denkbar vollkommenste Gemeinschaftsgefühl unter ihnen zu begründen hofft.

Es kann hier weder eine erschöpfende Kritik dieses platonischen Kommunismus gegeben, der, wie schon Windelband richtig betont[1], mit dem modernen keinerlei innere Verwandtschaft hat – denn gemeinsam haben die Mitglieder des Wächterstandes eigentlich nur den *Verzicht* auf die Erdengüter –, noch seine Motive und historischen Wurzeln vollständig bloßgelegt werden; einige Andeutungen müssen hier genügen. Wir wissen, daß schon vor Platon in gewissen sophistischen Kreisen Athens Kommunismus und Weibergemeinschaft theoretisch gefordert waren – man vergleiche nur Aristophanes' Ekklesiazusen –, aber diese Forderungen aus dem innersten Staatswohl zu begründen, ist niemandem vor Platon eingefallen, und allein dieser Gesichtspunkt hat ihn bewogen, diese Forderungen aufzunehmen und allen Ernstes zu vertreten. Indirekt hat dabei sehr wesentlich Platons Verkennung der Bedeutung der individuellen Unterschiede der Menschen mitgewirkt, insbesondere aber die ihres unausrottbaren Egoismus und – hinsichtlich der Frauen- und Kindergemeinschaft – Platons völlige Verkennung der seelischen Eigenart der Frau und ihres sich hieraus ergebenden besonderen Wertes und ihrer besonderen Bestimmung; daher auch seine Verkennung der geistigen und sittlichen Bedeutung der Ehe und damit der Frau als Gattin wie insbesondere als Mutter – Verkennungen, die letzten Endes ihre

[1] Platon 4 S. 164.

Ursache in Platons persönlicher Beziehungslosigkeit zum weiblichen Geschlecht haben. Aber auch historisch gegebene Faktoren des staatlichen Lebens haben auf Platons Staatstheorie
positiv bestimmend eingewirkt: auf der einen Seite gewisse
Züge des spartanischen Kriegerstaates und der in ihm herrschenden Lebensführung, auf der andern Platons tiefe Abnei-
gung gegen das Kultur- und Staatsideal, wie es Perikles in
seiner Leitung Athens zu verwirklichen gesucht und Thukydides
in der ewig denkwürdigen „Leichenrede" in seinem innersten
Wesen charakterisiert hat. Denn Platons Sozialismus, der freilich ganz andere Motive und Ziele als der moderne hat, bedeutet zugleich eine tiefgreifende Reaktion gegen Perikles'
Individualismus, wie noch jüngst Max Pohlenz überzeugend
dargelegt hat. Daß aber wirklich der platonische „Kommunismus" von dem der Gegenwart fundamental verschieden ist,
braucht nach dem oben Ausgeführten nur angedeutet zu werden: der moderne Kommunismus ist durchaus materialistisch
begründet, rein wirtschaftlich und sozialpolitisch orientiert; der
Platons dagegen ist aus der radikalen Konsequenz einer rein
sittlichen Idee geboren, in Wahrheit eine Ausgeburt seines
freilich sehr „weltfremden" Idealismus, dem wirtschaftliche und
sozialpolitische Motive dabei sehr fern liegen, wie schon seine
Beschränkung auf den herrschenden Stand zeigt, während er
dem dritten weitaus zahlreichsten Stand sowohl Privateigentum
wie Ehe und Familie ruhig beläßt. Und die Weibergemeinschaft
des modernen Bolschewismus hat ihre Motive durchaus in der
sinnlichen Begierde des Mannes, die des platonischen Staats
dagegen – soweit man hier überhaupt von Weibergemeinschaft
sprechen darf! – ist aus dem Gesichtspunkt der möglichst vollkommenen Veredelung der „Wächter" und aus der Absicht der
Verhinderung des Aufkommens von Sonderinteressen diktiert.
Die Ähnlichkeit zwischen modernen und platonischem Kommunismus ist daher nur äußerlich; dem Geist nach sind beide
durch Welten getrennt.

Aus dem Stande der Wächter gehen die *Philosophen-Regenten*, die eigentlichen Herrscher des Staates hervor. Ihre Macht ist unumschränkt und allein dem Wohl des Ganzen dienstbar. Sie allein haben die Verantwortung für Wohl und Wehe der Gesamtheit. Auslese und Ausbildung der Regenten ist daher von höchster Bedeutung. Wer sich zur Regierung eignen soll, der muß die Eigenschaften, die von dem rechten Wächter erfordert werden, in höchstem Maße besitzen: die des echten Kriegers und die des echten Philosophen. Er muß körperlich kräftig und gewandt, vor allem aber tapfer sein, andrerseits muß er ruhige Gelassenheit (πρᾳότης) und stärksten Erkenntnistrieb in sich vereinen. Denn nur dieser kann ihn in langer Schulung zur Erkenntnis des ewig Seienden führen, nach dessen Urbildern er im Bunde mit anderen gleichgerichteten und gleichgebildeten Denkern den Staat dereinst lenken muß. Die Regenten selbst sind ältere Männer, die über dem Wohl des Staates eifersüchtig wachen. Sie sind von tiefster Liebe zum Ganzen erfüllt; wissen sie doch, daß ihr eigenes wie das Wohl jedes Einzelnen mit dem Wohl des Staates unlöslich verbunden ist. Die Regenten sind auf Grund eines langen, sorgfältigen Ausleseverfahrens und systematischer Schulung aus den Wächtern hervorgegangen. Schon die Knaben und Jünglinge werden planmäßig vielerlei Versuchungen – der Furcht so gut wie der Lust – unterworfen, damit die ausgesondert werden, die sie gut bestehen und der ihnen durch die Erziehung gegebenen Grundrichtung treu bleiben. Nachdem die Jünglinge und Mädchen neben der musischen Bildung vor allem in täglicher Gymnastik erzogen sind, findet unter ihnen nach ihrem zwanzigsten Jahr eine Auslese derjenigen statt, die für *wissenschaftliche* Ausbildung besonders geeignet erscheinen: diese erhalten eine gründliche Vorbildung durch die mathematischen Wissenschaften (Arithmetik, Geometrie, Stereometrie, Astronomie, Harmonik), weil diese sie, gewissermaßen propädeutisch, von der Welt des Werdens zur Erkenntnis des Seienden hinzuführen

besonders geeignet sind, wie denn die Arithmetik uns lehrt,
nicht die gezählten Gegenstände, sondern die Zahlen *an sich*
zu erfassen. Nach vollendetem dreißigstem Jahr erfolgt aber-
mals eine Auslese, von solchen, die sich für das Studium der
Dialektik, als der Wissenschaft vom wahrhaft Seienden, besonders eignen. Diese Ausbildung dauert fünf Jahre. Danach treten
diese Männer und Frauen auf fünfzehn Jahre in den unmittelbaren Staatsdienst zurück, sei es als Führer im Kriege oder zur
Verwaltung bestimmter Staatsämter und, wenn sie sich während
dieser Zeit in jeder Hinsicht bewährt, alle ihnen auferlegten
Proben mit Ehren bestanden haben, dann soll man sie – nach
vollendetem fünfzigsten Jahre – an das Ziel aller Erkenntnis
leiten: zur Erfassung der Idee des Guten. Haben sie diese erschaut, dann sollen sie für den Rest ihres Lebens der Ordnung
des Staates und ihrer eigenen Seele leben, meistenteils der
Philosophie gewidmet, aber, wenn der Ruf an sie kommt –
trotz ihrer Liebe zur Welt des ewig Seienden, der sie sich am
liebsten für immer ganz hingeben würden –, die Beschwerden
und Mühen der Staatsverwaltung auf sich nehmen, indem sie
selbst die Verantwortung der Regierung übernehmen um des
Staates willen, dessen Wohl auch für den Philosophen – und
gerade für ihn vor allen andern Bürgern – oberstes Gesetz ist.
Denn nicht die Glückseligkeit eines einzelnen Standes, also auch
nicht die des Wächter- oder des Regentenstandes, sondern das
Heil des Ganzen ist das Ziel des Staates. Wer berufen ist, über
dessen Wohl zu wachen, muß vor allem verhüten, daß in den
Staat Reichtum oder Armut eindringen, die die Einheitlichkeit
des Ganzen auf das schwerste gefährden würden. Aus dem
gleichen Grunde muß er verhindern, daß der Staat, d. h. die
Zahl seiner Bürger, zu groß wird. Eine andere wichtige Pflicht
der Regenten ist ihre Regelung des sozialen Auf- und Abstiegs.
Auf Grund ihrer Prüfung der Begabung der einzelnen Knaben
und Mädchen der drei Stände sind sie nicht nur berechtigt,
sondern auch verpflichtet, Kinder des einen Standes in den

andern zu versetzen, allein unter dem Gesichtspunkt, für
welchen Stand sich die Veranlagung des betreffenden Kindes
am meisten eignet. Aber die wichtigste Aufgabe der Herrschenden ist doch die Aufsicht über die gesamte Erziehung und
Bildung des heranwachsenden Geschlechts. Wird diese in der
rechten Weise und in dem rechten Sinne den künftigen Bürgern
zuteil, folgt alles andere von selbst. Daher sind alle Neuerungen
in der gymnastischen und der musischen Bildung (auch in der
eigentlichen Musik) zu unterdrücken, denn Neuerungen im
Bildungswesen gefährden die Grundlagen des Staates. Schon der
Erziehung des frühen Kindesalters ist besondere Sorgfalt zu
widmen, damit gesetzlicher Sinn und guter Anstand schon der
Jugend zur zweiten Natur werden. Neben der Leitung der gesamten Erziehung und Bildung der künftigen Bürger ist eine der
wichtigsten Aufgaben der Regenten die rechte Auslese, wie wir
sie vorhin gekennzeichnet haben. Oberstes Ziel aber aller
Tätigkeit des Regenten bleibt die Gesunderhaltung und immer
weitere Vervollkommnung des Staatsganzen in all seinen Gliedern. Für jene ist die Grundlage die Erhaltung der inneren
Einheitlichkeit des Staates, die auf dem Gemeinschaftsgefühl
aller seiner Bürger beruht – um sie zu erreichen, dürfen die
Regenten auch vor gelegentlichen Täuschungen der Bürger
(Lügen zu einem höheren Zweck) nicht zurückschrecken –, für
diese sorgt neben der Erziehung die Auslese, so daß durch das
Zusammenwirken dieser beiden Faktoren der Staat immer
vollkommenere Individuen als seine Bürger erhält.

    Dieser Staat, der die Gerechtigkeit verkörpert, ist zugleich der
glücklichste. Daß er – unter gewissen Bedingungen – möglich
ist, daran glaubt Platon, und daß er der denkbar beste ist,
davon ist er fest überzeugt. Ein gewaltiger Idealismus trägt
diesen Gedankenbau Platons: der felsenfeste Glaube an die
Macht der Ideen, an die Lehrbarkeit der Tugend, denn auf
dieser ruht sein ganzes Erziehungs- und Bildungssystem, und
an die eingeborene Güte der Menschennatur.

Dieser Staat ist seinem Wesen nach durchaus konservativ,
denn nirgends finden wir in ihm das Prinzip der Entwicklung
oder des Fortschrittes in Kunst und Wissenschaft, denn er ist ja
denkbar vollkommen. Diese Anschauung Platons von der Möglichkeit eines für alle Zeiten stabilen Gemeinwesens hat, wie
v. Wilamowitz gesehen hat, ihren Ursprung in der Empirie: in
dem Eindruck, den der ägyptische Staat mit seiner uralten,
durch die Jahrtausende beharrenden Kultur auf Platon während
seines dortigen Aufenthaltes gemacht hat. Der platonische Staat
ist aber trotz seiner drei Stände durchaus kein Klassenstaat,
denn so scharf auch das Leben und die Aufgaben der drei
Stände voneinander geschieden sind, so findet doch, wie wir
sahen, unablässig ein Aufstieg der Begabten und ein Abstieg der
Unbegabten statt, der von den Philosophen-Regenten geregelt
wird. Und trotz der kommunistischen Verfassung des Wächterstandes und sonstiger sozialistischer Bestimmungen ist dieser
Staat durchaus eine *Aristokratie,* eine Herrschaft der Besten,
d. h. der Philosophen-Regenten, die an wissenschaftlicher Einsicht und damit an sittlicher Tüchtigkeit die Auslese der Aus-
lesen aus der gesamten Bevölkerung sind.

Und doch liegen die Grundgebrechen dieses „besten Staats"
auf der Hand: vor allem verkennt Platon vollständig, daß die
Grundlage des Staates, d. h. jedes lebensfähigen Staates, die
Macht ist, durch die er sich nach außen hin behauptet, und daß
dieser daher noch ganz andere Aufgaben hat als die sittlich-
religiöse Erziehung des einzelnen Bürgers. Auch die Bedeutung
des wirtschaftlichen Moments wird, wenn auch gelegentlich
ernsthaft beachtet, doch stark unterschätzt. Und das nationale
Moment fehlt als bestimmendes Motiv in diesem Staate völlig,
mag er auch im Grunde ein durchaus hellenisches Gepräge
tragen, wie schon sein Programm der musischen und gymnastischen Erziehung und der Herrschaft der in der höchsten
Wissenschaft Fortgeschrittensten wie auch die stark intellektualistische Auffassung der Tugend seiner Bürger zeigt. Vor

allem aber vergewaltigt dieser kommunistisch organisierte Staat das Individuum in seinen innersten seelischen und geistigen Bedürfnissen in einer unerhörten Weise: die Aufhebung des Privateigentums und vor allem die der Ehe und Familie sind und bleiben ungeheuerliche Verirrungen des Idealisten Platon, deren psychologische und historische Erklärung oben schon angedeutet ist. Der platonische Staat verrät aber auch eine schwere Verkennung der wirklichen Menschennatur: er rechnet überhaupt nicht mit dem Egoismus, dem „Mehr haben Wollen", aristotelisch zu reden, der einzelnen Individuen.

Dies aber ist die differentia specifica des platonischen Staatsideals von allen andern: alle andern Staatstheorien (oder historischen Staaten) griechischer Denker – auch die der ersten „Sozialisten" Phaleas von Chalkedon und Hippodamos von Milet waren von rein politischen oder von rein sozialen Gesichtspunkten aus entworfen. Der Staat Platons dagegen ist *durchaus ethisch orientiert* – er will die Idee der Gerechtigkeit verwirklichen, indem jeder seiner drei Stände die ihm eigene Tugend und Aufgabe verwirklicht – und er ist *metaphysisch verankert:* die Welt der ewig unveränderten Wesenheiten und ihre, wie allen Seins und Erkennens, Zentralsonne, die Idee des Guten, die seine Lenker, die Philosophen-Regenten, geschaut haben – *die „Ideen" sind das maßgebende Vorbild* (παράδειγμα), nach dem die Regierenden über Gesetze und Bestrebungen, überhaupt über alle äußeren und inneren Vorgänge im Staat, zumal auf geistig-sittlichem Gebiet, ständig wachen; so ist der Staat, diese aus sterblichen Individuen mit unsterblicher Seele gebildete Gemeinschaft, in seinem Aufbau wie in seiner alles beherrschenden Grundidee, ein Abbild des Ewigen, das nur die durch die mathematischen Wissenschaften und durch die Dialektik geschulten Philosophen zu schauen vermögen. Daher sind sie allein seine Lenker, weil sie allein das Urbild des Ewigen in dieser Welt nachzubilden vermögen. In diesen beiden Momenten liegt der spezifische Unterschied

der „Platonischen Politeia" von allen andern Gebilden der
Staatsphilosophie bis auf den heutigen Tag. Und eben auf
diesen beiden beruht ihre ewige Bedeutung.

Platon hat auch nach Vollendung seines Hauptwerkes nicht
aufgehört, über Wesen und Aufgabe des Staates nachzudenken.
Zwei Werke sind die Ergebnisse dieser Denkarbeit, der Dialog
vom Staatsmann (Politikos) und die Gesetze. Diese Werke seines Alters zeigen von dem Gedankenbau der Politeia charakteristische Unterschiede: die kühle Aufnahme der Politeia im
Publikum, vor allem aber die erschütternden Erfahrungen der
zweiten und dritten sizilischen Reise haben den hohen Geistes-
flug des Idealisten merklich herabgestimmt. Das zeigt schon der
Dialog vom Staatsmann, wo auf das Zentraldogma der platonischen Philosophie, die Ideenlehre, nur gelegentlich und auch
dann nur andeutungsweise Bezug genommen wird. Und von
dem Aufbau des Staates oder gar dem kommunistischen Ideal
ist mit keinem Wort die Rede; Platon beschränkt sich hier
darauf, das Wesen des wahren Staatsmannes zu bestimmen.
Aber die entscheidenden Grundgedanken seiner politischen Anschauungen hält er auch hier fest. Ein wirklicher Staatsmann ist
nur derjenige, der das wahrhafte Wissen – von dem wahrhaft
Schönen, Guten, Gerechten usw. und seinem Gegenteil – besitzt
(der Dialektiker also, der die Ideen mit seinem Geist erfaßt
hat). Ein solches Wissen ist aber, wie jede wahre Wissenschaft
und Kunst, der „Masse" (dem πλῆθος) durchaus unerreichbar.
Diese kann daher immer nur geführt werden, nicht führen.
Hier zeigt sich erneut der aristokratische Charakter von Platons
sozialpolitischem Denken. Auch die Versittlichung des Staats-
begriffs ist im Politikos durchaus dieselbe wie in der Politeia
und schon im Gorgias. Es steht für Platon auch fest, daß der
wahre Staatsmann ohne geschriebene Gesetze herrschen darf,
da er ja auch ohne diese stets nach der Richtschnur der Vernunft und Gerechtigkeit handeln wird[1]. Aber – und das ist das

---

[1] Ebenso denkt noch der Platon der Gesetze (IX 875 C).

Charakteristische für den Platon der Altersdialoge – Platon
rechnet jetzt mit der Möglichkeit, daß dieser wahre Staatsmann
nie in der Wirklichkeit erscheinen wird (wie er denn einmal
sagt, daß nur die Gottheit in ihrer Menschenliebe den Idealstaat verwirklichen könnte)[1]. Daraus ergibt sich für ihn, der
jetzt mehr auf das reale Leben Rücksicht nimmt, angesichts der
menschlichen Schwäche und Unvollkommenheit die Notwendigkeit, eine schriftlich fixierte Gesetzgebung als unerläßlich anzuerkennen – für alle andern Staaten als den „besten" nämlich –,
wenngleich er schwere grundsätzliche Bedenken gegen jede
schriftlich festgelegte Gesetzgebung hegt. Die Aufgabe des
wahren Staatsmanns aber vergleicht er mit der eines Weber-
meisters, der bei seiner Arbeit sowohl eine sondernde wie eine
verflechtende Tätigkeit ausübt: die zur „Tugend" durch ihre
Charakteranlage unbefähigten Naturen scheidet er (durch Hinrichtung, Verbannung, Atimie) aus dem Gemeinwesen aus. Hier
scheint bei Platon die Sicherungstheorie gegenüber der Abschreckungstheorie durchzudringen. Seine verflechtende Tätigkeit aber bezieht sich auf die beiden gegensätzlichen Charakter-
elemente des Menschen, das „Zahme" und das „Wilde". Die
wahre Staatskunst (die mit der Dialektik identisch ist, d. h. ihre
praktische Seite bedeutet) mildert oder stärkt diese beiden
Hauptcharakterarten durch ihre Belehrung über das wahrhaft
Schöne, Gute und Gerechte und bringt die widerstrebenden
Teile der Seele des einzelnen in Harmonie miteinander; in
sozialer Hinsicht aber wirkt sie dadurch ausgleichend zwischen
dem „Sittsamen" und dem „Mannhaften", daß sie in den
beruflichen Vereinigungen der Staatsbeamten beide Charakter-
arten zu einträchtiger Zusammenarbeit erzieht – wie ja auch
hier die eigentliche Aufgabe des Staatsmanns *die sittliche Erziehung* der Individuen ist – und andrerseits (auch hier werden
Gedanken der Politeia verwendet) durch eugenische Ehestiftun-
gen, die zwecks Erzielung einer innerlich harmonisch ausge-

[1] Gesetze IX 713 D.

glichenen Nachkommenschaft die starken Naturen mit den
milden paaren. So zeigt sich schon im Politikos eine merkliche
Anpassung des platonischen Denkens an des Lebens Wirklich-
keiten, aber die entscheidenden Grundzüge seines Standpunktes
sind doch dieselben geblieben.

Wie sehr aber das Denken Platons, trotz aller Enttäuschungen
und bitteren Erfahrungen, bis an sein Ende dem Neubau der
menschlichen Gesellschaft zugewandt bleibt, das zeigt der Torso
des gewaltigen Werkes, das erst nach seinem Tode sein Schüler
Philippos von Opus herausgegeben hat, der *Gesetze*. Dies Werk
verleugnet zwar nirgends seinen posthumen Charakter, ist aber
doch ein wahrhaft imposantes Dokument des großen Denkers,
der in ihm noch an vielen Stellen seine völlig ungeschwächte
Geisteskraft offenbart, zumal auf psychologischem und soziolo-
gischem Gebiet. Es birgt aber auch einen ungeheuren Reichtum
historischer, uns vielfach sonst gar nicht bekannter Tatsachen,
insbesondere auf juristischem Gebiet, z. B. dem des Strafrechts[1],
des Zivil-, Handels- und Erbrechts, aber auch dem des Fami-
lien-, Waisen- und Sklavenrechts.

Noch wichtiger aber ist folgendes: daß wir hier in dem alten
Platon vielfach einen *ganz anderen* Platon kennen lernen als in
all seinen früheren Werken. Hier kommen vielfach, dank des
geistigen Erbstroms ungezählter Generationen vor ihm, der
selbst auf einen Genius wie Platon hier stärker zur Geltung
kommt als jemals zuvor, Mächte irrationaler Natur zur Erscheinung, die sich oft stärker erweisen als alle abstrakten Theorien,

---

[1] Platon ist, unter Ablehnung der Vergeltungstheorie, Anhänger der
Abschreckungstheorie, vor allem aber der *Besserungstheorie,* er fordert sogar
Besserungsanstalten (σωφρονιστήρια. 908 A ff.). Doch erkennt er an, daß es
neben „heilbaren" (Ιάσιμοι) auch *„unheilbare"* Elemente der Gesellschaft
gibt, d. h. ἀνίατοι,, für die das einzig Richtige die Todesstrafe ist (862 E).
Vor allem aber fordert er die Todesstrafe für jedes Unternehmen von gewalt-
samem Umsturz des Staates. Denn das ist das schwerste Kapitalverbrechen,
das es überhaupt gibt (856 B ff.).
Besondere Beachtung verdient auch, daß Platon hier die *Notwehr* nicht nur
zuläßt, sondern nachdrücklich fordert (880 A ff.).

ja, oft sogar stärker als seine wissenschaftlichen Erkenntnisse.
So in religiösen, sittlichen und sozialen Anschauungen, aber
auch in der Geltung vieler uralter Sitten und Bräuche, die aus
vorgeschichtlichen Zeitaltern ganz anderer Denk- und Gefühls-
art stammen.

Es darf aber hierbei nicht übersehen werden, daß auf Platon
neben diesen quasi atavistischen Faktoren, nicht nur in den
Gesetzen und im Timaios (insbes. 40 D E), sondern auch schon
in manchen viel früheren Dialogen, vor allem *orphische* Anschauungen und Lehren in mancher Hinsicht (so insbes. betr.
Einwirkung und Macht der Gottheit wie andererseits über die
Natur, Herkunft und Schicksale der menschlichen Seele) so
stark eingewirkt haben, daß er orphischen Ursätzen und Grundanschauungen ebenso bündige Beweiskraft zuerkennt wie rein
wissenschaftlichen, ausschließlich auf Grund der *Vernunft* ge-
wonnenen Beweisen[1]. Daher hat Pfister, dem wir den
methodischen Beweis dieser Tatsache im einzelnen verdanken,
durchaus recht, wenn er (S. 178 a. a. O.) sagt: *„So wurde der
religiösen Glaubensgewißheit als einem mitbestimmenden Faktor Einlaß in das Gebiet der Wissenschaften gewährt."* Eine
historisch gesehen (im Hinblick auf das christliche Mittelalter
und die ihm folgenden Jahrhunderte) geradezu unheimliche
Tatsache.

Sicher aber ist, daß dies Werk den Stempel des platonischen
Geistes an der Stirn trägt, freilich den des greisen Platon,
dessen Glaube an die menschliche Natur stark erschüttert und
dessen Seele schwer verdüstert ist. Ob je der wahre Staatsmann
als Erretter kommen wird, ist ihm jetzt mehr als zweifelhaft
geworden; hat er doch nun die Macht der Ichsucht (des
πλεονεκτεῖν) selbst bei dem begabtesten Menschen klar erkannt[2]. Daher will er auch nicht mehr die absolute Macht in
die Hand eines einzigen oder weniger Auserwählter legen,

---

[1] Vgl. vor allem Phaidon 70 CD und 72 A von dem ἱκανὸν τεκμήριον.
[2] IX 875 B C.

sondern die Regierungsgewalt durch eine umfassende Gesetzgebung einschränken und richtunggebend bestimmen. *Der
zweitbeste Staat ist der Gesetzesstaat.* Sein Gründer trägt dem
Charakter und den Einrichtungen der wirklichen Staaten der
griechischen Welt und der Bedeutung der historischen Kontinuität in weit höherem Maß Rechnung als einst im Idealstaat.
Aber doch hat er mit diesem eine Reihe gemeinsamer Grundzüge, vor allem den ethischen Endzweck. Daher ist auch hier
die sittliche Erziehung die wichtigste Aufgabe des Staates, zumal jetzt Platon begriffen hat, daß ein solcher Staat nur ganz
allmählich und nur nach durchgreifender sittlicher Umwandlung
der Menschen Wirklichkeit werden kann. Daher auch hier, auf
der Grundlage des allgemeinen Schulzwangs, ein bis ins einzelne ausgearbeitetes Erziehungs- und Bildungssystem, dessen
erstes Stadium staatliche Kindergärten für die Kleinen vom
dritten bis sechsten Lebensjahre sind, und auch hier erhält das
weibliche Geschlecht grundsätzlich die gleiche Erziehung und
Bildung wie das männliche. Und auch dieser Staat ruht auf der
Grundlage des strengsten Sozialismus, ja, selbst der Kommunismus wird als Ideal mit feierlichen Worten aufrecht erhalten[1].
„Es heißt ja, daß in Wahrheit den Freunden alles gemeinsam
gehört. Ob das nun schon jetzt irgendwo Wirklichkeit wird
oder erst in ferner Zukunft, daß Weiber und Kinder allen
zusammen gehören und alles Geld Gemeinbesitz wird und mit
allen Mitteln der Eigenbesitz aus der Menschheit vollkommen
ausgerottet ist und es, soweit nur immer möglich, erreicht ist,
daß auch das von Natur dem einzelnen Eigene (d. h. das ihm
Angeborene) auf irgendeine Weise Gemeinbesitz geworden ist,
daß Augen, Ohren und Hände gemeinsam sehen, hören und
handeln und daß alle Menschen dasselbe loben und tadeln und
über dieselben Dinge Freude und Leid empfinden und die Gesetze, soweit nur menschenmöglich, einen durch und durch einheitlichen Staat zuwege bringen – diese Fülle von Vollkommen-

[1] V 739 C-E.

heit wird niemand auf der Welt übertreffen oder verbessern
können." Und doch hat Platon dies Staatsideal jetzt als zu hoch
für die menschliche Natur – denn dieser Kommunismus bedeutet ja einen ungeheuren Verzicht des einzelnen auf seine
persönlichen seelischen Bedürfnisse – für die *Praxis* aufgegeben[1].
Auch die staatliche „Zensur" aller geistigen Erzeugnisse hat
dasselbe Motiv wie in der Politeia, und wenn schon der Geist
des Idealstaats konservativ ist, so ist der des „zweitbesten"
Staates ultrakonservativ; auf das Vorbild des ägyptischen
Staatswesens, dessen religiös-sittliche Grundlagen und Einrichtungen durch die Jahrtausende dieselben bleiben, wird hier
ausdrücklich hingewiesen. Denn dieser Staat ist nach Platons
Überzeugung in seinem gesamtem inneren und äußeren Gefüge
durchaus stationär. Denn er ist dank seiner Vollkommenheit
überhaupt keiner weiteren Entwicklung fähig. Ja, um jede
Neuerung, in staatlicher, religiöser, wissenschaftlicher, künstlerischer und sittlicher Hinsicht, schon in den Anfängen zu unterdrücken, wird auch der gesamte Reise- und Fremdenverkehr
nicht nur nach Möglichkeit eingeschränkt, sondern schärfster
staatlicher Kontrolle unterworfen. Dieser zweitbeste Staat ist in
gewissem Sinne – was das Eingreifen der Staatsgewalt in das
Leben des einzelnen betrifft – eine unheimliche Steigerung des
Idealstaats: wie er das gesamte wirtschaftliche Leben durch
Gesetze und Beamte auf das genauste regulieren will, um insbesondere jeden Kapitalismus schon im Keime zu ersticken, so
wird auch das Privatleben des einzelnen Bürgers allseitiger
ständiger Kontrolle unterworfen. Dieser Gesetzgeber will tatsächlich alles und jedes regulieren, selbst die Kindererzeugung!
Wie weit Platon gerade in dieser Hinsicht geht, weil ihm die
Sache von ungeheurer Bedeutung für das Gedeihen und die
sichere Dauer seines Staates ist, das kann hier freilich nur
angedeutet werden[2]. Hier fordert Platon nichts Geringeres als

[1] V 740 A.
[2] Auf Grund von VI 782 A-785 B. Hierzu vgl. Pöhlmann II 245 ff.

eine ständige staatliche Regelung, Beaufsichtigung und Lenkung
des Geschlechtsverkehrs der jungen Eheleute. Ist er doch fest
davon überzeugt, daß man diese nach und nach an eine solche
Beaufsichtigung und Lenkung in der Ausübung ihrer ehelichen
Pflichten durch den Staat und seine Beamtinnen – älteren
Frauen, die täglich im Heiligtum der Eleithyia, der Göttin der
Geburtswehen, zwecks Austauschs ihrer beruflichen Erfahrungen
zusammenkommen – gewöhnen könnte. Diese Fürsorgerinnen
besuchen regelmäßig die jungen Ehepaare in ihrer Wohnung
und wirken auf sie durch Belehrung, Warnung und, wenn
nötig, durch Drohungen ein, an nichts als an die Erzeugung und
Aufzucht gesunder Kinder zu denken. Wo sie aber auf Wider-
stände stoßen, erstatten sie Anzeige bei den Gesetzeswächtern,
die dann das Weitere mit verschärfter Strenge veranlassen.

Alle diese Maßnahmen, die ein ganzes „System" verkörpern,
dienen im Sinne des Gesetzgebers, d. h. Platons, einer planmäßigen Rassenzucht wie bei unseren Haustieren. Meint er
doch: wie Pflanzen und Tiere durch Versetzung in andere
Zonen allmählich ihren Charakter völlig verändern, so werden
sich auch beim Menschen im Lauf der Zeit die Begierden, Lüste
und Verlangen, gerade auch sexueller Art, im Sinn einer
rationalen, vom Staat organisierten und systematisch dirigierten
Rassenbiologie völlig umwandeln lassen.

Die Bevormundung und ständige Überwachung aller Bürger
durch die Staatsbehörden wie durch einander – es besteht sogar
Denunziationspflicht! – erstreckt sich nahezu auf jede Stunde
ihres Lebens. Denn „nach Möglichkeit soll nichts unbeaufsich-
tigt sein"[1]. So wird in Wahrheit jedes individuelle Leben er-
drückt, das Individuum in der ungeheuerlichsten Weise vergewaltigt. Dieser zweitbeste Staat ist eine unerträgliche Zwangs-
anstalt, der Tod jeder, aber auch jeder persönlichen Freiheit, ein
Polizei- und Zuchthausstaat konsequentesten Systems, wie insbesondere Pöhlmann in seiner scharfen, aber gerechten Kritik

[1] VI 760 A.

desselben gezeigt hat (II 288 ff.). Und doch glaubt sein Gründer, durch die allen in gleicher Weise – denn Untaugliche werden ausgeschieden – eingepflanzte Tugend alle in gleicher Weise „glückselig" machen zu können!

Der Geist des Gesetzesstaats ist überhaupt – trotz alles Gemeinsamen – doch ein wesentlich anderer als der des Idealstaats. Vor allem fehlt die metaphysische Verankerung in der Ideenlehre und damit zugleich der Stand der Philosophen-Regenten: weil für den Unterbau, der für das Studium der Dialektik unentbehrlich ist, d. h. für einen „höheren" Unterricht in diesem Staat kein Raum ist (v. Wilamowitz I 677). So tritt denn auch im staatlichen Unterrichtsplan an die Stelle der Dialektik die Lektüre der Schriften des Gesetzgebers! Und wenn auch der Gründer dieses Staates durch eine kompliziert organisierte Beamtenhierarchie, deren Kopf der „nächtliche Rat" ist, gerade wegen seiner Zugeständnisse an das demokratische Prinzip, eine „Aristokratie der Intelligenz und der Tugend" zu schaffen sucht, so hat diese mit der Herrschaft der Philosophen doch nur eine sehr entfernte Ähnlichkeit. Am schärfsten aber offenbart sich der verschiedene Geist des Idealstaats und des Gesetzesstaats durch die Tatsache, daß in letzterem an Stelle der höchsten Wissenschaft als Leiterin des gesamten Lebens die *Religion* getreten ist, die dieser Staat zu einer seiner Hauptinstitutionen gemacht hat, so daß er gegen alle Andersgläubigen – gegen den ernsten Denker ebenso wie gegen die frivolen Spötter – die stärkste Intoleranz übt, die selbst vor Zuchthaus und – im Fall dauernder Verstocktheit – vor der Todesstrafe gegen solche Ketzer nicht zurückschreckt. Der Geist des „Gesetzesstaates" erscheint hier so unhellenisch wie möglich, aber auch so unsokratisch wie möglich, als ein Abfall Platons von sich selbst, von den Idealen seiner Jugend und seiner höchsten Reifezeit.

Aufgegeben ist für die Praxis, wenn auch nicht in der Theorie, auch der Kommunismus und die völlige Gleichstellung

der Frau im öffentlichen Leben. Das Grundeigentum hat freilich
der Bürger nur in einer Art Erbpacht von seiten des Staats, aber
Ehe und Familie sind in vollem Umfang wiederhergestellt.

4. Naturphilosophie und Naturwissenschaft

Platons Denken ist von Hause aus den Erscheinungen der
sichtbaren Welt abgewandt. Denn diese ist das Reich des Werdens und Vergehens, von dem es kein Wissen, sondern nur ein
„Meinen" geben kann. Und den Mathematiker und Dialektiker,
den Psychologen und den Ethiker interessiert das Naturgeschehen kaum. Aber die Lehrbedürfnisse der Akademie haben ihn
noch in seinem Alter bewogen, diesem Gebiet sein Denken zu
widmen, das gerade hierfür auf seinen Reisen nach dem griechischen Westen reichlich Stoff und Anregung empfangen hatte.
Den literarischen Niederschlag dieser Spekulation bildet einer
seiner spätesten und merkwürdigsten Dialoge, der *Timaios,* der
freilich, wie von seinem Verfasser wiederholt nachdrücklich
betont wird, über all diese Dinge nur mehr oder weniger
„Wahrscheinliches" (εἰκότα) bieten kann und will, so daß es im
einzelnen manchmal schwer ist zu entscheiden, ob wir ein
Spiel der wissenschaftlichen Phantasie oder eine ernsthafte
wissenschaftliche Überzeugung vor uns haben. Für den Charakter seines Gedankeninhalts ist der tiefgehende Einfluß pytha-
goreischer Spekulation und andrerseits die bedeutsame Berücksichtigung und teilweise Umgestaltung demokritischer Lehren
wichtig. Erschaffung der Welt und der Weltseele, der Einzel-
seelen und des Menschen, Entstehung, Kampf und Wandel und
die hiermit verbundene Ortsveränderung der vier sog. „Elemente" (die Platon als solche nicht anerkennt, da von ihnen
wenigstens drei in stetem Wandel ineinander begriffen sind), im
Zusammenhang hiermit der Grundriß einer mathematisch-
physikalischen, aber durchaus spekulativen Chemie, Mineralo-

gie und Meteorologie, im Zusammenhang mit der Anthropologie eine eingehende Sinnesphysiologie, mit der auch eine von
Empedokles stark beeinflußte Farbentheorie verbunden ist, wie
auch eine ausführliche Ätiologie der wichtigsten Krankheiten,
wobei besonders Lehren der sizilischen Ärzteschule (Philistion)
benutzt werden – das sind die Hauptstücke des Timaios, in
dem sich Ergebnisse der früheren und gleichzeitigen Natur-
wissenschaft mit den Grundgedanken platonischer Metaphysik
und „Theologie", Kausalerklärung und teleologische Deutung
in oft wunderlicher Weise verbinden.

Das philosophisch Wesentliche aber, das hier freilich nur kurz
skizziert werden kann, ist – wenn man von der mythischen
Einkleidung absieht, der zufolge von einer Erschaffung der Welt
in der Zeit und von einem Weltschöpfer (dem Demiurgen) und
von gewordenen Göttern die Rede ist – etwa folgendes: Platons
Grunddogma, die Zweiweltenlehre, ist auch hier die Voraussetzung, gewissermaßen der Untergrund des Ganzen. Denn eben
auf diesem fußt er, um nun die empirische Welt zu begreifen.
Und jetzt ist ihm das Verhältnis der sinnlichen Erscheinungen
zu den Ideen völlig klar geworden: diese sind die ewigen Urbilder alles Gewordenen und Werdenden. Auch hier sind die
Ideen die eigentlichen, die Zweckursachen, wie denn diese Welt
im tiefsten Grunde das Werk der Vernunft und Güte der obersten Ursache, der Idee des Guten, ist. Platons Naturphilosophie
ist, dem Grundcharakter seines ganzen Denkens entsprechend,
daher durchaus teleologisch. Ist doch diese Welt das schönste,
vollkommenste Werk der ewigen Vernunft. Vernunft aber kann
nur in einer lebendigen Seele wohnen. Daher muß diese Welt
selbst beseelt sein; ja, sie ist selbst ein seliger Gott. Und – dies
richtet sich gegen den Atomismus – sie ist die einzige Welt, die
es gibt, da sie alles Beseelte umfaßt.

Infolge der eigentümlichen „Mischung" der Weltseele aus
der Wesenheit des „Selbigen" und des „Andern" wirkt sich
diese in zweierlei Bewegungen im Kosmos aus – gemeint ist die

(scheinbare) tägliche Umdrehung des Himmelsgewölbes und
die Bewegungen der sieben Planeten um unsere Erde, die, an
demselben Ort verharrend, um ihre Achse kreist – und hat
beide Arten der Erkenntnis (vom Ewigen das Wissen, vom
Reich des Werdens die „wahre Meinung"). So ist sie die Quelle
aller Bewegung und aller geistigen Tätigkeit der beseelten
Einzelwesen. Die Welt, dieser „selbstgenügsame" Organismus,
hat aber auch die vollkommenste Form, d. h. die der Kugel und
die dieser entsprechende Kreisbewegung, die letzten Endes alles
Leben wirkt. Aber von den eigentlichen Ursachen allen Geschehens, den Ideen, muß man – denn diese Welt ist das
Ergebnis „des Zusammenwirkens von Notwendigkeit und Vernunft" (48 A) – eine zweite Art von Ursachen, die „Mitursachen" (τὰ συναίτια) scharf unterscheiden, die im Wesen
dieser räumlich und zeitlich bedingten Welt des Sichtbaren
liegt: es sind die physikalisch-materiellen Bedingtheiten aller
sinnlichen Erscheinung, die zwar das Werk der eigentlichen
Ursachen, der Ideen bzw. der obersten Idee, nicht hindern, aber
ihm doch eine gewisse Grenze setzen. In Platons Annahme dieser zweiten Gattung von Ursachen hat man – unzweifelhaft
richtig – den bedeutsamen Einfluß des Demokrit erkannt, dem
der Begründer der idealistischen Weltanschauung hier eine
beachtenswerte Konzession macht. Dieser Einfluß zeigt sich
auch in Platons Berücksichtigung der beiden Prinzipien des
Abderiten, des leeren Raumes und der Atome, nur, daß Platon
den *leeren* Raum leugnet und statt der verschieden großen und
verschieden gestalteten Atome zwei Arten von rechtwinkligen
Urdreiecken annimmt, aus denen sich die kleinsten Formen der
regulären Körper zusammensetzen (Tetraeder, Oktaeder, Iko-
saeder, Würfel, während das Dodekaeder keine Verwendung
findet), aus denen die vier sog. Elemente (Feuer, Luft, Wasser,
Erde) bestehen, die in verschiedenster Mischung den Bestand
alles Sichtbaren bilden. Hierbei bleibt freilich ungeklärt, wie
aus rein mathematischen Formen, die einen Raum umgrenzen,

etwas Stoffliches, Sicht- und Greifbares, von individueller Bestimmtheit werden kann, wie andrerseits der Raum, in dem
sich die Welt der Erscheinungen abspielt, durch Platon von der
Materie nicht klar unterschieden wird. Das Stoffproblem bleibt
daher, wenn auch Platon die Urmaterie zweifellos als qualitäts-
los annimt, doch in Wahrheit ungelöst.

Einen grundsätzlichen Unterschied zwischen organischer und
unorganischer Natur kann es für Platon nicht geben, weil für
ihn jede geformte Materie belebt ist, sind doch die Urdreiecke
durch die Einwirkung der Bewegung der Weltseele in immer-
währender Bewegung. Bezeichnend für Platons Denkweise
gegenüber Naturdingen ist die Art, wie er die Entstehung der
verschiedenen Tiergattungen erklärt – um für die menschlichen
Seelen, je nach dem Grade ihres Abfalls von der Vernunft im
irdischen Leben, nach dem leiblichen Tode eine passende Be-
hausung zu bilden, sind sie geschaffen – oder wie er z. B. den
Ursprung der Fingernägel des Menschen deutet: gebildet sind
diese zwar aus Sehne, Haut und Knochen als „Mitursachen";
die maßgebende Ursache aber (αἰτιωεάτη διάνοια) ist die
Rücksicht auf die künftige Entwicklung: weil des Menschen
Seele nach dem Tode in vielerlei Tierleiber eingehen wird, die
die Nägel (als Klauen) zu vielerlei Verrichtungen nötig haben,
sind sie beim Menschen schon bei seiner Geburt vorgebildet.
Also auch hier die Durchkreuzung teleologisch-mystischer mit
zoologischen Vorstellungen und, wenn auch wohl nur ein Spiel
der platonischen Phantasie, in dem es unmöglich ist, Ernst und
Scherz mit Sicherheit voneinander zu scheiden, so doch sehr
bezeichnend, mit was für Elementen die Phantasie des greisen
Denkers arbeitet.

Naturphilosophie und Naturwissenschaft sind zwei sehr verschiedene Dinge. So hat auch Platon wohl über die Prinzipien
wissenschaftlicher Naturforschung grundlegende Gedanken ausgesprochen, aber er selbst ist kein wirklicher Naturforscher
gewesen. Daher hat er sich auch erst spät, und nur durch

Anstöße von anderer Seite bewogen, mit naturwissenschaftlichen
Fragen befaßt. Aber schon, als er den Protagoras schrieb, wußte
er, daß wir falsche Sinneseindrücke (z. B. infolge der Wirkungen
der Perspektive) nur durch Messen und Rechnen oder Wägen
berichtigen können, also durch Leistungen des denkenden Teils
unserer Seele, wie er später in der Politeia feststellt, und noch
im hohen Alter wertet er[1] die „Künste" (τέχναι) danach, ob
und inwieweit sie vom Rechnen, Messen und Wägen Gebrauch
machen oder nicht (also nach ihrer Verwendung mathematischer Prinzipien), im Gegensatz zu denen, die nur auf Empirie
und Routine beruhen (wie nach seiner Meinung die Heilkunst).
Er scheidet auch scharf die angewandte von der reinen Mathematik, die aber beide durchaus der Wissenschaft vom Wahrhaft
Seienden (der Dialektik) nachstehen müssen. Tiefer greift seine
grundsätzliche Stellung zu den exakten Naturwissenschaften. Er
verachtet die Physiker, die sich bei der Beobachtung durch Auge
oder Ohr beruhigen, während doch der wahre Astronom derjenige ist, der die beobachteten Bewegungen der Himmelskörper auf mathematische Verhältnisse und Gesetze zurückzuführen
trachtet, der wahre Akustiker der, der untersucht, welche der
bei den Tonverhältnissen beobachteten Zahlen in Proportion
zueinander stehen oder nicht, und warum dies der Fall ist –
Forderungen von ungeheurer Tragweite für die Wissenschaft
der Zukunft, denn hier wird tatsächlich nichts Geringeres
gefordert als die Zurückführung der Naturvorgänge auf Gesetze, die sich in mathematischen Formeln ausdrücken lassen.
Und allein dies Verfahren wird von ihm für wahrhaft wissenschaftlich erklärt.

Aber Platon selbst hat es niemals unternommen, solche
Gesetze in bestimmten Vorgängen der Natur nachzuweisen. Ist
er doch stets der Überzeugung geblieben, daß es von Erscheinungen der in ständiger Veränderung begriffenen Sinnenwelt,
dem Reich des Werdens und Vergehens, keinerlei wirkliche

[1] Philebos 55 D ff.

Erkenntnis geben kann. Sind doch selbst die räumlichen und
zeitlichen Verhältnisse der Himmelskörper nicht ewig, da es
sich auch bei ihnen – im Gegensatz zu dem ewig unveränderlich
Seienden, den Ideen – um körperliche und sichtbare Dinge
handelt. Wer solche grundsätzliche Auffassung von den Vorgängen in dieser Welt hat, der erklärt im Grunde jede Erforschung der sichtbaren Natur für zwecklos. Hiermit steht seine
Überzeugung von der absoluten Aussichtslosigkeit experimen-
teller Untersuchungen, die er im Timaios im Anschluß an seine
Farbenlehre ausspricht, durchaus im Einklang. Wer so denkt,
hat freilich die grundlegende Bedeutung der Beobachtung durch
die Sinne, überhaupt die der Empirie und vor allem die des
Experiments, das den Zweck hat, einen schon vermuteten
gesetzlichen Zusammenhang in den Naturvorgängen auf seine
Richtigkeit hin zu prüfen, vollkommen verkannt. Er hat auch
verkannt, daß jede echte Naturforschung von der planmäßigen
Beobachtung des einzelnen ausgehen muß, wenn er auch damit
durchaus Recht hat, daß diese Beobachtungen nur das Fundament bilden, auf dem erst die eigentliche Wissenschaft errichtet
werden kann. Aus diesen Gründen ist Platon kein Naturforscher, sondern nur ein Theoretiker der Naturwissenschaft,
d. h. der exakten gewesen, und aus seiner Schule sind keine
Naturforscher in eigentlichem Sinne – denn von Aristoteles muß
man hier ganz absehen –, wohl aber Mathematiker hervorgegangen.

Die weltgeschichtliche Bedeutung Platons liegt auf ganz
anderen Gebieten: in seiner Erkenntnislehre und Metaphysik,
seiner Seelenlehre und seiner Ethik und nicht zuletzt in dem
Geist, der all diese Gebiete seines Denkens trägt und durchdringt, dem Geist des furchtlosen Wahrheitssuchers, und der
Grundüberzeugung des höchsten, reinsten Idealismus.

5. Religionsphilosophie und Religiosität

Für eine Weltanschauung, die, im tiefsten Grunde teleologischer Natur, die Welt als ein Werk nach Zwecken handelnder
Vernunft ansieht und die Begriffe „Gut" und „Böse" als absolute Werte betrachtet, muß das Böse (Zweckwidrige) im Menschenleben wie im Weltganzen zum Problem werden. Für Platon konnte bei seiner scharf dualistischen Anthropologie das
Böse im Menschen, wie schon der Phaidon zeigt, seine letzte
Ursache nur im Körper haben, wie er denn auch in seiner
späteren Psychologie die beiden niederen Seelenteile, die die
Möglichkeit haben, der Vernunft Widerstand zu leisten und
daher Böses zu wirken, erst mit dem Körper entstehen und
vergehen läßt. Solche niederen Seelenteile hat der Verfasser
des Timaios für die Weltseele begreiflicherweise nicht angenommen. Daß aber auch in der großen Natur unsäglich viel
Zweckloses, ja, Zweckwidriges geschieht, feindliche Kräfte
zweckmäßig Gestaltetes sinnlos zerstören, konnte er unmöglich
übersehen. Um so näher lag es für ihn, seitdem er sich unter
dem Einfluß der demokritischen Naturansicht zur Annahme
einer zweiten Ursache entschlossen hatte, die mit dem Werden
und Vergehen in Raum und Zeit gegeben ist, in dieser „Mit-
ursache", die, ihrem Wesen nach vernunftlos und daher zweck-
widrig, der vollkommenen Nachbildung der Ideen im Reiche
des Sichtbaren eine Grenze setzt, den Grund des Bösen zu
suchen. Von hier ist er dann schließlich, als er im hohen Alter,
verdüstert von der (scheinbaren) Übermacht des Bösen im
Menschenleben wie im Weltlauf, ein letztes Stück seiner Gesetze ausarbeitete und, dabei noch einmal auf den animistischen
Seelenbegriff zurückgreifend, alle Bewegung in der Welt auf
„Seelen" zurückführte, dazu gekommen, als Urquell aller zweck-
widrigen und daher bösen Vorgänge im Kosmos neben der
guten eine *böse Weltseele* anzunehmen, die freilich nicht ein
radikal Böses bedeutet. Im übrigen ist diese Idee, die bei Platon

nur dies einzige Mal auftaucht und, wie jüngst Werner Jaeger
erkannt hat[1], „einen Tribut an Zarathustra", d. h. an den
iranischen Dualismus von seiten des greisen Platon bedeutet,
der ihm durch seinen Freund Eudoxos vermittelt ist, für seine
„Theodizee" – denn von einer solchen dürfen wir sprechen, da
sich in seiner Weltanschauung das rein philosophische Denken
mit seinem religiösen Empfinden unlöslich verbindet – von
keiner weiteren Bedeutung.

Von grundlegender Wichtigkeit dagegen ist es, daß sich für
Platon die Lösung des Theodizeeproblems nur in der Richtung
bewegen kann, daß er einen Teil der Übel auf der Welt gar
nicht als solche anerkennt – denn wirkliche Übel sind für den
Menschen nach sokratisch-platonischer Grundanschauung nur
die sittlichen –, die übrigen aber nicht der Gottheit – denn Gott
ist durchaus gut, kann daher nur Ursache des Guten, niemals
die eines wirklich Bösen sein –, sondern einer andern Ursache
zuschreibt: wie im Naturgeschehen „dem andern" Grund, so
im Menschenleben, sofern es sich um wirkliche Übel handelt,
nur dem Menschen selbst. Denn mögen auch die Voraussetzungen für das Schlechte dem Menschen mit seinem Körper gegeben sein, die Entscheidung, ob er das Gute oder das Böse
wählt, hat – dank der Willensfreiheit, an der Platon unbeirrt
festhält – allein der Mensch selbst. Tugend und Laster aber
tragen schon ihren Lohn in sich selbst: der wahrhaft Gerechte,
der zeitlebens nach der Tugend ringt, um der Gottheit nach
Möglichkeit ähnlich zu werden, ist trotz allen äußeren widrigen
Erlebens glückselig, der Ungerechte hat trotz allen äußeren
Glanzes schon seine Strafe in seiner inneren Unseligkeit. Schon
hiermit ist die Frage nach dem Verhältnis des äußeren Schick-
sals zum inneren Wert oder Unwert des Menschen beantwortet.

Mit diesen rein ethischen Gedanken verbindet sich in diesem
Zusammenhange bei Platon oft das religiöse Motiv seines

[1] Aristoteles S. 134.

Denkens: wie Gott, in dessen innerstem Wesen das Helfen begründet ist, den Guten nicht verläßt und dem Gerechten auch
die scheinbaren Übel zum Heil ausschlagen läßt, so läßt er
auch den Bösen seiner Strafe nicht entrinnen; falls nicht schon
in diesem, ereilt sie ihn sicher in jenem Leben. Die Strafe aber
schickt er dem Frevler zu seinem Heil, zum Zweck seiner
Besserung. In seiner letzten Periode hat dann Platon, je mehr
sein Denken ein theologisches wird, die Fürsorge der Gottheit
auch für das Ergehen des Einzelnen, wenn dieses auch um des
Ganzen willen da ist, nachdrücklich betont und auf ihre Güte,
Allwissenheit und Macht gegründet[1]. Auch bei Platon beginnt
der Glaube da, wo das Wissen aufhört. Das führt uns zu seiner
eigentlichen Religion.

Neben den Ideen (bzw. der Idee des Guten) kann es streng
folgerichtig (von der menschlichen Seele natürlich abgesehen)
kein Göttliches und vor allem keine persönliche Gottheit geben;
wenn es manchmal nach Platons Äußerungen doch so scheint,
hat das seinen Grund darin, daß der Dichter und der Prophet
immer wieder durchbricht, der sich natürlich das Göttliche nur
persönlich denken kann – weil sich in Platons Denken neben
dem rein rationalen (dialektischen) Element das *Irrationale*
behauptet und manchmal die Oberhand behält; auch in den
durch die väterliche Religion gegebenen Göttern findet es einen
festen Stützpunkt.

Denn schon Platons Stellung zu den Göttern der griechischen
Religion ist sehr charakteristisch. Die anthropomorphen Göttermythen, die noch deutlich Elemente einer rohen Urzeit enthalten, sind ihm in der Seele zuwider. Von ihnen darf daher
die Jugend in seinem Idealstaat nichts hören. Aber wenn er
auch die allegorischen Deutungen der heimischen Göttergestalten durch den Rationalismus ablehnt, er hat doch diese Götter
selbst, die ihm mit der väterlichen Religion als ehrwürdige,
unerforschliche Mächte gegeben waren – freilich in der ge-

---

[1] Gesetze X 900 C ff.

läuterten Form, die er sich mehr unbewußt von ihnen gebildet
– zeitlebens nie anzutasten gewagt und dem Glauben an sie im
Timaios und vor allem in den Gesetzen sehr bedenkliche Zugeständnisse gemacht, indem er die Verehrung sämtlicher
Götter und Heroen des Landes der Religion des zweitbesten
Staates eingliedert. Aber er hat auch das Delphische Orakel,
wenigstens in Sachen des Kultes der Verstorbenen, als Autorität selbst in seinem Idealstaat bestehen lassen, und, wie vor
allem eine Stelle des Timaios[1] zeigt, überhaupt die Mantik,
insbesondere den Glauben an die Möglichkeit der Schau zu-
künftigen Geschehens im Traum oder in der Ekstase, in ihren
Grundvoraussetzungen nicht angezweifelt, sogar die Leber des
lebenden Menschen als Organ solcher Traumgesichte angenommen. Freilich spielt diese Mantik, wie schon im Denken des
Sokrates, so auch bei Platon nur eine ganz untergeordnete
Rolle. Für die Erkenntnis des wahrhaft Seienden hat sie ebensowenig Bedeutung wie für die Erkenntnis der wahren Aufgabe
des Menschen und sein dieser entsprechendes Handeln. Es ist
daher kein Zufall, wenn sie selbst in dem Staat der Gesetze
keine Stätte hat.

Ganz auf der Höhe seines philosophischen Denkens und
durchaus im Einklang mit diesem zeigen sich Platons Anschauungen vom Wesen der Gottheit, wie er es im zweiten
Buch der Politeia dialektisch entwickelt und danach im Phaidros
kurz kennzeichnet. Gott ist für Platon der Inbegriff jeglicher,
vor allem aber sittlicher Vollkommenheit. Daher ist er in seinem Charakter durchaus unwandelbar. Er ist frei von jedem
Neid; Lüge und Trug haben in seiner Natur keinen Raum,
denn der Grundzug seines Wesens ist die Güte, so daß er nur
von Gutem auf der Welt die Ursache sein kann. Der Gute aber
sinnt niemals auf Schaden anderer, ist vielmehr seiner Natur
nach zum Helfen geneigt. Während ein Herodot, der freilich
kein Philosoph, aber doch ein nachdenklicher, heller Kopf ist,

[1] 71 D ff.

in seiner Gottesanschauung noch stark dämonische Elemente
aus einer vergangenen Phase der griechischen Religion bewahrt
hat, offenbart sich ein halbes Jahrhundert später als Ergebnis
von Platons religiösem Denken eine vollkommene Vergeistigung und Versittlichung des Gottesbegriffs, die für die Reli-
gionsphilosophie und Religiosität der folgenden Jahrhunderte
von höchster Bedeutung werden sollte.

Das Verhältnis von Platons Metaphysik zu seiner Religiosität
wurde vorhin schon berührt. Im Denken Platons schließt das
Eine das Andere nicht aus. Ideenlehre und religiöses Empfinden
ergänzen einander, durchdringen einander, wie denn auch in
der Ideenlehre ebenso wie in der Seelenlehre Platons ein starker, ja, enthusiastischer Gefühlston mitschwingt, der seinen
tiefsten Grund in Platons religiösem Empfinden hat. Aber die
Grenze zwischen beiden Sphären hat er niemals bewußt gezogen, wie er ja auch die Götter des griechischen Volksglaubens
in ihrer Existenz nie grundsätzlich anzutasten gewagt hat. Auf
Grund seiner Metaphysik hätte Platon nur eine einzige göttliche
Macht anerkennen können, die Idee des Guten, die allein von
allen Ideen als Urgrund von allem Sein und Erkennen schöpferische Macht besitzt und von ihm als die mit höchster Vernunft
wirkende letzte Ursache im Leben des Makro- wie des Mikrokosmos seit der Politeia manchmal in gewissermaßen mythisch-
anthropomorpher Redeweise einfach als die Gottheit bezeichnet
wird, deren Erkenntnis, wie wir früher gesehen haben, im
Gefühl Platons tiefreligiösen Charakter hat. Denn hier handelt
es sich um ein wirklich einzigartiges inneres Erlebnis, das, nur
den wenigsten beschieden, jenseits aller verstandesmäßig zer-
gliedernden und schließenden Dialektik eine unaussprechliche
plötzliche innere Erleuchtung der Seele ist. Die plötzliche,
überwältigende Erfassung des absoluten Schönen durch den
wahrhaft Liebenden, wie sie der Sokrates des Symposion begeistert schildert, des absoluten Guten, wie es die Politeia
dialektisch begreiflich zu machen sucht, der vollkommenen

Weltvernunft, wie wir sie durch die Altersdialoge kennen
lernen – sie gehen in Wahrheit alle drei auf dasselbe Wesen,
das selbst jenseits allen Seins ist, dessen Realität Platon selbst
eines Tages in reiner Intuition mit überwältigender Evidenz
zum Bewußtsein gekommen ist, das ihn nie wieder verlassen
hat und den Urgrund auch seines Lebens- und Schaffensmutes
bis an sein Ende gebildet hat. Hier liegt die eigentliche Religion
Platons beschlossen, wie ihm denn die wissenschaftliche Arbeit,
die erst in der Dialektik ihre Krönung sieht, als der wahre
Gottesdienst erscheint. Und ebenso haben die Gefühle wahrhaft religiösen Charakter, mit denen er die ewig gleichen Bahnen der göttlichen Gestirne betrachtet, in denen sich das hehre
Naturgesetz offenbart, das ihm, weil vollkommene Vernunft,
zugleich mit dem Sittengesetz, d. h. mit der Idee des Guten
identisch ist – Gefühle, die ihn noch im Timaios[1] fordern
lassen, daß der Mensch die Bahnen und Umläufe der Himmelskörper denkend erfaßt und seine erkennende Seele dem so von
ihr erkannten Göttlichen angleicht, die Bewegungen der eigenen
Psyche in Einklang mit der Harmonie des himmlischen Reigens
bringt und so das ihm gesetzte Ziel als ein Gottseliger erreicht.

Exkurs

Platons Stellung zur Kunst

Sie kann hier nur kurz angedeutet werden. Ein System der
Ästhetik zu schaffen, liegt ihm, der überhaupt kein Systematiker
in späterem Sinne ist, noch ganz fern, obgleich er der theore-
tische Entdecker des Schönen bei den Griechen ist. Um so
merkwürdiger ist es, daß er dies Schöne, das der Sokrates des
Symposion so begeistert preist, eigentlich nur in der Natur und

[1] 90 A–C.

im Körper des lebenden Menschen – daneben nur noch in den
regelmäßigen mathematischen Gebilden – findet, dagegen für
das Schöne in der bildenden Kunst keine Spur von Verständnis
zeigt – fast unbegreiflich, wenn man bedenkt, welche unvergleichliche Höhen die griechische Kunst seit Pheidias und
Praxiteles erklommen hatte. Ebenso befremdlich erscheint auf
den ersten Blick seine Stellung zur Poesie, obgleich er doch
selbst wahrlich Züge eines gewaltigen Dichters in seiner Seele
trug. Einst hatte der rein intellektualistisch orientierte Jünger
des Sokrates die Dichter verachtet, weil sie kein wirkliches
Wissen besäßen, daher von den Grundsätzen ihres Schaffens
keine Rechenschaft abzulegen vermöchten, denn sie schaffen in
einer Art Rausch – also nur unbewußt –, was ihnen gelingt. Sie
suchen – so lehrt er später in der Politeia von den „nachahmenden" Künsten überhaupt, zu denen er sowohl die bildenden
Künste wie die Poesie rechnet – nur den schönen Schein nach-
zuahmen, während sie von den Dingen selbst (den Ideen) keine
Ahnung haben, so daß sie keinerlei bleibende Wahrheit künden
können. Und schon der Gorgias hatte auch die Poesie zu den
unechten Künsten gerechnet, die nur die Lust, nicht das Gute
der Menschen erstreben. Hier zeigt sich das zweite Motiv seiner
ablehnenden Haltung, das dann seine Stellung vor allem in der
Politeia bestimmt: vom pädagogischen, einseitig ethischen Standpunkt aus wird das Homerische Epos wie die attische Tragödie
aus dem Idealstaat verbannt. Homer wegen seiner unsittlichen
Göttermythen, die Tragödie vor allem, weil sie die Leidenschaften in der Seele aufwühlt, indem sie sich an deren un-
edlere Teile wendet und den vernünftigen allmählich zugrunde
richtet. Würde man im Staat die „nachahmenden" Künste zu-
lassen, dann würden in ihm die Leidenschaften und Lüste statt
Gesetz und Vernunft herrschen.

Und doch hatte, der so urteilte, den Zauber der Homerischen
Poesie und die erschütternde Wirkung der Euripideischen Tragödie an sich selbst erlebt, ja, das innerste Wesen dichterischen

Schaffens beim eigenen Schaffen erfahren. Daher sein Tiefblick im Phaidros, daß der rein verstandesmäßig nach den Regeln der Technik arbeitende Poet gegenüber dem von „göttlichem Wahnsinn" (Enthusiasmus) ergriffenen Dichter nicht aufkommen kann. Dieser Zwiespalt in seiner Stellung gegenüber der Poesie bleibt unausgeglichen.

Auch die Musik hat Platon, obgleich er augenscheinlich an sich selbst ihre tiefdringende Wirkung erfahren hat und ihre Bedeutung, wohl mit unter pythagoreischem Einfluß, sehr hoch einschätzt, ebenfalls wesentlich vom ethisch-pädagogischen Standpunkt aus beurteilt, so daß noch im Staat der Gesetze nur Reigentanz und Chorgesang gestattet sind.

Unter den falschen Künsten, über die der Gorgias mit vernichtender Dialektik den Stab gebrochen hatte, verstand Platon in erster Linie die *Rhetorik,* die damals mit der Philosophie im Kampf um die Jugendbildung rang. Aber schon im Gorgias hatte er die *wahre* Redekunst von der damals üblichen deutlich unterschieden. Was er unter der wahren Rhetorik verstand, zeigte er dann später im Phaidros genauer; inzwischen hatte er die echte Redekunst als Gehilfin des wahren Staatsmanns würdigen gelernt. Wenn sie ihm auch die Kunst bleibt, die nur einen Schein erzeugen will – um zu überreden, nicht, um wirklich zu belehren –, so bedarf ihrer doch der Staatsmann; nur muß sie auf Dialektik (die die wirkliche Wahrheit erkennen lehrt) und auf Psychologie, die erst zur Leitung der Seelen (Psychagogie) befähigt, gegründet sein. Daß auch der wahre Redner erst unter dem Einfluß echter Begeisterung sein Bestes gibt, hat Platon freilich unberücksichtigt gelassen, während er die Macht des Unbewußten im dichterischen Schaffen in ihrer Bedeutung allmählich würdigen gelernt hat.

III. Die alte Akademie

Die antiken Nachrichten über die alte Akademie sind äußerst dürftig, doch können wir uns – dazu reicht unser Quellenmaterial aus – über ihre Gesamtleistung, wenigstens in den Grundzügen, ein sicheres Urteil bilden.

Platons Schöpfung, die Akademie, hat dank dem Genius ihres Gründers und dem innersten Wesen ihrer Organisation, die eine in dem gleichen Ideal verbundene Gemeinschaft der Forschung und Lehre, der Lehrenden mit den Lernenden, bedeutet, bis ans Ende der Antike, d. h. bis zum Jahre 529 nach Chr. gedauert, in dem durch Kaiser Justinian die Philosophenschulen in Athen aufgehoben wurden. Nach ihren verschiedenen Entwicklungsphasen unterscheiden wir die alte, die mittlere und die neue Akademie und erkennen weiter in der dann folgenden Zeit (im 1. und 2. Jahrhundert n. Chr.) die Periode eines mittleren (eklektischen) Platonismus, dem dann im Neuplatonismus das letzte große philosophische System der Antike folgt.

Wenn sich auch unter Platons nächsten Nachfolgern in der Leitung der Akademie kein überragender Geist findet, so bleibt doch – vor allem dank Platons unvergleichlicher Leistung und Wirkung – Athen auch nach Verlust seiner politischen Selbständigkeit das Zentrum philosophischen Lebens bis ans Ende der Antike.

Die Führer der alten Akademie halten an dem Dogmatismus des Meisters fest, insbesondere – d. h. von der ersten Generation nach Platons Tod gilt dies – an der pythagorisierenden Zahlenmystik des greisen Platon, sowohl auf dem Gebiet der Metaphysik wie der Erkenntnistheorie. Aber im einzelnen vollziehen sie doch tiefgreifende Abweichungen von Platons grundsätzlichem Standpunkt, so in betreff der Ideenlehre und des schroffen Dualismus in Platons Metaphysik und Erkenntnistheorie. Sehr bezeichnend ist auch, daß mehrere von ihnen – zum erstenmal in der Geschichte der griechischen Wissenschaft –

eine ausgebildete Dämonenlehre verkünden. Das Eindringen vorwissenschaftlicher Elemente uralten Volksglaubens, aber auch orientalischer Spekulation und Mystik, macht sich schon gleich nach Platons Tode in der Akademie peinlich bemerkbar.

Die beiden wichtigsten Vertreter der alten Akademie sind Speusippos und Xenokrates, deren Lehre hier freilich nur, soweit sie von der Platons erheblich abweicht, kurz gekennzeichnet werden kann.

Speusippos, Platons Neffe und Nachfolger, gibt die „Ideen" gänzlich auf und setzt an ihre Stelle als Urgründe der Dinge die mathematischen Zahlen, die aber nach seiner Ansicht – wie nach Platons Grundlehre die Ideen – von den Dingen durchaus getrennt sind. Die Zahlen selbst leitet er aus der Einheit und der Vielheit ab. Im Mittelpunkt seiner Zahlenspekulation, die hier nicht weiter verfolgt werden kann, steht die alles beherrschende Zehnzahl. So nimmt er auch zehn verschiedene Substanzen an, die zugleich zehn Stufen des Seins bedeuten sollen. Er dehnt also, wie Aristoteles in der Metaphysik (1028 b 24) feststellt, den Substanzbegriff weiter aus, so daß, wie es Ernst Hoffmann treffend formuliert hat, „eine ontologische Kontinuität zwischen den Ideen (d. h. hier: den mathematischen Zahlen) und den Sinnendingen entsteht", wodurch „das Fundament des Platonismus grundsätzlich aufgegeben ist". Von Bedeutung ist auch die Tatsache, daß Speusippos der Erfahrung weit größeren Wert beilegt als Platon. Hiermit hängt es augenscheinlich zusammen, daß er auch den scharfen Dualismus der platonischen Erkenntnistheorie mildert, indem er zwischen der Vernunfterkenntnis und der sinnlichen Erkenntnis die „wissenschaftliche Wahrnehmung" einfügt (Fr. 29 L.), worunter man mit Zeller „die vom Verstand geleitete Beobachtung" wird verstehen müssen.

Speusippos' Nachfolger, Xenokrates aus Chalkedon, Scholarch von 339–314 v. Chr., der, wie Speusippos, auch literarisch eine große Fruchtbarkeit entwickelt, setzt als Urgründe das Eins

(oder das Ungerade) und die „unbegrenzte Zweiheit" (oder das
Gerade), indem er das Eins mit dem Geist oder Zeus, aber
auch mit dem männlichen Prinzip schlechthin, die Zweiheit mit
dem weiblichen Prinzip gleichsetzt. Aus dem Eins und der
Zweiheit entstehen zuerst die Ideen, die aber zugleich mathe-
matische (nicht etwa ideale) Zahlen sind. Zur Ableitung der
Raumgrößen aus den Zahlen nimmt er „unteilbare Linien" an.
Indem nun zu der Zahl „Dasselbe" und „das Andere" – als
Prinzipien der Beharrlichkeit und der Veränderung – hinzu-
treten, entsteht die Seele, die Xenokrates, im Anschluß an
Platons Timaios, als die sich selbst bewegende Zahl erklärt.

Den Kosmos will Xenokrates dreifach gliedern: in die Welt
unter dem Monde, den Himmel und die Welt über dem Himmel. Diese drei Gebiete werden von göttlichen Kräften, das
irdische auch von guten und bösen Dämonen, durchwaltet;
aber auch in den fünf Elementen (der Äther kommt als fünftes
in der alten Akademie hinzu) wirken mannigfache göttliche
Kräfte. Den drei Teilen des Kosmos entsprechen nach Xenokrates drei Erkenntnisarten: Wahrnehmen, Vorstellen und Denken, denen er auch räumlich verschiedene Gebiete zuweist,
womit er freilich in vorwissenschaftliches Denken zurückfällt.
Wie Speusippos läßt auch Xenokrates die niederen Teile der
menschlichen Seele den Tod überdauern.

Ein charakteristischer Vertreter der alten Akademie ist auch
PHILIPPOS VON OPUS, der Verfasser der Epinomis, der einzigen
uns erhaltenen altakademischen Schrift, dem das wahre Wesen
der Philosophie in der Mathematik und vor allem der Astronomie und einer hierauf gegründeten „Theologie" besteht, in der
allen Verkehr zwischen Göttern und Menschen die Dämonen
vermitteln.

Dagegen kann man HERAKLEIDES PONTIKOS, der von dem
Pythagoreer Ekphantos die Lehre von den „verbindungslosen
Urkörperchen" (ἄναρμοι ὄγκοι), aus denen der göttliche Geist
die Welt gestaltet hat, übernimmt und so eine eigentümliche

Synthese der anaxagoreischen Nus-Lehre mit einem modifizier-
ten Atomismus vollzieht, übrigens (nach Hiketas und Ekphantos) auch die tägliche Achsendrehung der Erde und den Still-
stand des Fixsternhimmels sowie Merkur und Venus als Tra-
banten der Sonne erkennt, nur mit Vorbehalt zur alten Akademie rechnen. Dasselbe gilt in noch höherem Grade von EUDOXOS
VON KNIDOS, wenn er auch zeitweilig der alten Akademie angehört und zu Platon in näheren persönlichen Beziehungen
gestanden hat. Seine Abweichungen von Platons philosophi-
schem Standpunkt sind wirklich fundamentaler Natur, denn
nach ihm sind die Ideen wie Stoffe den Dingen beigemischt (in
Wahrheit setzt er an Stelle der Ideen die anaxagoreischen
„Homöomerien"), und auf dem Gebiet der Ethik erklärt er in
schärfstem Gegensatz zu Platon die Lust als das höchste Gut.

Eine kurze Erwähnung verdienen noch die führenden Aka-
demiker der zweiten Generation nach Platon: POLEMON, KRATES
und KRANTOR, deren gemeinsamer Grundzug der ist, daß sie
sich, im Einklang mit einer weitreichenden Zeitströmung,
durchaus auf die Ethik beschränken. Wenn sie auch an der
Tugend als der maßgebenden Grundlage der Eudaimonia mit
Platon festhalten, so ist doch nach ihnen *vollkommene* Glückseligkeit nur unter Hinzukommen gewisser leiblicher und
äußerer Güter möglich. Der in allen grundsätzlichen Fragen
maßvolle Standpunkt dieser Männer zeigt sich auch in Krantors
einst hochberühmter Schrift Vom Kummer, worin er insbesondere die schroffe kynisch-stoische Apathie bekämpfte und als
das Ideal die „Metriopathie" hinstellte, also nicht Ausrottung
der Affekte und Leidenschaften, sondern ihre Mäßigung und
Bändigung. Vom menschlichen Leben selber hatte Krantor eine
pessimistisch-mystische Auffassung: das Dasein hienieden erscheint ihm als Strafe. Denn die Seelen sind zur Strafe und
Läuterung auf die Erde in einen sterblichen Leib versetzt – eine
alte mystische Anschauung, die wir unter anderm bei Empedokles und Platon kennengelernt haben.

Wenn wir es unternehmen, über die Gesamtleistung der alten
Akademie, soweit unsere Quellen ein Urteil gestatten, ein
Gutachten zu geben, so dürfen wir sagen: an ihrem Meister
und Gründer Platon gemessen, sind diese Männer durchaus
Epigonen, wenn auch mit einzelnen selbständigen Zügen. Erst
mit ARISTOTELES, der nach dem Tode Platons, der seinen Neffen
Speusippos zu seinem Nachfolger bestimmt hatte, alsbald Athen
auf viele Jahre verläßt, sollte dereinst der große Denker auf-
treten, der – trotz aller inneren Gegensätze zu ihm – seines
Meisters nicht unwürdig war.

Namens- und Sachregister

(Das Namen- und Sachverzeichnis erfaßt Band I und II. Die römischen Ziffern verweisen jeweils auf den Band, die arabischen Ziffern auf die Seiten).

Weltkugel II 117
Weltperioden I 33, 74;
 II 115
Weltseele I 275 ff.; II 119
Weltseele, böse I 278
Weltvernunft II 131
Wendland I 10
Werdeprozeß II 37 ff.
Werden und
 Vergehen II 149
Widerspruch (Satz des-)
 I 157
Wiedererinnerung
 (Anamnesis) I 206 f.;
 II 68
Wiedervergeltung I 58;
 II 150
v. Wilamowitz I 13, 169,
 174, 194, 199, 205, 262,
 271; II 14, 137, 245,
 248, 260
Wille I 235, 237, 244,
 250, 253; II 71 f., 77,
 122, 124
Willensfreiheit I 244, 279;
 II 79, 124, 148, 151,
 174, 188

Willensmoment II 12
Windelband I 5, 9, 41,
 85, 225
Wirklichkeit II 39 f., 43,
 66, 69
Wissen I 176 f., 201 f.,
 225; II 7, 29
Wissenschaft I 176,
 205 f., 222, 228
Wort I 142, 160; II 144

Xenokrates I 194
Xenophanes I 59 f., 68,
 83, 101, 149, 150;
 II 154
Xenophon I 151, 173,
 186; II 5, 9

Zahlenlehre I 42 f., 104,
 218, 223
Zankle I 59
Zarathustra I 279
Zeller I 6, 9, 17, 52,
 86, 97, 125, 135, 193;
 II 22, 24, 43, 47, 52,
 72, 111, 124, 127, 151,
 171, 173, 175

Zenon I 81, 89 f.,
 134 f., 159
Zenon (Eleat) II 7, 24
– (Stoiker) II 14, 102 ff.,
 122, 128
Zensur I 251 f., 269
Zentralfeuer I 143
Zentralorgan II 66 f.
Zeus II 113
Ziel II 17, 18
Zinsen-Nehmen II 84
Zonen II 63
Zoogenie I 29, 36, 107,
 110
Zoologe II 42, 56
Zoologie II 65
Zorn II 72
Zuchthaus I 270
Zufall I 110
Zurückhaltung (des
 Urteils) II 169
Zweckursache I 41
Zweiweltenlehre I 213,
 273
„Zwiefache Reden" I 164

Philosophie

Einführung in die Philosophie
von *H. Leisegang* †. 7. Auflage. 146 Seiten. 1969. (281)
Hauptprobleme der Philosophie
von *G. Simmel* †. 8., unveränderte Auflage. 177 Seiten.
1964. (500)
Geschichte der Philosophie
Die Philosophie des Mittelalters von *J. Koch*. In Vorbereitung. (826)
Von der Renaissance bis Kant von *K. Schilling*. 234 Seiten.
1954. (394/394 a)
Die Philosophie des 19. Jahrhunderts von *G. Lehmann*.
1. Teil. 151 Seiten. 1953. (571)
Die Philosophie des 19. Jahrhunderts von *G. Lehmann*.
2. Teil. 168 Seiten. 1953. (709)
Die Philosophie im ersten Drittel des 20. Jahrhunderts
1. Teil von *G. Lehmann*. 128 Seiten. 1957. (845)
Die Philosophie im ersten Drittel des 20. Jahrhunderts
2. Teil von *G. Lehmann*. 114 Seiten. 1960. (850)
Die geistige Situation der Zeit (1931)
von *K. Jaspers*. 7. Abdr. der im Sommer 1932 bearb.
5. Auflage. 133 Seiten. 1971. (3000)
Immanuel Kant
von *F. Kaulbach*. 345 Seiten. 1969. (536/536 a)
Formale Logik
von *P. Lorenzen*. 4., verbesserte Auflage. 184 Seiten. 1970.
(1176/1176 a)
Philosophisches Wörterbuch
von *M. Apel* †. 5., völlig neu bearbeitete Auflage von
P. Ludz. 315 Seiten. 1958. (1031/1031 a)
Philosophische Anthropologie
Menschliche Selbstdeutung in Geschichte und Gegenwart
von *M. Landmann*. 3., überarbeitete und erweiterte Auflage. 222 Seiten. 1969. (156/156 a)

Pädagogik, Psychologie, Soziologie

Geschichte der Pädagogik von *Herm. Weimer*. 17., neubearb.
Aufl. von *Heinz Weimer*. 205 S. 1967. (145/145 a)

Allgemeine Psychologie von *Th. Erlsmann* †. 4 Bde.
I: Grundprobleme. 3. Aufl. 146 S. 1965. (831)
II: Grundarten des psychischen Geschehens. 3. Aufl. 248 S.
1970. (832/832 a)
III: Experimentelle Psychologie und ihre Grundlagen. 1. Tl.
2., neubearb. Aufl. 112 S. 7 Abb. 1962. (833)
IV: Experimentelle Psychologie und ihre Grundlagen. 2. Tl.
2., neubearb. Aufl. 199 S. 20 Abb. 1962. (834/834 a)
Psychologie des Berufs- und Wirtschaftslebens von *W. Moede* †.
190 S. 48 Abb. 1958. (851/851 a)
Therapeutische Psychologie. Ihr Weg durch die Psychoanalyse
von *W. M. Kranefeldt*. M. e. Einf. von *C. G. Jung*.
3. Aufl. 152 S. 1956. (1034)
Sozialpsychologie von *P. R. Hofstätter*. 4., unveränd. Aufl.
191 S., 18 Abb. 1970. (104/104 a)
Soziologie. Geschichte und Hauptprobleme von *L. von Wiese*
9. Aufl. ca. 150 S. (3101)
Soziologie. Hauptfragen und Grundbegriffe von *F. Fürstenberg*.
In Vorbereitung.
Grundfragen der Soziologie (Individuum und Gesellschaft) von
G. Simmel. 3., unveränd. Aufl. 98 S. 1970. (1101)
Ideengeschichte der sozialen Bewegung des 19. und 20. Jh. von
W. Hofmann †. 3., neubearb. u. erg. Aufl. unt. Mitw. von
W. Abendroth. 297 S. 1970. (1205/1205 a)
Methoden der empirischen Sozialforschung von *P. Atteslander*.
Unt. Mitarb. von *K. Baumgartner, F. Haag, J. Ötterli,
R. Steiner*. 2., verb. Aufl. 1971.
Religionssoziologie von *G. Kehrer*. 158 S. 1968. (1228)
Wirtschaftssoziologie von *F. Fürstenberg*. 2., neubearb. u. erg.
Aufl. 141 S. 1970. (1193)
Industrie- und Betriebssoziologie von *W. Burisch*. 6., neubearb.
u. erw. Aufl. der bisher. Darstellung von *R. Dahrendorf*.
194 S. 1971. (3103)
Einführung in die Sozialethik von *H.-D. Wendland*. ca. 130 S.
1971 (3203)

Religion
Jesus
von *M. Dibelius* †. 4. Aufl. m. e. Nachtr. von *W. G. Kümmel*. 140 S. 1966. (1130)
Paulus
von *M. Dibelius* †. Nach dem Tode des Verf. hrsg. u. zu
Ende gef. von *W. G. Kümmel*. 4., verb. Aufl. 157 S. 1970.
(1160)

Luther
 von *F. Lau*. 2., verb. Aufl. 153 S. 1966. (1187)
Melanchthon
 von *R. Stupperich*. 139 S. 1960. (1190)
Calvin
 von *W. Neuser*. Ca. 122 S. 1971. (3005)
Zwingli
 von *F. Schmidt-Clausing*. 119 S. 1965. (1219)
Friedrich Schleiermacher
 Leben und Werk (1768 bis 1834) von *M. Redeker*. 320 S.,
 3 Bildn. 1968. (1177/1177 a)
Sören Kierkegaard
 Leben und Werk von *H. Gerdes*. 134 S. 1966. (1221)
Einführung in die Konfessionskunde der orthodoxen Kirchen
 von *K. Onasch*. 291 S. 1962. (1197/1197 a)
Geschichte des christlichen Gottesdienstes
 von *W. Nagel*. 2., erw. u. verb. Aufl. 258 S. 1970.
 (1202/1202 a)
Geschichte Israels
 Von den Anfängen bis zur Zerstörung des Tempels (70 n.
 Chr.) von *E. L. Ehrlich*. 2. Aufl. 159 S. 1970. (231/231 a)
Römische Religionsgeschichte
 von *F. Altheim*. 2 Bde. 2., umgearb. Aufl.
 I: Grundlagen und Grundbegriffe. 116 S. 1956. (1035)
 II: Der geschichtliche Ablauf. 164 S. 1956. (1052)
Die Religion des Buddhismus
 von *D. Schlingloff*. 2 Bde.
 I: Der Heilsweg des Mönchstums. 122 S., 11 Abb., 1 Kte.
 1962. (174)
 II: Der Heilsweg für die Welt. 129 S., 9 Abb., 1 Kte. 1963.
 (770)

Jeder Band (neues Format 12 × 18 cm) Nr. 2000–2999: DM 3,60;
Nr. 3000–3999: DM 5,80; Nr. 4000–4999: DM 7,80; Nr. 5000
bis 5999: DM 9,80. Jeder Band (altes Format 10,5 × 15,5 cm)
Einfachband DM 3,60; Doppelband DM 5,80; Dreifachband
DM 7,80)

Verlangen Sie bei Ihrem Buchhändler unser ausführliches Verzeichnis der SAMMLUNG GÖSCHEN.

WALTER DE GRUYTER & CO. · BERLIN 30

www.ingramcontent.com/pod-product-compliance
Lightning Source LLC
Chambersburg PA
CBHW070329100426

42812CB00005B/1298